中国比较文学学会文学人类学研究会
CCLA-INSTITUTE OF LITERARY ANTHROPOLOGY

文学人类学研究

【2019年第二辑】

LITERARY ANTHROPOLOGY
STUDIES

徐新建　主编

李 菲　执行主编

谭 佳　梁 昭　副主编

社会科学文献出版社
SOCIAL SCIENCES ACADEMIC PRESS (CHINA)

编 委 会

编 辑 部

理论前沿

文学人类学：中国本土特色的人文新学科

——《叶舒宪学术文集》总序

叶舒宪[*]

1966 年夏，我挥泪作别生活了 12 个年头的首都北京，独自登上绿皮火车，观望着"西去列车的窗口"，转学来到陕西西安。这便是个人命运中与陕西这个省份结缘的开端。当时根本无法预料的是，1971 年在西安市第四十一中学毕业时，本应随应届毕业生去安康修三线铁路，但因为体重不足 80 斤，没有去成安康，阴差阳错地被分配到昆仑机械厂当工人。1977 年侥幸通过十年空缺后刚恢复的高考，1978 年春季步入大雁塔南侧高校；1982 年毕业留校任教。直到 1993 年"自我流放"海南岛，我连续在陕西生活了 27 个年头，其间只有一年在北京师范大学学习，半年在北京语言大学修英语，还有半年在澳大利亚访学。

这里的个人学术文集，是我早年写的十部书汇总，其中多为学术著作，有六部在 20 世纪 90 年代出过第一版，在 2005 年由陕西人民出版社再版，作为"新世纪学术文存"的个人著作选粹。当时再版的六部书是：

1. 《英雄与太阳——中国上古史诗的原型重构》，上海：上海社会科学院出版社，1991 年。

2. 《中国神话哲学》，北京：中国社会科学出版社，1992 年。第二版，社会科学文库版，1997 年。

3. 《诗经的文化阐释——中国诗歌的发生研究》，武汉：湖北人民出版社，1994 年。

4. 《高唐神女与维纳斯》，北京：中国社会科学出版社，1997 年。

---

[*] 叶舒宪，上海交通大学文学人类学研究中心教授，研究方向为文学人类学、神话学。

5.《庄子的文化解析——前古典与后现代的视界融合》，武汉：湖北人民出版社，1997 年。

6.《老子的文化解读：性与神话学之研究》，与萧兵合著，武汉：湖北人民出版社，1994 年。

以上六书，除了合著的《老子的文化解读：性与神话学之研究》一书，将本人单独写的部分提取出来，改名《老子与神话》再版之外，其他五部书都是原样再版的。此次承蒙陕西人民出版社的厚意，再度给我的学术著作结集出版，并在以上六书之外，又增加了 21 世纪初出版的四部书：

7.《两种旅行的足迹》，上海：上海文艺出版社，2000 年。

8.《耶鲁笔记》，厦门：鹭江出版社，2002 年。

9.《千面女神——性别神话的象征史》，上海：上海社会科学院出版社，2004 年。

10.《现代性危机与文化寻根》，济南：山东教育出版社，2008 年。

其中两部是学术随笔。《两种旅行的足迹》是讲述在 20 世纪 90 年代访学澳大利亚、加拿大和美国的见闻和札记。这次再版补充了 21 世纪初年访学英伦的若干则笔记。《耶鲁笔记》是 1999 年我调入中国社会科学院后在美国耶鲁大学短期任教时的学术随笔集。新增的另外两部书则是学术专题著作：《千面女神——性别神话的象征史》是我第一次尝试出版的图文并茂之书，根据在耶鲁大学期间收集到的资料，用数百幅彩图呈现世界各地女神的风采，并从学术上描述当代风起云涌的女神复兴运动。《现代性危机与文化寻根》则是我从海南大学调入中国社会科学院后，与文学研究所所长杨义先生共同主持的第一个院重大项目中，由本人撰写的当代文化理论专题著作。

这十部书中，从 20 世纪 80 年代最早写出的《英雄与太阳——中国上古史诗的原型重构》和《中国神话哲学》，到 2008 年的《现代性危机与文化寻根》，前后历时约 20 年，总体上可以呈现出个人所经历的学术成长之路：从早年学习马克思主义原著（我在 1983 年发表的学士学位论文是《马克思主义人学初探》；转向全面关注和译介当代西方文学理论，曾经特别关注的三大文学理论流派是：神话－原型批评、结构主义、精神分析。本人早年的学术起步期，除了马克思、恩格斯的原著之外，也深受这三大理论流派的影响。如《英雄与太阳：中国上古史诗的原型重构》和《中国神话哲学》两书，表现出神话－原型理论和结构主义理论相互融合的深刻印记；而《高唐神女与维纳斯》《诗经的文化阐释——中国诗歌的发生研究》等，则带有浓重的精神分析理论的色彩。直到同时期或稍后写的《太阳女神的沉浮——日本文学中的女性原型》《阉割与狂狷》，以及在海南大学时主编的《文学与治疗》《性别诗学》等，仍然透露出相当强烈的精神分析、女性主义或性别研究加文化分析的治学倾向。

正是由于常年沉浸在多种理论与方法思路的训练和运用实践中，使得个人问学道路上能有某种博采众长的经验积累，给后来的文学人类学一派跨学科研究，并鼎力创建中国版的文化理论体系，带来某种必要的前提条件。如今回头看，要总结归纳出以上十部书的共同旨趣，那就是为 2009 年正式提出"神话中国"理论命题，做出的前期铺垫和理论准备。从新兴交叉学科的意义看，则是给具有中国本土特色的人文新学科——文学人类学——的问世，所做的问题探索和个案研究尝试。

2010 年夏，我在上海交通大学创建文学人类学研究中心。2017 年冬，在文学人类学研究中心基础上，组建起"神话学研究院"。2019 年 4 月，神话学研究院协同中国社会科学院比较文学研究中心主办的学术专刊《神话中国》在北京的三联书店问世。其宗旨是：拓展并完善文学人类学派独家倡导的"神话中国"理论：认为神话并不是归属于文学的一个子类；神话是文史哲、宗教、政治、艺术等意识形态的共同源头。神话讲述活动大大早于文字的起源，它先是伴随着人类语言叙述能力的口传文化传统，在文字起源后衍生为书面记录的最早重要内容。驱动神话发生发展的是初民的信仰观念和想象。

"神话中国"论旨在凸显——中国文化的上古时期并没有经历类似古希腊文明的哲学－科学突破为标志的"轴心时代"，中国文化的特征是自古及今都被神话思维、神话观念和神话信仰所笼罩，包括"中"的神话地理观和"国"的神话政治观。主体民族"漢"（汉）的命名则起源于"天漢"的神话天文观。如果说中国有哲学，那一定是某种大大有别于西方哲学形而上思维传统的"神话哲学"；中国的正史则是一部名副其实的不断延续的"神话历史"。神话中国的第一神山昆仑山，充分体现着华夏文明独有的万年玉石神话信仰驱动的国家级的资源依赖现象，其原型是盛产全球最优质透闪石玉（即和田玉）的新疆南疆"于阗南山"。从于阗南山（即昆仑地区）向中原文明输送和田玉的历史，便成为一部"玉成华夏"的 4000 年国史；其运输路径则成为德国人命名的"丝路"之中国本土原型。

回到对"丝路"的学术认知方面，正是在 30 年前陕西西安举办的一次学术会议（1989 年 6 月：陕西师范大学中外文化研究交流中心举办的"长安、东亚、环太平洋国际学术研讨会"）上，我提交的论文《文化研究中的模式构拟方法——以传统思维定向模式为例》，基于对传统思维"东向而望"的定向模式的反思与超越意识，倡导一种向中国西部开放的反潮流新理念，并正式提出"重开丝绸之路"的理论设想。就连精神分析学的顶级释梦专家也不会预料到，30 年前一个西部书生的斗胆梦想，竟然变成如今举世瞩目的现实景观。

如果说"神话中国"论要开启对中国文化的深度认知新境界，那么这种深度认识的模型，一定是始于 30 多年前译介神话 - 原型理论和结构主义方法时摸索出的"模式构拟"研究范式。所不同的是，如今的"模式构拟"已经完全依据本土文化传统的现实，升格为前文字时代"大传统"到文字书写时代"小传统"对接的文化理论体系。

以上对这十部书的来龙去脉的简要回顾中，或已引出某种学术发展的前瞻意识。窃以为，在如今这个文化变迁速率大大超常的时代，治学者十分需要的就是这种基于学术史自觉的前瞻能力。

是为序。

2019 年 4 月 25 日于上海

平行与交汇：深圳、澳门"双城记"

徐新建[*]

一

2019 年 7 月 28 日 20 时，国际编号为 1907 的海洋风暴在太平洋上空形成，风向偏西北，以 10 千米/小时的速度移动。所至之地——主要是华南沿海地区将出现八级到十级大风，并连续遭受暴雨和大暴雨袭击。

消息说，本次台风被称为"韦帕"（Tropical Storm Wipha），名字由泰国提供，意为"女娃"。由于仍处于形成移动中，有关方面对"韦帕"的威力和可能造成的破坏未作评定，不敢断言是否与 2005 年的"麦莎"（Matsa）匹敌。"麦莎"出自东南亚母语，指"美人鱼"。此"鱼"威力无比，2005 年席卷之后给沿途造成了巨大灾害。

2019 年 7 月 28 日傍晚，国际比较文学学会（ICLA）第 22 届年会的第一部分刚好在深圳闭幕。盛大晚宴之后，主要与会者准备动身，转场至数十千米外的另一座城市——需办出入境手续方能抵达的澳门特别行政区，出席将在澳门大学继续进行的下半场会议。

为何选择澳门？作为东道主之一的深圳大学领导作了别开生面的阐发，指出议程采用"双城记"设计，意在通过"一会两地"的方式，展现"一国两制"的中国特色。他说：

> 一个会议两个城市，这可能是国际比协大会的第一次；两个城市

---

* 徐新建（1955~ ），四川大学文学与新闻学院教授，文学人类学专业博士生导师，研究方向为文学人类学、多民族文学。

一国两制，这在世界上绝无仅有；两个城市，一个经济特区，一个特别行政区，历史不同、制度不同、社会文化形态也不同，因为比较文学连结在一起，这实在是一次奇妙的跨文化旅程，也为本次世界比较文学大会注入了特别的内涵和意义。①

其实，结合国际"贸易战"前后的世界演变，真正的缘由与时局相关，远比台面上的致辞复杂得多。

二

7月29日下午，随着不同国家和地区的学者陆续抵达，在对大会主题"世界各地文学与比较文学的未来"进行全面研讨与交流的殷切期待中，澳门会议第一天的开幕仪式和大会演讲如期完成。在主办方悉心筹划下，全体大会以极富地方特色的民间狮舞开场，以喧闹热烈的锣鼓声引发跨学科、跨文明的国际对话，接着即转入了分组数量达三十以上的平行论坛。

图 1　澳门狮舞登上国际比较文学舞台（徐新建摄）

不料，真正的平行是接下来的人与自然的较量。与此同时，台风"韦

---

① 刘洪一（开幕式致辞）：《从深圳到澳门：比较文学双城记》，2019年7月27日于深圳、29日于澳门。

帕"的速度与威力击碎了大会的议程设计。7 月 30 日的分组论坛才告结束，31 日一早，各界就收到了气象部门有关台风险情的紧急通报，预警级别骤然从 3 号飙升至 8 号。于是大批航班宣告停飞，商铺关门，学校停课，公交车停运，连接离岛的桥梁也统统关闭。

为此，意味着澳门大学与外界交通就此中断，1000 多名学者中的大部分成员将无法到达会场。迫于严峻现实，主办方不得不采取紧急措施，宣告中断议程，取消 31 日下午和晚上的全部发言讨论。突如其来的改变令来自世界各地的学者措手不及，深感遗憾。不少人至少半年前就精心准备好的主题演讲全遭废止，与之相关的主持、评议也成泡影，原本有可能碰撞出来的学术火花还未及点燃便消失殆尽。

更令人遗憾的是，等待一天的台风似乎并没到来，或者已经来过却并非预报那般猛烈。就像老天爷开了个玩笑，除了一阵阵来了又去的大雨外，31 日下午和晚上的天气与头一天并没太大区别，以至使待在室内躲避的人们大多不以性命保全而欣喜，反倒为已做出的议程牺牲备感遗憾。

有什么办法呢？自然的力量超乎所想，人类议程原本就是自我中心，一厢情愿。

无奈，借昆德拉小说《玩笑》描绘的境况做隐喻，① 已作出的改变无法挽回，历史在此遭遇了意外的时空折叠。

三

天气的变化时好时坏，令人无可捉摸。一阵猛烈暴雨之后接着又是烈日暴晒。由于文学人类学与世界少数族裔文学的两个分组都已在 30 日完成，成员们便利用议程更改，离开校园，考察市区。出于学科考虑，第一站大多选择了澳门博物馆，并由那里鸟瞰了本地古今场景的一斑。

澳门在哪里呢？在眼前，在地图上，在历史和特定的行政区划中，在当地居民的生活世界，也在每一个到访者的观感和游记里。

作为一片有方位和边界的实存土地，澳门的地理特征被表述如下：

---

① 〔捷克〕米兰·昆德拉：《玩笑》，景黎明等译，作家出版社，1993。

（澳门）位于中国大陆东南沿海，地处珠江三角洲的西岸，毗邻广东省，与香港相距60公里，距离广州145公里……原点地理坐标为北纬22°12′40″，东经113°32′22″。①

作为历经演变的动态区域，澳门的面积因填海造地而不断扩大，故"自有记录的1912年的11.6平方公里逐步扩展至今年的32.9平方公里"。②

在官方正式文件里，则通过地图的方式予以了更精确的呈现。

相比之下，澳门地名却难以做到精确呈现和标准划一。相反，呈现出来的是中外并置，古今交替。

"澳门"原为"濠镜"或"濠镜澳"。"澳"意为泊口，所以原地名指的是"规圆如镜"的可泊船港湾。对此，明清以来的史籍即有记载。③ 16世纪后，伴随着欧洲殖民者沿海路向亚洲的拓展，澳门的地名又增加了西式称谓，即葡萄牙语的Macau、英语的Macao等外来名称。这些"洋名"读音相近，都是对本地自称的替换，据说与葡萄牙殖民者的最早登陆点叫"妈祖阁"相关。"妈祖阁"的简称"妈阁"，在地方话里的读音接近于Macao。

于是，若不了解这些背景，对于如今用普通话念出来的Aomen（澳门），无论与其方言古称还是外语转移对照，都难以明白指的是同一个地方。

可见，这个曾以"濠镜"自称，后被以"澳门"、Macau（Macao）等称谓交错命名的港湾之地，自各方表述叠加时起，便卷入了多元文化的并置过程。这样的并置，在澳门博物馆的展示布局中，得到了完整突出的体现。

---

① 《地理和人口》，澳门特别行政区官网，https：//www.gcs.gov.mo/files/factsheet/geography.php? PageLang=C，2019年8月3日下载。
② 《地理和人口》，澳门特别行政区官网，https：//www.gcs.gov.mo/files/factsheet/geography.php? PageLang=C，2019年8月3日下载。
③ 《澳门纪略》记曰："濠镜之名着于《明史》。东西五六里、南北半之，有南北二湾，可以泊船。或曰南北二湾，规圆如镜，故曰濠镜。"

四

7月26日14点30分，在主持人以英汉双语开场的宣告下，国际比较文学学会年会在深圳拉开序幕。会议以"国际比协执委会及中国比协（CCLA）高峰论坛"之名召开。会场设在著名的五洲宾馆。根据议程设计，有9位中外学者分别在开幕后与闭幕前做大会演讲。话题由"普斯金的流放"起头，以"中国当代文学的世界主义"收场。在张隆溪强调东西方比较文学的文本基础及哈利什表达对"世界文学时代"的担忧之后，刘小枫阐述了"轴心时代"与"天下时代"的差异及主张。与多年前出版的《拯救与逍遥》模式相似，刘小枫的发言仍以中国与西方为对照，将世界压缩为二元图示，通过表面似乎以沃格林取代雅斯贝斯，实际是彰显了被重新解说为华夏根基的天下观。不过站在国际比较文学大会的闭幕台上，刘小枫并没有阐发自己的原创性论述，而是通过文本转引，让另一位西方学者——沃格林降临到深圳舞台。

无疑经过事前的周密考虑，借助此次特定场所与议题的选择，刘小枫还传递出与目前大多数流行论点的区别——他并没把能与"轴心观念"抗衡的"天下意识"奉为华夏独创继而沉湎于"东学西送"的新梦想，而是通过对沃格林的认同，勾画了东西方平行展开的"天下时代"，也就是自成一体的普世帝国——在西方，"从波斯帝国到罗马帝国的帝国更替"；在东方，与此平行的"中华帝国在远东的崛起"。①

对此，沃格林本人是怎么说的呢？沃格林的描绘是："由若干部落社会构成的中国地区在时间上平行于近东和地中海地区各普世帝国。"② 仅此一句就包含了多个要点，全都值得深思和琢磨：中国地区、普世帝国、时间平行。

接下来的话同样重要："它（指前文的"中国地区"）将自身转化成

---

① 刘小枫：《从"轴心时代"到"天下时代"》，2019年7月28日，深圳五洲宾馆大会演讲稿，参见2019年国际比较文学学会执委会会议暨国际比较文学高峰论坛《会议手册》，第14页。

② 〔美〕沃格林：《天下时代》，叶颖译，译林出版社，2018，第371页。

了一个以帝国方式组织起来的文明，并将自身理解为帝国的天下（tien-hsia，ecumene）。"① 在这句里，沃格林正式将汉语的"天下"与西方语言的 ecumene 并提，还用音译方式加以标注说明，以表示两种拼写在概念上的对等性和平行性，也就相当于说，尽管出现在不同地区、符号不一，但"天下"就是 ecumene，ecumene 就是"天下"。然而也正因如此，问题随之而来，那就是该如何面对人类社会的"多个天下"？

沃格林提出了自己的化解步骤。他说：

> 多个天下对历史哲学提出了一些棘手问题。作为解决这些问题的第一步，厘清 oikoumene 这个西方符号的各种含义，以确定它们在什么意义上适用于那个远东现象。②

上述论述是从沃格林著作的汉译本中摘录的。书名就叫《天下时代》，译林出版社 2018 年出版。译本厚达 500 多页，其中蕴含着驱使刘小枫将其引上舞台的重要意图，那就是通过符号与史料的对比，使 ecumene 适用于也曾出现过"天下意识"的中国地区，亦即与西方和近东相平行的"远东现象"。

图 2 深圳会场：一台两戏

---

① 〔美〕沃格林：《天下时代》，叶颖译，译林出版社，2018，第 371 页。
② 〔美〕沃格林：《天下时代》，叶颖译，译林出版社，2018，第 371 页。

回到深圳舞台。刘小枫做完前述转引及新一轮"天下主义"的中西对应后，结论出人预料，几乎就是亨廷顿"文明冲突"说的后续翻版。① 刘小枫说：

> 中国文明秩序的传统德性必将与盎格鲁－撒克逊和美利坚主义的历史秩序决一雌雄。②

为何这样断言呢？理由是从"天下意识"归结出的世界本质——"世界因群体或政治单位之间的冲突永远充满暴力、不幸和灾变。"③

或许由于时间匆促以及与文学文本显得远离等原因，"多天下"的世界必将决一雌雄的论断未能在现场引起回应，随后的报道也鲜有提及。刘小枫式的危机警示差不多被淹没在媒体关于有多少欧洲院士、长江学者莅临会议的渲染之中。④ 可见即便进入同一会场，转述的情景也是裁剪不一，各显一面。

在我看来，如果说本届大会果真因一会两地的空间格局上演了"双城记"的话，刘小枫对《天下时代》的转引则构成了戏中之戏：通过演讲，成为替身；借助替身，引发时评。个中玄妙，用学界的时尚术语说，在于展现了互为主体（或主体互换）的一台两戏。

这时，国际的比较文学又在何处呢？

作为一种动词性践行，此刻的比较文学已体现为以文本阐述为核心的历史对话；而历史本身，则被呈现为剧本、剧场与剧评的三位一体。

值得回溯的是，在这一时刻，舞台上下及会场内外的参与者还大都不

---

① 参见亨廷顿《文明的冲突与世界秩序的重建》，周琪等译，新华出版社，1998。亨廷顿认为冷战结束之后，人类将进入文明冲突时期。冲突的源头是西方基督教、伊斯兰世界和东亚儒家。

② 刘小枫：《从"轴心时代"到"天下时代"》，2019年7月28日，深圳五洲宾馆大会演讲稿，参见2019年国际比较文学学会执委会会议暨国际比较文学高峰论坛《会议手册》，第14页。

③ 刘小枫：《从"轴心时代"到"天下时代"》，2019年7月28日，深圳五洲宾馆大会演讲稿，参见2019年国际比较文学学会执委会会议暨国际比较文学高峰论坛《会议手册》，第14页。

④ 《深圳特区报》倒是作了少有的报道，但对最重要的"危机"结语却作了省略处理。参见（记者）韩文嘉《刘小枫在深演讲：从"轴心时代"到"天下时代"》，《深圳特区报》2019年7月29日。

会知晓台风"韦帕"的将临，故无法预测"天文界"与"人文界"平行
交汇中的另一种挑战。

五

澳门，"大炮台"景区。没有被台风"韦帕"吓走的游人一波接一波
来到博物馆参观，或许来观光消遣或许来探寻史迹，或许什么目的都没
有，只是到此一游，拍几张自拍留影就离开。

与如今常见的类型有别，澳门博物馆的地址不在繁华老街或新建景
区，而是设在本地代表性古迹之一的"大炮台"山顶，亦即通过新建展馆
与相结合的方式，使往昔与当下及史迹与记忆合为一体。①

不过在我看来，此博物馆还有更重要的一个特征，那就是它的叙事没
采用惯常所见的进化模式，没有按原始社会到现代文明的编年套路讲述澳
门，而是通过东西方对照的各自进程，用堪称"双墙记"的陈列方式，呈
现了以澳门为基点、中外并置的复线历史。

图3 "时间廊"设计：步入历史（展厅）的"交汇之路"（徐新建摄）

"双墙记"的正式名称叫"交汇之路"，在陈列解说词及博物馆印制的
宣传简介里还赋予了一个富有创意的象征之名——"时间廊"。它的陈列
手法，就是把博物馆入口布置为既各自表述又彼此映照的双向进程，寓意
着东西方并行的文明之路，让由此前行的观众体会"轴心时代"多元分

---

① 澳门博物馆印制散的《展览导览》介绍说，澳门博物馆坐落在17世纪初由耶稣会教士兴
建的大炮台上……最大限度地保留了大炮台原有的建筑风格和地貌特征。

立——或"天下时代"帝国并存的历史轨迹。步行其间，西方在左、东方在右，形成上北下南的地图格局。左边是从苏格拉底、柏拉图到耶稣与"十字架"的"两希"历史，右边是由老庄、孔孟至秦始皇与"兵马俑"的华夏传承，两相映照，各显其辉。

顺着此路缓慢前行，故事的重点出现了：随着利玛窦等人的到来，在双向进程的不断接触中，澳门逐渐演变为东西方文明的交汇地。

对于这条被陈列出来的"交汇之路"，悬挂于墙的介绍文字这样写道：

> ……葡萄牙人的到来使中西方两大文明走上了持续交汇之路。然而，在此之前数千年，中西两大文明经历了不同的发展历程，形成了各自鲜明的特点。

行文至此，馆方——也就是幕后布展人——引出了一段最能见出展览初衷的关键提示："如果不了解这一点，就无法正确解读两大文明之间的交互。"作为千百名观众中的一员，在我看来，此话的深意在于强调：中西之间各行其道，彼此是对等的，交汇也是平行的，不存在谁强于谁，谁恩惠于谁。于是，展览人再度点明了设此长廊的意图：

> "时间廊"着重展示中国和西方两大文明的发展历程以及所取得的伟大成就，以便参观者对两大文明在十六世纪初交汇之前各自走过的路径进行比较和对照。

图 4　博物馆叙事：葡萄牙人绘制的早期航图及其与明朝士绅的交往（徐新建摄）

正如世界各地的物语空间（展览场地）一样，开展于1998年回归后的"澳门博物馆"及其陈列布局也如一部打开的书，同样需要顺其章节，以布展人的主位视角来精心品味，反复细读。依我的初读之见，该馆的凸显主题就在于"平行与交汇"。平行的陈述起于双墙映照的"时间廊"，交汇之点则在由此延伸的"海行图"及利玛窦与明朝士绅的交往融合。其中的成果，结合沃格林的论述来看，便是多元世界的逐渐合一，平行的"天下"演化为交互的"国际"，全球化（或整体化）以后的世界再演化为各自为阵的民族国家。

尽管此行本因参加国际比较文学学会年会而来，面对博物馆展示得如此完整的表述，却令人感到比较文学无处不在，绝非仅限于学院派的书斋、讲稿或会场。当然，令利玛窦和明朝士绅想不到的是，正是这样的演变才为一千多年后国际比较文学学会在深圳－澳门举办的年会预设了前世议题——"世界各国文学与比较文学的未来"。

除了文物陈列与语词文句的精心设置外，作为区域表述的文化文本，澳门博物馆的进出路线也很有意思。我们从柿山路一侧登临，沿哪吒庙斜巷的陡坡上行到达大炮台之顶，最先见到的不是西方文明的逐渐东进，而是体现本土信仰的"哪吒"小庙，还有传授狮舞龙舞的"结义堂"武馆。① 参观结束后乘梯下山，在另一个方向的入口才望见游人如织的"大三巴"残影。"三巴"是"圣保禄"（S. Paulo）的粤语俗称，指的是建于16世纪、后毁于大火的天主教堂。据说当年利玛窦就在此绘《万国全图》，从而改变了中国精英的天下视野。不料如今楼去墙缺，非但教堂成了残址，连名称都跌落为毫无圣辉且不知所云的"大三巴"（牌坊）。

无论如何，历史的故事都已消逝在漫长的岁月里，留下的是不一样的纪念和选择。于是，虽然都面对在澳门发生的文明交汇，倘若起点不同、选择有别，所见的效果也将截然相反。从小巷出发，重现的历史场景是"哪吒遥望圣保禄"；沿正门而上呢？则成了"利玛窦背靠哪吒神"。

---

① 柿山"哪吒庙"对面的"结义堂"是澳门有名的民间武馆，以传统方式教年轻人练习武术，传承舞龙舞狮，"绝活之一是三叠狮，三个人叠罗汉能用狮头踩到六七米高。"参见（特约记者）王晨曦《大隐于市：繁华背后的澳门武林》，中国新闻网，http://www.sohu.com/a/115598866_ 123753，2016年10月8号刊登，2019年8月10日下载。

然而更令人回味的是，无论从哪面上顶，最后的交汇都是大炮台——多方冲突后遗留的交锋遗迹。① 而若单从哪吒庙前行，则见不到被博物馆"时间廊"以双墙对照方式隆重推出的孔孟、老庄、秦皇汉武，亦即被当作文明标志的精英传统，取而代之的是哪吒小庙、舞狮会所等街头巷隅的民间传承。问题是，精英与百姓，谁更能代表国别传统与地域文明呢？

图5 澳门景观：炮台（景点）与酒店（赌场）的平行交汇（笔者拍摄）

可见，面对同样的历史，不但因出发点有别而产生不同所见，并且还将由表述的筛选而获得记忆重现。说得深一点，可以说尽管存在同样的过去，却没有相同的历史，因为：历史就是再表述。②

六

延伸而论，由哪吒庙与狮子舞引出的雅俗对举，恰好揭示了为何在从深圳到澳门的国际比较文学学会年会上，会接续出现以"神话与科幻""民族与民间"等为题设立论坛的缘由。文学人类学的参与者们不仅借

---

① 澳门博物馆的《展馆导览》说，大炮台不仅由耶稣会教士兴建，在长达三个多世纪的时间里，"一直是澳门防御系统的核心"。据说炮台的火力击溃过荷兰战舰的入侵。

② 徐新建：《历史就是再表述——兼论民族、历史与国家叙事》，《文艺理论研究》2014 年第 4 期，第 72 ~ 76 页。

"印第安与华夏创世鸟神话及其萨满幻象原型"、①"萨满、巫觋和仲肯：美亚文化的跨界关联"②、"地域性、族裔性与世界文学"③ 及"'三月三'仪式的声音人类学研究"④ 与"科幻与佛学的未来展望"⑤ 等议题，彰显对"大小传统"的特有立场，并且表达了对人类文学的多元整体观。

其中，在澳门大学 E3 楼的 3046 教室，"世界少数族裔文学"圆桌论坛召集者阐述的论坛主旨如下：

> 近年来，世界少数族裔文学研究在不同的层面上被重新激活："世界文学"、"多民族文学"的多维入场，使原本以民族群体为单位划界展开的文学研究得到了拓展。与此同时，数字化实践也给各民族的文学生活带来了新的景观和气象。
>
> 本分论坛召集了 20 余名学者参与（实际到会 12 人），从世界性的比较和变迁视野出发，将民间与民族相关联，对中国、北美及亚洲其他地区各族群文学的不同文本与实践进行了跨学科研究。⑥

平行意味着多元和并立。云集了 1000 多位各国学者的国际比较文学学会年会表面上轰轰烈烈、热闹非凡，然而由于数十个分组专题与圆桌论坛的同步分设，实际的情形更多却是互不相干的。人们在同一时间里被分割在不同空间，彼此隔绝，各说各话。这便是学术世界的真实存在，很大程度上又何尝不是人类社会的普遍缩影？人们渴望交汇，努力交汇，也真的交汇到一起了，但因为要平等、分权，要人人表达，受制于议程乃至技术的原因，最终依然摆脱不了面对面的散居。于是乎，近在咫尺，相隔千

---

① 叶舒宪：《烟与酒：印第安与华夏创世鸟神话及其萨满幻象原型》，载 2019 年国际比较文学学会执委会会议暨国际比较文学高峰论坛《会议手册》。

② 徐新建：《萨满、巫觋和仲肯：美亚文化的跨界关联》，2019 年国际比较文学学会第 22 届年会澳门会议发言稿。（未刊）

③ 陈靓：《地域性、族裔性与世界文学》，2019 年国际比较文学学会第 22 届年会澳门会议发言稿（未刊）。

④ 梁昭：《节日的声音：广西武鸣"三月三"仪式的声音人类学研究》，2019 年国际比较文学学会第 22 届年会澳门会议发言稿（未刊）。

⑤ 完德加：《人类世与大千世：科幻与佛学的未来展望》，2019 年国际比较文学学会第 22 届年会澳门会议发言稿（未刊）。

⑥ "民族与民间：世界少数族裔文学"小组《议程说明》，2019 年 7 月 29 日，微信群发布（梁昭拟写）。

里，大家都只见到自我，没有谁得见全体的人和世界整体。由此一来，从深圳到澳门，尽管在文学人类学专题等分论坛中，学者们论及了数智时代的影响、神话与科幻的文学关联乃至"本届人类"有可能在后人类时代退场的预警，① 但由于与大会演讲及其他分组的平行隔离，实际的内容又有多少与会者知晓并激起共鸣呢？至于同一年度早些时候，在中国西南另一所城市成都，先于 ICLA 年会和 CCLA 高峰论坛举行的 SCLA（四川省比较文学学会）年会，尽管以"数字时代的文学和文化"为主题作了专门讨论，② 但由于会议太多，生产过剩，又有多少同行关心了解并做出回应呢？

几乎没有。众声喧哗，各自为阵。

2019 年夏季，从 7 月底至 8 月初，由深圳到澳门，从"双狮"对舞到"韦帕"台风，沿着会场演讲直到实地探寻，第 22 届国际比较文学年会自议程方案顺势走来，又在多方力量参与中渐渐远去。其中，登台的"双狮"由人扮演，在连接民间信仰的寓意中，称得上天地交汇，人神合一；从神话与民俗的传承意义来看，堪与希腊神话中狮身人面的"斯芬克斯"相比。彼此差异在于，澳门的民间类型已融入世俗，更接地气，可称为"人狮"，希腊神话的"斯芬克斯"由神扮人，通过生死谜语挑战人类，更朝向天界，故堪称"狮人"（或"狮神"）。更重要的是，经过历代学者的理论化处理，以斯芬克斯闻名的"狮人"已被奉为"世界文学"的经典乃至核心和原型；中国"人狮"的民间实践却只能以地方信仰和传统武术的

---

① 本届比较文学的国际会议设立了关注人工智能与科幻文学的特别专题，有相当多的学者提交了专题论文，但由于时间和场地安排所限，就连此同一组专题的发言也被分割在若干个不同时段和进行，导致彼此之间既难以相遇也难以交流。提交的相关论文包括陈跃红《诗学、人工智能、跨学科研究》、吕超《美国科幻小说中的人工智能伦理范式》及王悦心《"忘记意义"的危机——探讨"数据流"模式下的跨文化文本阅读》等，参见 2019 年国际比较文学学会执委会会议暨国际比较文学高峰论坛《会议手册》。笔者提交的是压缩修订过的《数智时代的文学幻想》，全文可参见《文学人类学研究》2019 年第 1 辑，社会科学文献出版社，第 3~15 页。

② 四川省比较文学学会第 12 届年会于 2019 年 4 月 19~21 日在成都召开，来自国内 60 余所高校及研究机构的 170 余位学者出席。参见张明眸《数字时代的文学与文化学术讨论会暨四川省比较文学学会第 12 届年会成功召开》，四川大学比较文学公众号，2019 年 4 月 24 日：https://mp.weixin.qq.com/s?src=11&timestamp=1566003809&ver=1795&signature=XDj5pIBYm9xS*52MxMUOyFXsN698RASOkCS*WyA2N6Zbe0Vw0fm2-6vrhEEe1Y7pt7qOzIMp15THQxoXDqPTBRMmgI4xL0TfEJNScG0MF-cEDAIVYceFQblovktjzrrp&new=1。

方式蜷缩在世界边缘，既登不了文学的大雅之堂，更无法成为世界经典。

问题何在呢？或许在于虽然早期都有类似的神圣信仰和神灵谱系，但随着明显的世俗化过程，"中国狮"由神而人，游离出神灵谱系，并且雅俗分野，变为信仰碎片，缺少了俄狄浦斯悲剧及其衍生的"恋母情结"那样的结构性搭配，因而呈现不出西方文学那样的整体传承。

不过从另一面看，问题也许恰恰出在"西方"的干扰——不但作为普世的学理坐标而且作为映照他者的历史镜像出现与非西方场域。换句话说，正由于"斯芬克斯"式的"狮神"映衬，方使在澳门会上登台的"狮人"显现为与本土精英的疏离及其背后的神谱破碎。

不过无论如何，澳门会议主办方请出本地狮舞在开幕式上隆重登场，不管有意无意，都已产生意外的平行与交汇之效，其与博物馆参观等其他的本地考察一道，构成了与大会演讲、圆桌论坛等主要安排相并行的会议副文本，或副议程，也就是让澳门作为一部东西交汇的实证文本，叠置到比较文学系列之中。

顺此观之，即不难见到多维交错的学术图景，可谓：精英在"上"，民间在"下"；经验在内，表述在外；平行作维，交汇为经。人类的世界就这样被生成于学术与实践的文本之中。至于面对彼此干扰的历史场景，能否走出交汇后的十字路困局——就像刘洪一教授表述的那样，是走向"反面乌托邦"还是迎接"普惠文明"，① 则取决于如何上演已见端倪的人类新剧本和怎样迈入正待合拢的世界竞技场。

七

2011 年 8 月，上海。天气异常闷热。中国比较文学学会（CCLA）第 10 届年会在上海举行。会场也分设两地，前半场在复旦大学（双子楼），后半场在上海师范大学。②

① 刘洪一：《文明通鉴与普惠文明——人类命运共同体的文明路径》，会议发言摘要，载 2019 年国际比较文学学会执委会会议暨国际比较文学高峰论坛《会议手册》，第 10 页。

② 参见张静《回归文学性：当代比较文学与方法论——"第 10 届中国比较文学年会暨国际学术研讨会"综述》，《中国比较文学》2011 年第 4 期，第 150～154 页。

应会议之邀，弗朗索瓦·于连（François Jullien）作为嘉宾到会，作了题为《对比较的重新思考》的主题演讲。于连首先坦陈，对"比较"重新思考是其在中国与欧洲之间展开研究的必要条件，继而提出中国思想和欧洲思想的相遇是一种机遇，彼此间的比较是平行的，亦是相互的，即是一种"多样可理解性里的流通"，可以由此打开一个新的"作坊"。于连认为："根据中国文明和西方文明的彼此独立发展，并直到近代才相遇这样一个为人熟知的事实，比较文学研究将不能建立在两者互相的客观影响、前后演变或传播关系上。"① 应该如何呢？他的看法是：

> 看起来最令人满意的（比较研究）方法似乎是由那些我们所构想的最普遍的范畴组成，并且在平行模式下，透过这些范畴能够系统记录一领域与另一领域之间对应关系的特殊观念。②

于连在此把中西文明的关系视为平行，并把平行看作一种最可能完成比较工作的模式。他强调并不存在对双方都同时有效的"普世范畴"。在他看来，平行是客观事实，交汇——包括人为的交流和比较，则倾向于主观建构。可惜与如今大多数会议的情形一样，他的演讲未在会上引起及时回应，连当时在听众席里的我也想不起是否留下过清晰印象。如今的叙述是通过再度"迂回与进入"，才获得的历史呈现。这种呈现的功用很多，其中之一是能跳出记忆边界，使此前于连与张隆溪的相关论争产生事实性勾连。

在以期刊为替身的文本世界，双方表达了对"比较"的不同观点。张隆溪不赞同于连在《迂回与进入》中显露的倾向，即把中国思想简单当作西方哲学的"他者"和与其对立的反面。③ 此后，于连通过直接与间接对话，回复张隆溪的质疑和挑战，否认自己的论述仅在于把中国思想当作

---

① 〔法〕弗朗索瓦·于连（François Jullien）：《对比较的重新思考》，萧盈盈译，载杨乃乔主编《当代比较文学与方法论建构》，复旦大学出版社，2014。

② 〔法〕弗朗索瓦·于连（François Jullien）：《对比较的重新思考》，萧盈盈译，载杨乃乔主编《当代比较文学与方法论建构》。

③ 双方论争以对话方式进行，详见张隆溪《汉学与中西文化的对立》，载《二十一世纪》，香港中文大学，1999 年 6 月号。收入张隆溪文集《中西文化研究十论》，复旦大学出版社，2005，第 113~138 页。

西方哲学的他者和陪衬，而是主张通过在两者间的穿行，促成彼此的理解。①

时光回到 2019 年，7 月 28 日。下午，深圳大会闭幕式。

特邀与会的美籍学者成中英以《人性全球化——论世界的文学性与文学的世界性》为题发表主旨演讲，从哲学角度强调了人类世界本身具有的文学特征。② 在此之前，按维特根斯坦式的说法，世界就是一个故事，我们只是活在其中的角色。③ 于是除非叙述者死去，否则永恒不会到来。

再进一步，换成文学人类学视角来看，人类的存在特征就是表述——通过文化文本展示并反观生命价值和意义。④ 一如奈吉尔·拉波特所说，历史境遇中具有创造性主体意识的个体都是作家，"通过对世界的书写成为一种叙事，与这一世界同时展开"。⑤

由此观之，由比较文学国际会议串联在一起的深圳、澳门，都已如兼收并蓄的博物馆和实景舞台——平行中展现交汇，交汇间保持平行。来来往往的人们在这里上演各为主或为辅的戏剧，继而再经由各式各样的筛选陈列和话语竞争，把自己化为恍若命定的历史古迹。

8 月 2 日，澳门的台风警报由八级到三级，随后逐渐平静。令人担忧的"韦帕"来了又去，最后不见踪影。商铺重新开张，市民照常出行，本届会议也终告结束。

这时，利玛窦等绘制的《万国全图》依旧悬挂在博物馆的展墙上，宛如一部展开的古书，静候各方观众前往阅读，由中及外，联想今昔。

---

① 〔法〕弗朗索瓦·于连：《答张隆溪》，陈彦译，《二十一世纪》，香港中文大学，1999 年 10 月号，第 119~122 页；另见〔法〕弗朗索瓦·于连《圣人无意——或哲学的他者》，商务印书馆，2004。

② 成中英：《人性全球化——论世界的文学性与文学的世界性》，会议发言摘要，载 2019 年国际比较文学学会执委会会议暨国际比较文学高峰论坛《会议手册》，第 14 页。

③ 按照维特根斯坦的分析，世界是"所有事实的总和，而非物的总和"；事实由对象的逻辑关系构成，更通过语言表述呈现。因此存在可理解为词与物的关系，世界即是可依靠语言讲述的故事。参见〔英〕维特根斯坦《逻辑哲学论》，郭英译，商务印书馆，1962。

④ 徐新建：《文化即表述》，载叶舒宪主编《文化符号学——大小传统新视野》，陕西师范大学出版社，2018。

⑤ 〔英〕奈吉尔·拉波特：《关注创造性个体的文学性和人文性》，王傑婷译，《文学人类学研究》2019 年第 1 辑，社会科学文献出版社，第 161~162 页。

八

澳门就是一个文本，坐落在古今中西的十字口上。在文明交汇意义上，澳门还可视为中西比较文学的起点。万历年间，曾在澳门神学院讲学的艾儒略（Jules Aleni）最早把 literature 一词引入了汉语世界，而且采用的方法不是如今通用的旧瓶装新酒，即并不沿用古汉语的"文学"作对应，而是另外造出了力图与西学本义更接近的音译新词"勒铎里加"。①

时间回到当下。2019 年 7 月 31 日下午，暴雨越下越大。雨水冲刷着柿山路至炮台顶的山街小巷，溅起一阵阵很高的水花。山路狭窄弯曲，倾盆而下的雨柱遮挡了所有的视线，眼前几乎什么也看不见了。

我们无处可去，只得躲进路边的哪吒古庙避雨。守庙的老婆婆细声解释说，庙不大，很古老。一百多年了，和街对面"结义堂"一样，都是政府出资修复的。

——有什么活动么？有的呢。平时会有人来上香、烧纸，最热闹的是哪吒生日，要办庙会。还会抬起哪吒太子到大街上去出巡……热闹啊！

哪吒是谁？哪吒是从印度传入中国文化的神，根据澳门《文化杂志》前不久登载的论文，或许还与埃及的莲花信仰相关。该文解释了哪吒从梵文 Nalakūvara 或 Nalakūbala 的音译由来，全称叫作那罗鸠婆、那罗鸠钵罗、那吒俱伐罗等。② 哪吒的形象经历了漫长的时空和类型流变，从印度神谱到汉地佛寺及道教神龛，一直传到在"文学中国"影响深远的《西游记》和《封神演义》等刻本和说唱中。

那么，在渊源深厚的脉络里，"哪吒"又是怎样来到澳门的呢？通过对文献档案与民俗活动的梳理，作者描述说：

澳门的哪吒信仰大致在清代初年，原因是当地民众相传哪吒显

---

① 〔意〕艾儒略：《西学凡》，载《天学初函》（第一册），台湾学生书局，1966。
② 杨斌：《莲上男童：哪吒的埃及来源》，《文化杂志》（澳门）2019 年第 2 期。

灵，化身为丫髻兜肚童子，保佑儿童，所以民众建其庙崇祀。以后大家相信哪吒能够驱除病魔，所以来求医者熙来攘往；由于有求必应，所以香火很旺。

据此，哪吒的关键功能就是庇护儿童，驱除病魔。①

可见对于坐落在澳门斜坡小巷里的此尊神灵切不可小看，实在是源远流长，不同凡响，虽表面上地远景偏，内在里却称得上庙小神大，法力无穷。而结合曹顺庆教授演讲的"变异学"观点来看，② 作为跨文化存在的哪吒尊神，仅凭其形象流传的身世就足以列入因变异而生成的世界文学殿堂了。只不过问题将接踵而来：与澳门狮舞的命运相似，哪吒神灵将莅临的世界是经典还是民间？作为通过口传、文本、泥塑及仪式传播的跨界形象，"哪吒"属于印度的、中国的还是世界的？澳门民众将其抬上市街的万人巡游算不算文学？如果算，文学又是什么？③ 有世界通用的文学概念么？

暴雨继续，无人应答。

唯一可答的是本次会议及其设计的主题。如若回到筹办与参与的层面，我的看法是：比较文学是一种视野、一门学科、一种知识方式，也是一个组织、无数人的聚会和学术的流动共同体。在这里，无论四川省比较文学学会（SCLA）、中国比较文学学会（CCLA）还是国际比较文学学会（ICLA），尽管都与文学相关，但与作为艺术门类的文学虚构不同，学者们以生产知识为己任：借助文学，阐释人生，干预世界，成就自己。如此来看，对这个行道的很多从业者来说，文学只是对象，比较不止为了文学。

7月28日晚，深圳的大会宣告结束之后，与澳门会议开幕式的双狮舞表演形成前应，会方安排了一场特别的"会后会"（会间会）——邀请作家王安忆上台，与深圳作家对话，就中国小说与比较文学议题发表看法。王安忆以自己经验和上海特点为例，阐述了文学交往和比较的历史必然及

---

① 杨斌：《莲上男童：哪吒的埃及来源》，《文化杂志》（澳门）2019 年第 2 期。
② 曹顺庆：《文学交流的变异与世界文学经典的形成》，参见 2019 年国际比较文学学会执委会会议暨国际比较文学高峰论坛《会议手册》。
③ 参见徐新建《"文学"词变：现代中国的新文学创建》，《文艺理论研究》2019 年第 3 期，第 11~34 页。

其对上海写作的积极影响。在她看来，上海近代的开阜历程铺垫了它的国际文化性，市民阶层的兴起与报刊印刷业的领先进一步决定了小说繁荣的必然。因此，她应邀到此来谈比较文学与中国今日的小说家的关联，不仅恰如其分，而且体现了作家的责任和义务。①

此时的场景，使我回忆起 1991 年参加的国际比较文学学会在东京举行的第 13 届年会。会议也邀请了日本作家登台，与学者们交流对于文学的意见，并且还安排了展示日本传统的能乐表演。② 两相对照，使人见到会议筹办者们的一种相同理念、诉求和结构，亦即力图构建作家与学者、创作与学术的对话共同体。在那样的舞台上，作家如同学者，学者也是作家。

或许，这才是文学领域更隐蔽的平行与交汇？

九

台风是地球上的天文现象。科学的话语解释为一种热带气旋，属于"地球大气运动的一种表现"，一般形成于北纬 5°～30° 之间西北太平洋上，每年 7～8 月出现频率最高，路线通常是经由西太平洋海面向西和向北曲线移动。科学家们通过实证观察和理论分析了解到，地球的行星风系自成一体，欧亚大陆和美洲大陆的影响，会使北半球的副热带高气压带遭受切割，分离为不同的高气压带。③

正如卫星云图下的国家边界是人类社会的历史现象，文学及其研究属于地球上的人文领域。一切地方、民族和国家间的界限都是人为的。这既是比较文学的前提，也是它的局限；或许也正因如此，才成了其魅力所在。

---

① 参见（记者）张锐《著名作家王安忆来深讲述"今日中国的小说家"》，《深圳特区报》2019 年 7 月 30 日。值得注意的是，王安忆同时具有作家之外的另一重头衔——复旦大学中文系教授，因而体现了作家与学者双重身份的平行和交汇。

② 参见张弘《国际比较文学协会第十三届年会在东京举行》，《学术月刊》1991 年第 11 期；徐新建《东京印象》，《公关之窗》1992 年第 1 期。

③ 公众号"一起看地图"：《风王"利奇马"来袭，台风为何总是"造访"中国?》，2019 年 8 月 10 日：https：//mp.weixin.qq.com/s? src = 11&timestamp = 1565842153&ver = 1791 &signature = PQOuiJOoCnkcczO8GOeXmmV8IiJDdbWYVBgRBTIZLYtrxf0c6I ∗ gkq6iUrjbUeQWH HFGxEsqLbobpRTUAyXhsxeoCKNTBhI – NxTDlJXJeBDgA5YCxt6DzwqU9u8I70gj&new = 1

2019 年的夏天，与台风"韦帕"一道，国际比较文学学会年会途经深圳、澳门，与它自 20 世纪以来在巴黎、东京、维也纳、开普敦等地的经历一样，携带学术设计和思想议程而来，留下因地而异的遭遇而去。

一会两城，中外联系：千余学者，多重文本；两个作家，一对舞狮；既平行交汇，更互为主体，最重要的是通过对文学的再表述呈现了彼此关联的三个世界，即因现实的生活世界源生，由文学的虚拟世界而变，最后在学术的论述世界作结。

世界的生活由所有碎片构成。学术和会议也自成一体。我们与之连接的方式有多种可能：预想它，参与它，忘记它，抑或用文学人类学方式——讲述它。

文学与人类学：跨学科理论与方法对话

王明珂　徐新建　李　菲　梁　昭*

[**按语**] 2019 年 5 月 9 日，四川大学文学与人类学研究所组织了年度跨学科工作坊，以圆桌对话方式展开讨论，聚焦"文学与人类学：跨学科理论与方法"议题。出席对话的有王明珂、徐新建、李菲、梁昭、张意、李裴、邱硕、完德加、王苑媛、赵靓、卢婷。本文根据现场录音整理，并经各位发言人审阅。

主持人引言（李菲）

今天对话的题目是"文学与人类学的跨学科方法"，其实超越了这两门学科范围。在人文社会科学中，王明珂老师与四川大学团队长期关注一系列相同或相关的关键词。这些关键词提供了从跨学科视域重新看待我们的研究对象、田野工作及回头检视研究方法的新可能。例如，文学人类学研究中的关键词"文本"，在历史人类学研究中反复出现，与此相类，还有"表征""表相""情境"等。那么，在文学、历史学与人类学的不同跨学科情境中，如何理解、运用这些关键词，如何通过对话激发差异，今天会有非常多值得讨论的内容。

在这里，我先以"文本"这个概念为例，在徐新建老师的文学人类学

---

* 王明珂，台湾中研院史语所研究员，研究方向为历史人类学；徐新建，四川大学文学与新闻学院教授，文学人类学专业博士生导师，研究方向为文学人类学、多民族文学；李菲，四川大学文学与新闻学院副教授，文学人类学专业博士生导师，研究方向为文化人类学、非物质文化遗产；梁昭，四川大学文学与新闻学院副教授，研究方向为比较文学、少数民族语言文学。

研究和王明珂老师的历史人类学研究中就有所区别。有人将两位老师的研究做过比较。第一个差异是，徐老师的"文本"的"本"主要强调各种文化类表述的 text，包括民歌、传说、服装、地名等；王老师所用的"本"，主要还是"表征"的概念。徐老师的"文本"后面有一个"本文"，二者的关系是考察的焦点之一。对于王老师来说，作为"表征"的"文本"未必显示会指向客观的历史"本文"，因为在王老师的史学观中，显现的历史实际上是以他所强调的"移动观"，或者说是以动态过程观为前提的，在这里，历史"文本"本身已经呈现出动态的特征。第二个差异是，徐老师的"本"指的是文化的自在言说和其本来样貌；王老师的"本"，可能更指的是社会情境，包括生态环境、生业、谋生策略、社会集群等，更强调与"本"相关的情境。与此同时，两位老师的研究也有一个渐进发展的过程，比如，徐老师早期认为，文化文本是文化本文的显现，后来则认为，文化表述的实质是人的生命展开，因而关注"文学生活"。王老师的历史人类学也已经形成了一个包括历史心性、表相、本相、情境论，并由此延伸至华夏边缘的讨论，蔚然一体。所以说，跨学科的关联与互动常常是不可避免的，对启发新的视野、问题意识和方法也多有裨益。

我想，王老师在历史与人类学跨学科研究中的许多思考，将会在很大程度上为文学与人类学的跨学科研究提供借鉴、学习之处，至少"历史"在我们看来，其实也可以是一种文学表达的文本样态。那么，今天的对话就先请徐老师发言。

提问（徐新建）

谢谢李菲老师为这次活动付出的精力。18 年前，王老师第一次在四川大学做报告，我认为那是一次里程碑式的发言。那时罗志田还在四川大学，我当时觉得对王老师的观点还吃不透，所以作为主持人，就请罗志田来帮忙做评议，他很高兴。当时的题目是"历史事实、历史记忆与历史心性"，很多人听不懂这个题目。现在回想起来，那时是王老师做区域研究和历史人类学的高点。中间经过了这么多年，王老师也出版了这么多书，所以我觉得这次再到川大座谈，相当于一个学术的阶段性总结提升。

　　我稍微回顾一下，十八年来我们团队也在进步。当年我参加了王老师主持的"英雄祖先与族群记忆"的项目，那对我们大陆的一代学者的成长有很大的推动作用。王老师邀请大陆高校的老师参加，还特别在青城山举办了一个讲习班。王老师说要多邀请年轻人特别是学生来参加。今天在座的像梁昭、李裴等都曾在那个研究生班里。她们现也都在成长，成为学术骨干。

　　另外，我们在四川大学开设了文学人类学学科，今天很多话题要向王老师请教。

　　第一个问题是：如何看待文学人类学的学科意义？在学科的理论和方法乃至一种话语体系的意义上，王老师被认为是历史人类学的代表人物。现在历史人类学在中山大学做得不错，我们在四川大学的文学与新闻学院讲人类学，是大陆唯一具有学科合法性的平台，但业界的看法不一。有人认为跟音乐人类学、艺术人类学等一样，很不错，持认可态度；也有人说人类学跟文学怎么扯在一起呢？文学是虚构，人类学是实证，一个是艺术，一个是科学，所以不怎么认可。文学人类学团队中，有叶舒宪、彭兆荣等学者，目前差不多有几十个博士，出版了一些书，但感觉这个学科还没有立起来。跟历史人类学一样，文学人类学能不能成为人类学的一种知识谱系呢？我们还在尝试。所以我特别想听听王老师的看法，期待您能从自己的角度指出我们的问题。

　　第二个话题是，如何进行历史的回顾和总结。王老师跟我们关注的研究领域有很多重合之处，也就是西南的多民族文化和历史，比如藏族、羌族。像这样的研究，不知道王老师是否有总结性的回顾？经过几代学人从民国时期到后来的边疆研究，西南有很多成果。再后来，大陆的研究传统到了新中国成立以后的民族识别时期以及再后来的"新时期""后新时期"，在世界话语体系中就叫现当代与后现代。经由理论来逐一关照这个区域的民族研究或文化研究，是否有一些总结性的判断呢？几代学人从不同的理论出发，面对同样的历史事实，或者叫民族文化现象，有没有可以进行明确概括的理论与方法呢？这也是我们很关注的问题。我个人觉得这中间是有很大变化的，但这种变化在哪些方面能够体现呢？

　　第三个问题是，怎样建立人类学的理论话语。刚才李菲也提到这一点。我观察到，从王老师这次的报告开始，就展示出一个先在的理论准备。经过这么多年的关注，我觉得王老师现在再次回向了理论的提升，所以我非常关心的是在王老师自己的设想中，后面的理论是否有一个完整的建构？王明珂老师也是我们人类学高级论坛学术委员会的主席。之前乔健先生在香港中文大学的就职演讲上提到对中国人类学的期待，提出无论是中国身份的学者还是研究中国的相关问题，有没有可能在世界人类学的理论上做出独特贡献。我觉得王老师在这方面是有用意的。他从最开始的"华夏边缘""汉藏之间"，到现在的"文本情境"，已经呈现出一个包容性的框架了。像李亦园先生、张光直先生、乔健先生等，他们那一代人在晚期都很重视理论。在这点上，海峡两岸的经验值得比较。在大陆，人类学的理论建设体现为以国家为主的现实关怀，最突出的案例是费孝通提出的"多元一体"及后来的"和而不同"。王老师在华语人类学领域称得上中生代的代表性人物。他一直关注理论，并为理论的建构做了序列准备。在最近的文章中，我发现王老师的理论性特别强。我想问的是，在这些关注后面有没有试图以中国经验为主创建本土的人类学理论从而与世界的人类学进行对话的设想呢？

我想提出的大概就是这样三个问题。

阐述（王明珂）

新建兄提出的这三个都是比较宏大的问题，我想有些可以用比较简单的方式回答。第一个，说实在话，你们说我是历史人类学家，然而在台湾大多数自称做历史人类学研究的学者并不认为我是历史人类学家，甚至不认为我是人类学家。无论如何，历史人类学是属于人类学的一个分支，而在台湾各学科边界分明。中国大陆多以华南学派为历史人类学的代表。我在十几年前曾有一篇文章刊载在他们的代表性刊物《历史人类学学刊》上，但后来，我们的学术往来并不多。所以我想，无论如何我不愿自称历史人类学家，我自称历史学家。这有另一个原因，说实在话，我最愿意或者说最期望影响、改变的是历史学，因为我是从历史学走出来的，我认为传统历史学有很大的改进与发挥空间。刚才你们提到文本、本文跟情境的关系，在我的研究里面，我并没有区分文本与本文，甚至我没有用过本文一词；我只用文本这个词，并将它与文献作区分。一般来说，我们如果讨论一篇文献，等于在问文献记载中到底有多少是真实的、有多少是虚构的，我们问"它说了些什么"。当我用文本概念的时候，其实我是在问这个文本，"它到底想说什么"。我们把一个文献当作一个文本分析对象时，我们等于在问这个文献文本它到底想说什么。当我们在问别人，"你到底想说什么"的时候，意思是：你说的表面意思我都知道，但是我觉得你话中有话，我想知道的是话语背后还有什么东西。所以由此处，我们就可以讲到 context 的概念，也就是情境。早先，一般文学或史学对一篇文章的解读中所讲的 context，指的是一段文字的上下文关系，或它在整本书中的 context。这是说如果你将一篇文章里的一句话单独抽出来的时候，你常常不知道它的完整意思，而是要把它与上下文连读，在整个文章的 context 里面你才知道这句话的意思。

但我们现在所说的是在另外一个学术传统中，至少我所讲的 context 已经不是它原本的那个意思了，而是社会情境的 context。也就是说，在什么样的社会情境之下，会出现这样的文本。文本与情境，便如表征与本相。因此文本与情境的关系，若以表征与本相的关系来理解，便很明白了。关于后者，在 Pierre Bourdieu（布迪厄）的《区分》（*Distinction*）那本书里，结论之章最后的一个小标题 "The Reality of Representation and the Representation of Reality"，对此做了最好的说明。我将此标题意译为，"表相造成的本相，与本相造成的表相"。这是说，譬如，种族歧视是一个社会本相，那么它是由许多人的种族歧视言行所造成（表相造成本相），而种族歧视若成为一个社会本相，它也会让许多人产生种族歧视言行（本相产生表相）。文本与情境亦有同样的关系：在一个社会情境本相下产生某一小说或神话文本，而许多这样的小说或神话文本，也强化相关的社会情境本相。

因此，我觉得文学人类学家和人类学家可以做同样的人类学研究。我们一般很狭隘地认为，人类学家借着在田野所见的社会行为表征来作研究，而文学或文化研究学者借着一段口传神话或一个书写文本来作研究。我认为不必要有此种区别，或自我框限。举例讲，如果一个人类学家要研究美国加州华人的身份认同，尤其是几代华人之间的认同变迁，他会去哪里作田野，拜访华人教会、华文学校、同乡会等，他在田野里所看到的现象都是 representation（表征）。但是也有一些有文化研究（cultural study）倾向的文学研究者——其实我认为他们作的研究跟你们文学人类学非常相近——像我们台湾中研院欧美所的单德兴博士，他会去分析 Amy Tan（谭恩美）的《喜福会》，从那本小说里面去分析几代人的华人身份认同。我认为，我们可以用多本这样的华人自传式或其他小说来分析和研究华人的认同。我觉得以这种方式所作的研究和一位人类学家的田野研究是可以相媲美的，而且是完全不逊色的，还可以相互借镜。从这点讲，一个人类学家在作田野之外，为什么不能去分析这些华人作家的小说？一个作华人小说分析的学者，除了文本之外，他也可以到华人教会去看看，或可以从小说文本分析所得相对照。从这个例子我可以告诉大家，在我看来，我们可以把文本跟表征当作一个表征体系。可以把文本当作文本化的表征（强调其结构性），也可以把表征当作表征化的文本（强调其可被观察性），这是可以互换的。

最关键的是，无论是一篇小说、一个文本还是一个社会现象，如果它可以被我们分析，因为它是存在结构的。包括语言也是一样。整个结构语言学的建立，就是在这样一个前提（的基础）上。所以我认为，不但文本跟情境是对应的，文本结构跟情境结构也是对应的。我举一个简单的例子，譬如，在 20 世纪三四十年代的美国，种族歧视变成一种 reality，变成一种文化，而且变成一种社会的规范。有部电影叫作《绿皮书》，大家看过那个电影吗？文化本身就是一种结构，在那种文化之下就会产生一种 representation，就是黑人住到黑人的旅馆去，而白人住在白人的旅馆中，黑人和白人不应该在一起等诸如此类的现象。在那种结构之下就会产生那样的文本（或表征），然后在那样的文本和表征很普遍时，它返回头来又会强化其背后的黑白分离并有高下之别的这种 reality。从这个例子中我们应很容易了解什么是 the reality of representation and the representation of reality。在我小的时候，连女性自己都会讲出歧视女性的话，也是在这种结构文化之下，连女性都会产生一种表征，来强化女性在社会中的边缘地位，一种现实本相。从这里，你就可以看出《绿皮书》这部电影的意义所在。

就是说，在这么一个强烈的文化结构之下，每一个文本都是有结构、有符号的。虽在强有力的黑白分明、种族歧视的结构之下，总有一些人会发出不一样的符号。这电影里面主要表现的就在此。当这种不一样的符号表征越来越多的时候，它就逐渐改变了社会本相结构（reality），所以奥巴马后来会当总统并非偶然。其实布迪厄所强调的 the theory of practice，强调的便是个人每一个行动，你的 practice，不要糊里糊涂地就跟着结构去行动，不要不知不觉地跟随各种社会文化规范、习俗而行动，如果你是像那样子的话，就会变成社会本相与表征陷入无止的循环中，社会永不会改变。一些人特立独行的作为，可成为逐渐改变社会的表征符号，如在 20 世纪 30 年代美国南方一对黑（种人）白（种人）情侣在街上牵着手，刚开始会被人家吐口水、丢石头，可是后来随着这样的表征越来越多，整个本相结构会被改变，最后非洲裔的奥巴马可以当选总统。

所以我觉得历史人类学和文学人类学，其实不要太在乎学科的分别，我觉得文学人类学倒要在乎的是另外一个研究领域，就是文化研究，你跟他们有什么区别？文化研究现在变成一个非常强势的学科，包括有很多历史学家或人类学家都自称他们是文化研究者，认为他们在作文化研究。因为文化研究的材料特别广泛，比如电影、小说，甚至社会行动。我觉得徐新建老师带领的团队有这个倾向，你们的材料也是非常丰富，但是你要去思考你所作的跟文化研究有什么样的差别。

另外，刚才新建提到的中国人类学所走的路线问题。我觉得中国人类学不一定要建立专属于中国的研究方法，而是要贡献于全世界的人类学。一方面，在中国也许有一些特别的实际案例，我最近在北京大学作了一场演讲，回溯我们史语所过去的一些民族研究。我认为早期中国人类学，从芮逸夫那一代人开始，走的路子是跟民族学、民俗学、体质学、语言学结合，而贡献于中国的民族建构工作，尤其是在中国边疆的调查研究，用语言、文化的概念来看中华民族到底有多少个民族，以及民族间如何区分。这是因为，清末以来中华民族的概念早已成立，相关的民族史也有了雏形；这也就是说，在中国民族建构的过程中，历史学是走在最前面的，因为历史建构不难。辛亥革命的军事、政治成就，完成中国民族国家的大架构，但是这里面究竟有多少个民族，以及民族之间如何区分，都还不太清楚，尤其是在南方与西南地区。这就是为什么那个时候四川大学、中山大学，以及中研院史语所等机构之中国早期人类学者们，他们的民族调查研究重心都在南方与西南，就是要厘清这里到底有多少个民族，民族之间的界线何在。芮逸夫早期的工作也是这样，但他到了台湾以后就走上了纯粹的人类学研究工作，会讲结构功能学派，讲亲属关系、婚姻制度等，转而去研究这些。在中国（大陆），慢慢的，人类学与民族学也开始分离，有一些人也开始走纯粹西方人类学的路子。

现在，包括很多的西方人类学家都开始注意杂糅多学科的文化研究。原因之一是，人类学可以说是长期地，直到现在都还在不断质疑自身：我们到底在田野做什么？我们建构的知识到底是什么样的知识？为何我们可以毫无问题地认识他者社会文化，并无碍地描述他们？所以在长于质疑、批判的文化研究里，人类学的很多东西受到严格检验。我举一个简单而现实的例子，这也是我常常批判的例子：在全世界任何地方，只要是发生与政治有关系的违反人权之事，大家就会非常注意及设法干预，但不管是违反少数族群人权、青少年人权还是妇女人权，只要是被扣在宗教与文化的帽子下，大家就觉得没什么话可说。印度便是如此，印度被西方认为是一个民主的国家，在政治上欧美国家对它并没有多少批判。然而在种姓制、各民族之地方族长制，以及相关的文化、宗教习俗下，妇女、年幼者、贱姓、弱小族群、异教徒，每天都受到"文化"与"宗教"的迫害。尽管有一些世界妇女团体或人权组织对它有些批评，但欧美国家对这样的严重人权侵害基本上认为是无可奈何，因为这是"文化"。我常觉得，这是刻板的人类学造的孽；人类学强调的文化和宗教概念，好像成为一些不容人们置喙的东西。甚至在美国，我曾听得一人类学的笑话，不知是人类学家自我嘲弄或他人嘲弄人类学。这玩笑说，一天美国总统接到报告，他们的非洲大使被当地的土著煮后吃掉了。总统就跟他首席的人类学顾问通电话，说这件事情，问他的意见。这个首席人类学顾问就跟总统说，"这太荒谬了，但仍然是可理解的"（It is ridiculous but still understandable）。大概，接下来他会对总统说一些文化理论。对人类学家来讲，这是可以用文化来理解的事，就这样了，人类学家从来不想改变世界，因为他们认为文化是社会整体的结构性基础，人们无法改变它。可以用文化来理解土著为什么把美国大使煮了吃掉，但是你没法解决这种事情。

中研院以前社会学跟人类学是不分的，都在民族所。我早就注意到，在报纸上写批评文章的都是社会学家，人类学家从来不在报纸上发表对社会的批判。他们认为自己没办法改变社会，社会自己有一套机制，文化是不可以被改变的。但是这个观点现在被批判得非常厉害。文化研究的主流就是文化批判、解构。当然，现在也有人批评这种一味批判、解构的做法，认为会给社会带来新的困境。至少最现实的是，很多社会科学的学生都面临失业。因为被他们批评为"肥猫"及"政客"的那些财团大老板及上层政治人士，也是能捐钱给学校或左右大学董事会的一群人。所以在日本、美国及欧洲的一些国家，人文社会科学的资源被削减得非常厉害。

这种批判与解构之风，尤其是在社会学、政治学等领域，近数十年来一直很盛。现在我们可以思考，除了批判之外，我们到底要对社会做出什么样的实质贡献？中国人类学，以前曾经贡献于民族建构，后来走入"纯粹的人类学"，同时解构过去在民族主义下的国族、民族建构。但我觉得这样的"纯粹的人类学"是不够且不宜的。我自己比较倾向于强调一种反思性的研究，而不是解构。大家都讲了太多的解构，后现代解构已经流行了至少半个世纪。但这个世界没有变得更好。即使是被我们当作偶像的萨义德在书中把西方解构得淋漓尽致，让我们东方人看起来很痛快，但那又怎么样呢？西方解构东方也解构得很痛快，东西方互相解构。伊斯兰世界跟基督教世界相互解构，而双方的意识形态冲突及实质暴力愈演愈烈。

所以我所强调的反思性认同，就是说一个人可以保持他的认同，比如说一个人可以自我认同为藏族或蒙古族，也可以同时认为自己是中华民族之人，都必须认识及反思这样的认同是建立在什么样的历史记忆上。强调某部落或某地域人群是我族中心的历史，或强调华夏为中心的历史，对于各民族认同或中华民族认同都是不利的。我的想法是，我们可以承认中国民族为近代建构，但这只是一个长期东亚人类生态变化的近代变迁，而且，我认为现在56个民族多元一体的人类生态，是远比以前华夏将夷戎蛮狄排除在外的人类生态要好得多。因此，以北方民族来讲，我认为长城的历史需要重写。简单来讲，长城以前是一个防御工具，把蒙古或者鲜卑、匈奴隔绝在外，那自然是一个不健康的人类生态，而现在长城内外为一体，长城变成国际观光景点，这是一个较好的人类生态之表征。那么，我们何不承认这个近代建构呢？

但是与此同时，承认近代建构意味着要将"近代"放在人类生态历史中来理解。也就是对整个长城的历史进行重写，要去重新思考匈奴攻打长城的人类生态意义，要去知道其背后的原因，而非只是谴责与污化。我认为不能忘记让长城失去意义的另外一个力量是早期资本主义；晋商越过长城，把高利贷带到长城外面去。当长城内外都受高利贷剥削，长城（的防卫功能）就没有意义了。反思性认同并不只是检讨过去、歌颂现在，而更是在对过去与现在的了解中，看看当前中国的人类生态体系有何缺失，如何能让明日变得更好。

其实，我并没有雄心去建立什么大理论。刚才我们讲的就是一些现实关怀，我觉得人类学，不管是文学人类学还是历史人类学，都应该根植于并贡献于一些对现实问题的关怀上。如果要讲到理论，我的书《反思史学与史学反思》中有个方法论的比喻，我可以给大家提出来作参考。这是很重要的，跟我刚才讲的本相和表相、文本和情境有关系。刚才李菲提到我常说的"移动"，这个比喻是说，如桌上一个物体，这是一个情境本相，我们如果用一个凹凸镜去看它，我们所看到的是凹凸镜上面那一被扭曲的物像。这就是说，我们所看到的任何文本或社会现象，我们听到的一个神话传说，都只是我们在凹凸镜上所看到的表相。真正的本相在底下，我们永远看不到。这时，一个办法能够更深入地认识本相，就是移动这个凹凸镜，把它移动到不同的角度去看这个东西，或移动到别的物体上去观察其镜面上的物像变化，从这样的比较中，我们约略知道底下的那个东西的本相。当然不是真正的完全认识，只是更接近地认识它。

如此我们真正了解的是，那镜的性质及其折射原理，到底是凸镜还是凹镜，它的折射率如何。这也就是，我们或他人的偏见。我著作里面关于羌族的弟兄祖先故事，我会采集那么多的羌族弟兄祖先故事，便是移动凹凸镜的观察，通过这方法我可以知道羌族记忆历史的"偏见"，一种历史心性，在此历史心性下产生许多有同有异的弟兄祖先故事。同时我也会通过它，去认识我自己的历史偏见。凹凸镜比喻的比较研究，有点像文学研究者的跨文化比较研究。但它与后者可能不一样的是，以一中国古典作品与希腊古典作品相比较，是一个表相与另一个表相的比较，而移动凹凸镜的比较，是镜面表相与镜下物体相连接，一个表相与本相之关系与另一表相与本相关系的立体视角比较。

我再举一个和我的研究相关的例子。我从前作羌族研究时，曾注意到一种"毒药猫"传说，也记录了很多。我现在的一个研究工作就是，阅读欧美的女巫传说和女巫审判记录，不过我能够接触到的材料很有限。在西方来讲，这类的文献有很多，这是一个历时很长且很主流的研究，而且涉及很多国家，我只触碰一点皮毛，但已经收获良多。你可以看到，我把凹凸镜，从中国羌族地区移到了欧洲、美国。镜面上有一些符号是类似的，比如毒药猫会坐着橱柜飞行，而西方女巫是骑着扫把飞行；羌族有毒药猫王子，羌族地区流传毒药猫王子会召集会议，隔一段时间就会召集一群毒药猫掷骰子、赌博、喝酒，然后输的人把自己的丈夫或者是小孩提供给大家吃，以此决定下一餐要谁做东把自己的丈夫或孩子拿出来吃。在西方的女巫传说里面，邪恶的女巫有夜间聚会、吃人肉，这被称作 sabbat，这个字原本有欢乐、休息、农闲时大家节庆之意，所以教授的七年一次休假在西方叫作 sabbatical，就是从这个字义来的。所以我不只是在比较羌族的神话和西方的女巫神话，我是比较两者的文本表征（镜面之像）和产生文本的情境本相（镜下之物）。为什么是橱柜和扫帚？它们都是女性的家什用物，是典型的女性符号，所以它们反映的情境是男人对家中女性的怀疑。

羌族毒药猫夜间聚会是更有意义的传说。在现实生活中，人们认为毒药猫是村寨里极少数的一两个女人。为什么人们会把村里的少数女人当作毒药猫呢？简单来讲，是对外界恐惧带来的压力。他们认为外面是一个可怕的邪恶世界，村寨内部人群的纯净与和谐团结十分重要。当外在压力加上内部动荡时，人们会选择一个好像跟外面有勾结的人，一个既不是内人也不是外人的人，当作代罪羔羊。这种人类社会普遍的情境本相，造成西方的女巫群体聚会传说，也造成羌族毒药猫聚会传说。总之，它表示在人们心目中内部的"毒女"，是外界庞大邪恶势力的一部分。女巫传说引起的恐慌在整个欧洲，在 16～18 世纪最少估计有 5 万人因此被烧死或吊死，死难者最多可能要到 20 万人左右。关键就在于这个女巫聚会传说，只要有一个女人被当成女巫调查、审问，就会被问还有谁和她一起聚会；在严刑拷打之下，很多人就一个个的被牵连。

移动在不同的文本与情境之间，我们才容易发现它的结构与符号的特别意义。比如说，我收集的羌族弟兄祖先故事，若我把田野（情境本相）移到藏化的嘉绒地区，本地弟兄祖先故事的前段就多了一些关于一只金翅大鹏鸟生了五个蛋，而蛋中又生出几个人的故事。若把凹凸镜移到较汉化的北川羌族地区，则弟兄祖先故事中便出现这些弟兄的父亲。比如说，在湖广填四川的时候，某个人来到这里，带了五个儿子或者四个儿子作移民。不仅多了一个父亲，而且多了一个来源，叫作"湖广填四川"。这些多出来的符号都是有意义的。有很多研究我没办法认真进行，因为分身乏术，但是肯定是值得研究的。比如我发现在羌、藏族地区收集的弟兄祖先故事中都没有女性符号。但是到了更南边的地区，比如云南、贵州，那里类似的族群起源故事中就有女性了，有时候是几个兄弟与一个妹妹，有时候是一个妈妈和她的几个儿子，里面都有女性符号。这意味着，不只是表面上各地神话不一样，而是反映女性这些社会里的角色地位不同。

回应（徐新建）

王老师已经涉及前面所提问题的很多角度和层面了。对后面一个问题，我想再做一个补充。

王老师讲了几个主题，其中有一个主题就是从芮逸夫开始进行了学术史回顾。我觉得这非常重要。我想补充一点。王老师讲的是三个阶段的三种特点。一个是早期，人类学和民族学、民俗学相混杂的民族建构时期，这个概括非常准确。那一代学人发挥的作用也是很大的，而且他提到几个建构的先后顺序，包括其中的相互关系，也提到了历史学对中华民族的影响，最后完成对西南地区的这种梳理，所以才有新中国成立后的民族识别。这也是非常客观的一个概括。

第二个阶段还是以芮逸夫为代表走向纯粹的人类学。他们开始做了一些功能主义和解构主义的研究，这个应该说至少在台湾是很明确的，是台湾的人类学家开始反思自己过于功利地介入政治的这样一个阶段，认为自己丢失了人类学的人类学性。

　　第三个阶段也很有意思，人类学开始回头思考，对前两个阶段做反思提升，并开始更进一步凸显现实关怀——第三个阶段的现实关怀是王老师提出的。他前面有个铺垫，对解构的问题提出了强烈的质疑。由此我发现应该再进入第四个阶段。因为现实关怀指向的还是芮逸夫他们的路径。中间阶段是一个插曲，是走向纯粹人类学的一种过渡，但是好像没有产生明显的成果，因为现实的纠结还在。第三个阶段其实是解构主义导致的问题后续。所以我认为第三个阶段后面有两个分支，或者会有第四个阶段，第四个阶段如果以王老师提的"凹凸镜技术"作为代表的话，无疑包含很大的理论张力。

　　从我的角度举一个例子。20 世纪开始的 100 年来，中国的人类学家和民俗学家（也包括人文学科其他领域的学者们）做了大量的基础性工作。由于理论的不成熟，大家收集了很多资料，也导致了很多偏见。我同意王老师讲的考证真假，以及对文献与文本的概念加以区别。王老师提出，从民国初期到 50 年代收集到的大量人类学资料其实没有被充分解读。刚才王老师说的是表相和表相的比较有立体的结构，一个是结构语境，即某地区与某族群之间的关联，一个是结构与结构之间的对比。这个工作如果做好就会生产出更多的新知识，而过去的数据并没有把这些知识充分呈现出来。在贵州，关于苗族的神话故事有上百本资料集，作为国家工程——如"五套集成"等就收集了很多。但这些故事的收集没有结构的完整性，只是文本记录。所以如果重新反思，第四个阶段应当有理论地再进入以及再进入之后对现实历史认识的再激活。在这点上，文学人类学作的不是狭义的文学研究，我们对文本的理解跟纯文学的研究是不一样的。在文学人类学视野里，文本无疑包括更丰富的语境，比如社会生产、仪式过程及族群生活等，是从人类学来考虑有共同性的。从理论上来回顾中国人的选择有很大的指导意义。如果说 20 世纪以来的 100 年存在有四个清晰的阶段划分的话，那就可以说我们现在已进入了第四个阶段。

　　王老师讲，要研究的不是凹凸镜下面的本相，而是通过移动（凹凸镜）来研究其折射原理。这就是说是否看见本相不重要，当你知道了折射原理后，便会像使用数学与物理学方法一样把它计算出来。就如许多天文学现象就是通过计算而被发现的。有些星体长期观测不到，但是当获知特定原理后即可被证实。这就是说，依靠某种原理接近事物本相是有可能的。虽然我们或许永远看不见镜像下面的存在，但当知道器物的折射原理以后，我们可以把它算出来，而这个计算结果会被后人证实。这样的推理在理论上是非常有意义的，问题在于如何证明。

对话（王明珂、徐新建、李菲、梁昭等）

王明珂：因为我们处在某种社会情境下，我们经常顺着某种"文类"，一种文本结构，来产生文本，并受到社会力量的约束。大家心里都有许多这样的文化或文本结构。比如我讲的方志文类，它与某种情境结构是相对应的。方志文类产生的模式化文本，证明地方是整体帝国的一部分。所以方志书写非常有意思，书写者不知不觉地依循方志文类产生方志，如此也不知不觉地证明地方是整体的一部分，也因此肯定社会情境。例如，在云南进入中国版图的过程中，从元末到明清，便产生了许多方志书写。一个好的地方官，重要任务之一就是组织地方的文人写方志；透过方志文本，确定云南为整个中原帝国的一部分此一社会情境本相。我以前写过一篇文章，叫《王崧的方志世界》，就是讲这个问题，大家可参考。

徐新建：物理学有测不准原理，就是说在物理世界，被我们看到的任何事物都存在偏离，我们的眼睛会对物体产生光线干扰。这跟王老师讲的凹凸镜道理是比较契合的。但我有个担心，偏见和凹凸镜的表征指向客观的事实性，但它会不会成为某种文类或表述的合理性借口。就是大家都说反正你就是五十步跟一百步的区别，从而造成一些比较随意甚至故事的偏离本相的书写。如果那样，便会引出另一种不合理。因为以此为借口，每种写法都可以制造历史或者有理由来制造虚构的合理性。

王明珂：我们常常使用后现代（post-modern）这个词，但其实相关研究涉及许多相当不一样的理论取向。后现代主义者中有一些人认为真实的历史是永不可知的。我不认为如此，不是所有后代现代史学家都认为史实不可知，他们或想知道的是不一样的史实。我举一个名历史学家霍布斯鲍姆书中的例子，他就是《传统的发明》（*Invention of Tradition*）一书的作者。在他的另一本书《关于历史》（*On History*）中，有一章是《认同史学是不够的》（Identity History is not Enough）。在此他举了一个假设的例子来说明只有"真实的历史"才能解决问题；称"历史"随人们的认同而变来变去，这样的史学是不够的。他的比喻是，今天如果有一个人无罪却被送上法庭，那么什么样的证据可以让他脱罪？这当然有赖传统的发掘"真实过去"的史学研究。但我们可以用同样的例子为一种后现代史学辩护。如果一个没有罪的人被送上法庭，发掘过去真实只是让他脱罪而已，你没有办法避免更多无罪的人继续被送上法庭。所以在此，后现代研究要问的是：为什么一个无罪的人会被送上法庭？对此的了解可以避免更多无罪的人被送到法庭，这才是我们想要的。也就是一段史料的真实或虚构并非其价值的唯一标准，更重要的是它们所流露的社会情境。

现在我们这个世界，集体暴力问题非常严重。自第二次世界大战的大屠杀以来，人文社会学科作了很多研究，包括心理学的、社会学的、历史学的等。"找寻真相""追求正义"是这方面研究的重点。但经过多年研究"真相"，"真相"却成为人们相互批斗的工具。我们对于人类暴力并没有真正的反思。我目前进行的毒药猫研究，主题就是人类集体暴力、仇恨这方面。我不是想建立一个大理论，而只是想更深入了解这方面的人类社会现象。如果一个历史学家只注意到二战期间大规模屠杀中希特勒杀了600万犹太人、中古时期欧洲有5万女性被当作女巫猎杀等"史实"的话，我们永远没有办法得到真正的历史教训。我们不能只看历史事件，那只是社会表征，而是要从中探索造成事件的细微社会情境，人们在日常生活里对邻近之人的猜疑与仇恨。羌族过去在村寨中闲言某人为毒药猫，但不会有真正的暴力。我读西方女巫审判的女巫邻居供词，里面常常说，七八年前我跟这个女人吵架，结果我们家牛就死掉了；十几年前我跟她发生争论，结果我的小孩就病死了。这种口供所显示的，几乎跟羌族村寨的闲言碎语一样，它可以维持十几年而不会产生集体暴力。所以我们要探索的是，为何这样累积的猜疑与恐惧，会爆发为严重暴力。无论如何，暴力的种子是在亲近人群间滋长，这是我希望提醒大家注意的。

我们都知道希特勒或者是盖世太保的罪行，他们杀了600万犹太人，我们把这归罪于纳粹上层。有一本书叫《邻人》（Neighbors），不知道大陆是否有译本。它是讲，波兰有一个3000多人的小镇，Jedwabne，在德国占领的初期，它的一半居民把另外一半（约 1600 位犹太人）居民给杀了，而且屠杀过程非常残忍。甚至德国人还建议，是不是应该把犹太人中的铁匠、工匠等有用的人留下，但当地居民表示他们都能做这些技术活，就将当地犹太人全杀了。作者虽然把这一点指出来，但也只是说不要光指责纳粹上层，其实有些屠杀事件是平凡老百姓发动的。但作者仍然没能给一个解释。这就是我希望从毒药猫研究中得到的解答。我们要去了解日常生活人际间一些很细微的矛盾和仇恨，我们才可能避免严重的暴力发生。

李菲：刚才的对话中还有一个点，可以请徐老师和王老师再碰撞一下，就是关于人类生态的议题。近期此类话题频繁地在相关领域涌现。王老师说，在长时段的历史视野中，需要将人类生态放在一个群体的景观历史和社群关系或社会情境里去分析，这里的社会情境不仅是人类学小规模社区的社群生境，而且有了更为广阔的视野，比如将游牧文明和农耕文明的关系视为一个更大的动态社会情境放在长时段历史中去理解。这种视野就显示出一种更宏阔、更具整体性的"人类性"。最近徐老师的文学人类学研究中也开始涉及全人类视野以及人类性问题的相关思考。

徐新建：现在人类学有一种话语优势。王老师刚刚举到台湾的例子，他周围的人类学家不认为他是人类学家，所以他说自己是历史学家。但是所谓历史的背后是有内容的，它是人类的历史，是把不同区域的人类在文化情境当中作为整体性来关怀。所以这个意义上是人类视野中的历史学。我们现在面临一些新的状况，比如最近我就在高科技发展的影响下，对文学人类学的研究作了适当的跟进和调整。我认为人文主义作为古典的一种框架和方法，具有相对稳定和漫长的长历史阶段的总体结构，所以去观察的时候是有可能接近我们说的真相的。但进入人工智能日趋显要的时代，情况就发生了变化，比如以智能手机为依托的微信作为新技术和新空间就对现实生活和研究产生了显著影响。我不知道王老师如何看待这些变化和问题，我前段时间写了篇文章，提到自然科学关注的生态问题以及呼吁以"人类世"作为人类学的新尺度。① 人类在地球上的生存，包括争夺资源以及对地球生物的全面掠夺，具有明显的人类中心主义倾向。我们现在的历

---

① 徐新建：《人类世：地球史中的人类学》，《青海社会科学》2018 年第 6 期。

史其实就是以这种人类中心主义为基础同时又呈现为自身的多重矛盾。一方面，人类自认为在地球上的地位至高无上；另一方面，却在自身内部产生出诸多差别、分歧乃至冲突，比如阶级、族群、性别与国家、信仰等。

跳出来看，其实人类对地球的破坏是很大的。所以要反思人类中心主义的历史。此外就是，人类自己制造了一些可能会干扰到我们人类自我中心地位的事物，比如机器人，或者网络操控。从这个意义上反思人类学古典时期的历史，有没有一些新的挑战和新的危机呢？刚才李菲介绍了我们现在开始尝试做这方面的思考。在大陆，会写诗的机器人出现了，而网络日益控制人，我们对手机和移动通信的依赖还未经反思就已经捆绑了我们的日常生活。这是一个新的话题。

王明珂：我最近也在思考这种问题，我从两个科技讲起好了。一个是前两天我在电视上看到的，美国一个残疾青年，他一向是在家里面自习，以前都是老师到他家里来，但他现在上大学不能这样学习了。他就想了一个办法，用一个行动机器人的支架，上面可以放一个平板电脑，他自己在家里，把他自己的画面传送到平板电脑上面，同时还用平板电脑操纵教室里的机器人。所以他可以上课，可以参加如我们这种的讨论活动。可是我当时想到一点，有没有可能他跟大家上课上了四年以后，大家终于发现平板背后根本没有人，完全是电脑体系在背后操纵呢？这是有可能的。现在科技改变了人，从民主来讲，数字化或者我们讲的数位化已经完全改变了民主社会。现在全世界那几个火红的政治人物，从美国总统特朗普到印度总理莫迪，都是网红。我们以为的，或者理想的民主社会是，建立在个人的独立思考及选择上，能够独立思考、独立判断，然后投下选票。但网络已经完全摧毁了这个民主想象：政治人物自己或雇请"小编"在网络上制造声量、带领风向，网络群众便如此跟随网红政客们。制度的反对、抗争者也一样，很容易借着网络号召群众走向街头，近年来全球都有街头游行示威规模越来越大的趋向。这是借着网络催动的民粹主义，而非个人深思熟虑的行为抉择。更严重的，现在很多人类集体暴力也都是网络群体推动的。

20多年前我在作羌族研究的时候，我都在羌族村寨里面进行访谈。如果我今天要作羌族研究的话，除了到村寨以外，我觉得更应该用微信。因为村寨的人与到外面打工的羌族与国外的羌族，都靠微信连在一起。羌族认同受到微信圈的影响，我如果不能进入他们的微信圈，我怎么研究羌族呢？同样的，现在人类学家所面临的人类世界已经被网络及各种科技改变了，大家不能视而不见。尤其是关于认同的问题，一些网络社群造成人们在现实与虚拟空间中的认同角色混淆、冲突，这在全世界都造成非常多的麻烦与暴力。

李菲：当代社会，各种族群文化借由数字技术，正在发生着超越空间的表征化和展演，重新关注和讨论"表征""文本"这些概念在当下就特别具有一种紧迫性和重要性。

王明珂：很多表征、文本在网络里流动。在台湾，一个普遍现象是，因为网络信息太丰富，所以人们常不愿深思而依赖所谓的"懒人包"——对一个复杂问题人们综合整理而做出的简单解答或说明。任何一个主题都可以借网络得到一个简单答案，很多人就在网络里面提供这种答案，如此很容易造成信息误差，或个人缺乏独立思考而跟随大众的意见。

梁昭：这么多年以来我一直在读王老师的书，上课也经常与学生一起讨论，也比较熟悉王老师的观点。您的观点不知不觉就进入我很深的意识层面，来指导我的认知。印象最深的就是王老师对于"民族"的观念——从《华夏边缘：历史记忆与族群认同》一直到王老师后面的著作，都围绕这个概念展开。2002年在青城山参加会议的时候，我还不太理解"民族"在英文世界和中文世界是怎样的，而这几年想这个问题的时候，总会不知不觉回到王老师的书。

刚才王老师在讲座里面谈到了文学人类学的研究问题，结合我自己研究，我有一些困惑和疑问。我一直很想做的一个研究就是讨论西南文学文本与地方文化的关系。在文学创作界，作家们往往走在批评界的前面。他们创造了很多种类型的文字——杂糅的综合性的文体，从小说到诗歌、随笔等，塑造了优秀的文本和感知现实的新方式。我想找一些有代表性的文本进行分析，讨论它们是怎样运用文学创作的传统模式加上新的创造，将之与社会情境进行比较，来看它们为我们提供了一个什么样的感受世界的角度和方式。比如，100年前的一本爱情小说，在那个时候算是一个实验性的文本，因为中国传统文学中没有关于浪漫爱情的现代小说形式，而现代作家用浪漫爱情故事去书写西南，把地方性编织到一个浪漫故事的结构里面去展现，就带来了独特的意味。但这里面有个问题我没有想清楚。这就是作家的书写是虚构性的。当我们把作家关于地方的书写当成材料来谈的时候，它们是虚构的，虚构写作如何联系社会情境来分析？在王老师的研究里，文本和情境也是您归纳出来的一个很有概括性和穿透力的解释材料的角度，但您最终回到的还是具体的现实和历史层面的族群问题。我的问题却还不清晰——好像就是想讨论书写上的问题或者创作上的问题，讨论如何创造审美感知，如何感知世界问题。所以，关于这一点，想提出来讨论。

另一点，王老师在后面讲的例子我觉得也挺有意思。关于德国纳粹的书和女巫审判，我想，您说看口供材料时，发现他们会提到几年前的一些仇恨。我觉得他们在回忆这些的时候，是有具体的情境在激发他们的。比如，某个人被怀疑是女巫，围绕这一点，大家来收集证据，——在这个情境下面，人们普遍的思维方式可能是一样的，于是很多不好的回忆就会被激发出来形成证据，成为对这个对象的指控。在当代，世界上各族群的敌意也很严重，在某个危急时刻，可能会触发和加深仇恨，而好的契机则有可能会消解积怨。因此，不同的"时刻"的缔造是非常重要的，它们会直接影响人们的"记忆"。而我们如何来讨论甚至缔造这些"时刻"呢？

王明珂：你刚才讲的女巫例子是说因为审判的关系，所以他们才把过去的仇恨激发出来。其实并不是。和羌族毒药猫一样，被指认的女巫通常已经长期是大家闲言碎语的目标了，所以才在特别的时候被送上法庭，邻居才出来做证。但并不是说大家平常不知道这个事情而临时编出来的。这是长期闲言碎语积累的结果。为什么我们要把这些比较丑恶的事情摊开讲，是因为我想通过研究，让世界知道这一类的仇恨里受害最深的往往是你身边的人——"邻人"。譬如说 ISIS（伊拉克和大叙利亚伊斯兰国）的地盘被美国这些西方强国铲除之后，谁是伊斯兰国剩余势力反弹的主要受害者？大家都认为欧美国家永远是恐怖袭击的目标，但其实最容易受到侵害的，是这些组织身边的、他们认为跟西方有勾结的或受到西方影响的穆斯林群体。所以报纸上几乎每一个星期都有恐怖袭击的消息，受害者不是美国、英国和德国，而是穆斯林本身。

李菲：是的，人们往往认为毒药猫这样的危险性角色来自社区内部，是由于社区本身的结构特性。也就是说，人们当然会很经验性或理性地知道，危险可能来自社区内部，也可能来自社区外部。但是，人们仍然倾向于将来自社区外的威胁通过某种方式转化为社区内的矛盾，比如在社区内定位毒药猫，以此来告诉自己危险是我们可控、可把握的一部分，因为相比而言，外部世界是更加难以理解和掌控的。所以，毒药猫显示出社群对于自身所面对的威胁和危险，似乎有一种自动的"社区内化"倾向。这也是一种有助于反向达成社群建构和凝聚的途径，只不过需要警惕这样的"社区内化"走向失控的状态。

王明珂：对的。

我认为，人们永远在建构内部毒药猫与外部毒药猫，并认为内部毒药猫与外部毒药猫相联结。如台湾在中美贸易冲突中的地位，台湾很容易成为大陆心目中的内部毒药猫，外部毒药猫便是特朗普领导的欧美反中集团。

邱硕：我来谈一下我平时在研究和教学当中的一些想法。因为今天的主题是跨学科方法，我就和我们的学科联系起来。我本人受到王老师《反思史学与史学反思》很大的启发，我的博士学位论文《成都形象：表述与变迁》写到后期的时候，王老师那本书刚好出版，我根据王老师对本相与表征关系的概念论述把我的论文重新进行了解构和梳理。之前，我的论文大多数是在谈表述，没有多少社会情境本相，但是在王老师著作的启发下，我最后把那些零碎的社会表征凝练了起来。后来我做了教师，也和同学们一起读您那本书，上课也将这本书同叶舒宪老师和萧兵老师的跨文化研究作比较。我有一个感受就是，在对待历史的研究上，您是一个小心谨慎的保守主义者。您的历史观是：历史学者生活在一个历史情境当中，社会现实塑造了他们认识世界的观点和视角，所以您是比较怀疑历史学者本身的理性的。但是，叶老师和萧老师是浪漫主义的研究者，他们不太在意社会现实知识体系对他们本身的局限，自信地认为自己可以抓住人类社会各种文化现象的本质。这就导致了你们很多研究方法或者是研究路径上的不同。

比如刚才您提到的多点田野工作，还有凹凸镜这样的移动视角，其实和叶舒宪老师四重证据法当中的第三重证据有点像，也就是口传与非物质遗产等民间活态文化，他也做多点田野，也做"踏查"。但是您是通过这样的多点移动探究凹凸镜的折射原理或者去接近凹凸镜下面的社会情境本相，但是叶老师他们是要把镜下的社会本相串成一体，并将之视作文化实体。从材料的分析上，您和他们的路径也不太一样。您那本书里其实不是针对叶老师他们的跨文化原型研究，但是您指出了比较法的缺陷，而跨文化研究的核心其实就在于这种比较法。您认为，选择什么来比较其实是受到研究者自身社会文化和知识体系影响的，是很难全面客观进行选择的。但是文学人类学研究者这样一种跨文化比较对材料的选择，好像是一种很自然的研究过程。比如说，我们读叶舒宪老师的《千面女神——性别神话的象征史》这本书，就发现他要选择一个在中国文化里面代表女神的慈爱形象，就选择了晋祠的一个女性塑像，其实仔细研究就会发现，这个塑像并不是女神，而是女神旁边的一个侍女。所以他的这个选择会受自己的知识体系影响进行，但其实考究了之后会发现并不是那样子。

您还提到比较法容易忽略或者刻意去排除异例。其实文学从最早期的闻一多先生研究龙图腾，到后来萧兵老师的研究，都是在他们当时的学术典范和国族认同之下，选择他们认为相似或相关的历史材料，可能忽略了很多意义。所以我觉得这是完全不同的两种研究路径。如果将文学人类学作为一个整体的学科来说，它有什么核心的研究理论和方法，在统合方面我觉得是面临很大问题的。

这是我的一点看法，不知道王老师是怎么理解这样一种研究路径的。

王明珂：我认为在方法论与认识论上，我所采用的方法和二重、三重或四重证据法不太一样。二重、三重或四重证据法，其知识来源都是建立在多类型证据（传世文献、考古出土材料、口述记忆、图像等）间的相似性上，这是类比法。类比法在人类知识产生上曾扮演非常重要的角色，而且到现在还是非常重要。但是类比法常常让我们忽略异例，而倾向于寻找彼此相契合的材料来做类比，所以我们在任何学科里面都可以看到类比的缺失。我所主张的移动、多点观察与表征、本相的整体比较，强调的是其间的"异例"、"差异"、"断裂"与"遗忘"。譬如，在田野里，我常常到了一个寨子的人家，就问些问题，然后不等主人开口，就先说出我所了解的本地情况——事实上都是在周边村寨采访而得的。主人家通常先称赞我很懂，然后就会急着想贡献什么，最后他终于在某处打断我，说"这个不一样，我们不是这样"。这时我就非常注意他所说的"不一样"，并思考这不一样的表征背后不一样的情境本相。对我而言，无论几重证据都是表征符号；表征与其情境相联结，比较要以此为基础，不能只作表征与表征间的比较。我曾批评结合先秦文献与出土金文材料的西周史研究，批评的便是二重证据法。先秦文献是战国至汉初之人在其当代社会情境本相下对西周的回忆，而西周出土金文是西周时人在其社会本相下认为重要的事。若某文献记载能得到考古材料支持，那不过是巩固我们已有的知识；先秦文献与金文不相合之处，才能让我们了解由西周到战国、汉初的社会变化。更何况文献记载与考古材料的相互支持，经常是学者的刻意选择与忽略。如广汉三星堆文化被发现后，有些学者以此认为"黄帝为其子昌意娶蜀山氏之女"之文献记载得到考古的支持。我不认为如此，我的一篇文章《惊人考古发现的历史知识考古》便是从巴蜀华夏化过程中的历史遗忘与断裂，说明为何真实的过去出土时，我们在一种知识理性下会感到惊讶。

完德加：王老师，您好！我这两年关注民族历史研究中的概念的边界问题。我研究的自称"培米"的藏族和普米族人群，跟您研究的羌族有一定的联系。他们虽不是现在的羌族，但在历史上汉文文献里被称为西羌。然而，普米族和藏族传统文献里不存在羌的概念。如果用您提到的"凹凸镜"的方法看培米的时候，看不到羌的意义，因为羌这个概念在本土群体话语中不存在，也就没办法对话。学界通常以汉字记载历史，认为培米等族群是没有历史的，但事实并非如此。他们有较详细的家谱等口传和文本史料，其中记载着远近各人群情况，从培米自身的历史"凹凸镜"上看，中原和其他地区都是他们的边缘，而且有另外诸多远古氏族名称。我在民族历史文化研究中遇到此类问题时缺乏理论和方法等方面的关照，不知道您怎么看待这个问题。谢谢！

王明珂：以羌族来讲，对羌的研究有很多面向。从历史的面向来讲，我认为它是一个古代华夏所建构的西方我群边缘，是一个非我族类的概念。所以古代文献里关于"羌"的记载，不是关于一个少数民族的历史，而是华夏自身的西方族群边缘变迁史。由战国到汉代华夏认同向西推进，所以它的西部边缘就一直往西迁。这是大的历史建构。讲到近代，其实我觉得普米可能也是一个近代建构的概念。普米族和羌族很多村寨人群一样，以前并没有大范围地理人群的民族认同。你所讲的情况，我在很多地方碰到过。我以前有一次在黑水的一个沟里访问一个寨子，寨中的人说我们就是中间的人，左边没有人，右边也没有人。我当时觉得，这不就是中国的概念吗？无论是中国这么大的国家还是一个小沟里面，都有我群中心主义。我觉得你刚才讲到的问题，牵扯到我研究方法中非常重要的一个方面。可能我的田野跟有些历史学家的田野不同之处在于：我从羌族自身的历史观来了解羌族，探究他们为什么会这样子讲历史，探究他们的历史心性和历史建构以及其与本地人类生态的关系，然后以同样的逻辑反思我们所熟知的中国历史知识。后者，便是我在《英雄祖先与弟兄民族》中反思中国历史中的英雄历史。也就是说，羌族的弟兄故事是本地人类生态下产生的历史记忆，了解其中"历史"（text）与"社会情境"（context）的关系后，回过头去我再重新理解我们一向感到毫无疑问的那些历史知识，将之视为奇特的、需要得到再诠释的。这是一个知识产生的过程——化奇特为熟悉，到视熟悉为奇特。如此，我们对在主流社会中人们不加质疑的那些知识，将具有反思性视角下的理解。

主持人结语

李菲：为了回应今天工作坊关于"跨学科方法"的主题，我还是要从这个角度来做一个小结。

今天王老师所谈的内容，涉及具体的研究方法层面，也涉及历史观和方法论的层面。在如何开展跨学科研究这个问题上，从三个方面给了我们许多有益的借鉴。

跨学科研究的第一个层次，也可以说最基础的层次，是对于其他学科某些具体理论或方法的应用。我在王老师的研究中读出了很强烈的结构主义意味。结构主义是斯特劳斯那个经典时代的东西，在后现代人类学里面早就被视为过时了的，但王老师在他的研究中却能结合案例用得很好。这一点值得我们思考。作为一个学科，人类学的发展有一个过程，但这并不一定是说后面的新理论必然比前面的旧理论更好，而是多种流派、理论共同积淀形成一个可为后学从中撷取的"共时态"的理论工具库。那么，有的他学科的精华理论稍微移用自本学科，就可能会更改整个研究视野。当然，在人类学的历史发展过程中，对结构主义这一理论流派的吸纳和借鉴并不是跨学科研究的最终目的。王老师也不仅止于分析出英雄祖先的结构、兄弟故事的结构，他还进一步强调移动、异例和差异所导致的变迁。但对移动、异例和差异的追索来说，结构主义的思辨模式，对整体结构原则的把握，却是研究过程当中重要的基础，不可摒弃，否则异例也就无从谈起。所以说，跨学科研究可能是将其他学科的某种理论，在新的对象视域加以调用，可能就能开启新的视野。王老师也给了我们足够的信心，不一定非要去追捧时髦的新理论，把经典理论吃透，结合田野个案，就会有新的发现。

跨学科的第二个层次，就要看基于自己的学科视野，能否对相关学科的研究提出新的方法或问题。比如，王老师在历史人类学研究中就对人类学方法做出了改造，包括提出多点田野、凹凸镜等方法和分析工具，给我的启示也非常大。能在跨学科视域中就某个研究领域提出自己的新问题和方法，这需要我们进一步学习和思考。那么，人类学与文学的"跨"、历史与文学的"跨"，不光是激发了本学科的思考，也有可能对人类学学科做出新的理论贡献。

最后，跨学科的第三个层次，还需要超越学科的界限——不论是人类学、史学、还是文学，回应或者参与整个人文社会科学乃至人类社会所必须面对的当代重大问题。比如，像王老师这样，从毒药猫的研究中去探问当代社会、文化、族群冲突的矛盾根源问题。因此，我觉得目前我们思考的层次还不够，还需要进一步从文学与人类学的跨学科视野出发，破除学科边界的樊篱，真正去提出、去回应人类共同命运和未来的大问题。以上，就是我从今天的讨论中有关"跨学科研究"的一些思考和收获。

历史叙事中的母题、类型、模式或图式

王以欣[*]

摘要：本文利用古希腊历史学家希罗多德的《历史》所提供的具体例证，借助于民间故事的母题和故事类型分析方法，阐明古代口传历史的特征，即以口头传承为基础的历史总是遵循神话或民间故事模式。希罗多德的历史故事就是按某种既定的类型、模式或图式构建起来的。口述历史有如造屋，框架模式是设计图纸，史料则是建材，可随意重组。史料运用必须服务于模式构建，历史的真实不得不屈从于故事模式的需要，而模式反映了大众的集体信仰、观念和关切，并与某种风俗制度紧密关联。古希腊历史学家的历史"真实观"与现代史家不同。对他们而言，模式化的历史似乎更"真实"，更能反映事物的必然性和普遍性，这种看法似与亚里士多德《诗学》中对历史的看法相吻合。

关键词：希罗多德　口述历史　母题　模式　历史真实观

一　悠久的口述传统

上古先民给我们留下很多历史传闻，尤其是那些邈远时代的故事，亦真亦幻，似是而非。它们借助于书面文献而存世，但从根源上讲，却是民间口头流传加工的产物。在书面档案文献尚不发达的时代，历史就是靠口头方式在民间流传，后被文人记录下来，载入史册。古希腊经历过漫长的口传时代，具有悠久的口述传统（oral tradition）。在公元前两千纪（相当于我国的夏商时代），希腊半岛及其周边海岛也经历过辉煌的青铜文明，即考古学上所谓的克里特迈锡尼文明。其间宫殿中心兴起，物质文化灿

---

* 王以欣，南开大学历史学院教授，博士生导师，研究方向为世界古代史、希腊神话和世界宗教等。

烂，还发明了文字系统，诸如象形文字、线形文字，但这些文字只用于宫廷经济收支记录和行政管理，未用来记录历史文学作品和外交档案。显然，该时期的历史传闻、文学故事是靠口头传承的，传承者就是派罗斯宫殿壁画所描绘的那位抚琴而歌的诗人歌手。迈锡尼文明崩溃后，希腊再次进入无文字的文盲时代，即考古学上的"黑暗时代"。尽管该时期物质文化十分匮乏，但人们对精神生活的需求不减，古老的文化传统也需要传承，于是出现了职业化的口传诗人，口传史诗和神话传说大行其道，口传史诗发展到巅峰状态的代表人物就是荷马。这些职业歌手在里拉琴的伴奏下为"黑暗时代"的居民宣讲英雄先祖的业绩，传播古老的文化观念与风俗制度。公元前8世纪后期，文字再次传入希腊。该时期城邦兴起，小国林立，殖民活动愈加频繁，东方文化在希腊广为传播，古典希腊文化处于形成和发展阶段，这就是希腊历史上的"古风时代"（公元前750～前500年）。尽管文字出现了，但其应用范围仍很有限，各城邦的历史档案和藏书尚不健全，历史和文学作品仍主要依赖口头方式传承，因而，古风时代的希腊社会在很大程度上仍属于口传社会，其传播的历史也在很大程度上属于口述史范畴。

二　口述史的记录者及其特征

古风时代是希腊古典文化形成的关键期，其间发生了很多大事：政治方面，新兴的僭主制严重冲击了城邦原有的贵族寡头政体，民主力量也在暗中积蓄；经济方面，手工业和商业迅猛发展，并随殖民活动广为扩散；军事方面，重装步兵方阵成为作战主体，海军方兴未艾；古希腊的文化艺术经历了东方化洗礼，正逐渐形成古典文化的自身特色。更为重要的是，公元前6世纪后期，希腊启蒙思潮兴起，出现了哲人、史家和悲喜剧诗人等。因而，古风时代是变革的时代，是历史丰富、值得大书特书的时代。然而，由于口述传统顽强，文字应用有限，档案史料欠缺，古风时代的历史仍保持着口述史的特点及故事的特征。

新兴的史家是口传故事（logoi）的搜集者和讲述者，被称作 logioi，意为"通晓故事的人"。在文字受局限的时代，这些 logioi 都是受过良好训练的博闻强记的人，不仅搜集各种故事，还受雇于城邦或家族，为其整理口述史，并在公共场合向听众朗诵他们的故事。迄至公元前 5 世纪后期，他们开始被称作 logographoi，即"故事书写者"或"史话家"，表明这些"通晓故事的人"正在从事文字创作，将其搜集的口述史料按年代顺序整理，用文字记录下来，写成史书。"历史之父"希罗多德就是他们当中的佼佼者。

希罗多德是古代的田野工作者，四处寻访线人，听他们讲故事，向他们提问题，观看职业故事讲授者的公共表演。他的故事大多是听来的，引用的原始资料多为地方口述史，其史料提供者常常匿名，被冠以某某族群，如"斯巴达人""科林斯人"等，而每个族群似乎都有一套共同认可的传说。他也对东方各民族的历史感兴趣，曾周游列国，在世界各地采风，收集史料，其史料价值取决于其史料来源。他收集的东方史料多属口传史料而非官方档案材料，不是那种编年体式的书面历史，而是生动有趣的充满口传文学特征和生命力的故事，而且这些故事明显被希腊化了。

希罗多德讲述的《历史》，除了当代史，即希波战争史的内容，还涉及很多早期人物和事件，大多比他生活的年代早上一两百年。根据比利时史家万西纳（Jan Vansina）在刚果的人类学调查，比较清晰可信的口述史记忆只能追溯 150 年或 200 年。① 这同希罗多德对古风时代（公元前 750 ~ 前 500 年）的历史记忆非常吻合。即使是一两百年前历史人物和事件，如果其史料来源不是官方档案，而是源自民间流传的口述史料，也必定会扭曲变形，其中包含了很多神话和民间故事成分，与史实相去甚远。历史一经民间口头流传，就会被按神话或民间故事的模式加以改造。因而，口述历史在民间的加工流传过程中会自觉或不自觉地演变成神话或民间故事。口述历史虽然包含着丰富的历史文化信息，但在很大程度上是一种歪曲的不可靠的历史。因而，以口头传承为基础的历史倾向于遵循神话或民间故事的模式。

---

① Jan Vansina, *Oral Tradition: A Study in Historical Methodology*, Harmondsworth: Pengui, 1973, Chapter 14.

三　口述史的神话或民间故事特征

为阐明以上观点，笔者拟以希罗多德《历史》中的故事为例，说明口述史的神话和民间故事特征。美国民间故事学者斯提斯·汤普逊（Stith Thompson）的六卷本《民间文学母题索引》（*Motif - Index of Folk Literature*）将故事母题分成 23 类，涉及数千母题。希罗多德讲述的历史，诸如波斯史、近东史和希腊史，其中的历史人物和事件距他生活的年代早上一两百年，但已被严重歪曲，其中包含着丰富的神话或民间故事母题，大多可在汤普逊的《民间文学母题索引》中找到相关的母题。

以希罗多德讲述的波斯帝国开国君主居鲁士大帝为例。他的登基年代比希罗多德的生活年代早大约一个世纪，但其历史生平，尤其是他早年的生涯，基本上属于民间故事，这是口述史的一个特点。笔者曾列举居鲁士早年传奇故事中的诸多民间故事母题，其中包含著名的"弃子"母题（S301），等等。① 有些母题并未列入《民间文学母题索引》中，如"扮演国王"（playing king）的母题和"提厄斯特斯"母题（Thyestes motif），后者得名于希腊神话中的迈锡尼国王阿特柔斯的孪生兄弟提厄斯特斯。兄弟俩争夺迈锡尼王权，相互报复。阿特柔斯杀提厄斯特斯三子，将其烹成肉羹，迫使其兄弟食用。在居鲁士的故事中，米底国王阿斯杜阿该斯担心女儿与外族人所生的外孙居鲁士将来会威胁到他的权力，因而委托大臣哈尔帕格斯将婴孩儿抛弃，但大臣未执行王命，婴孩儿居鲁士被牧人偷偷养大。真相大白后，米底国王杀大臣哈尔帕格斯诸子，将他们烹成肉羹，让其父在宴会上食用，并告知他所食用的羊羔实乃亲子之肉。中国也有类似的故事，即商纣王迫使被囚于羑里的周文王食其长子伯邑考的肉。因而，这是一个国际性母题，而母题构成了希罗多德故事的基本叙事单元。

再如"类型"（types）、"模式"（patterns）或"图式"（schemata）等不同术语，实指某个故事的框架、结构或基本情节。芬兰民间故事学者阿尔尼（Antti Amatus Aarne）曾对民间故事进行分类，分出不同类型。此

---

① 详见王以欣《居鲁士的早年传奇与口传历史》，《古代文明》2014 年第 1 期，第 5～7 页。

后，美国学者汤普逊将其著作译成英语，又加以扩充，遂形成所谓的"阿尔尼 – 汤普逊故事类型"，即 AT 故事类型。2004 年，德国学者汉斯 – 约尔格·乌特尔（Hans – Jörg Uther）发表了三卷本《国际故事类型：分类与书目》（*The Types of International Folktales：A Classification and Bibliography*），在原有基础上加以修订和扩展，形成所谓的"阿尔尼 – 汤普逊 – 乌特尔"民间故事分类系统，即 ATU 故事类型。

希罗多德的很多历史叙事皆可归入某种神话或民间故事类型，如"阿提斯之死"的故事。阿提斯（Atys）是吕底亚国王克洛伊索斯（Croesus）的爱子。克洛伊索斯梦见儿子死于铁制利器，因而下令将王子住宅中的所有铁器收集起来，不再让他接触这些危险之物。后来，王子特别希望参加一次狩猎野猪的活动。他请求父王允许他参加狩猎，因为野猪不是铁制利器，不会伤害他。克洛伊索斯同意了他的请求。然而，就在狩猎进行中，他的朋友投出的铁矛误伤了他，导致他死亡。该故事可归入"睡美人"故事类型（Sleeping Beauty，AT410），即格林童话中的《玫瑰小姐》。在这个故事里，一位女巫诅咒一位美丽的公主，说她将被纺锤刺伤而死。国王于是下令收缴全国所有的纺锤，但公主最后还是死于纺锤。显然，"睡美人"的基本情节与"阿提斯之死"的故事结构非常相似。

再举一例，即所谓的"科西拉岛三百少年"的故事。科林斯僭主佩里安德尔与儿子发生家庭矛盾，将其放逐到科林斯的殖民地科西拉岛。当僭主晚年面临权力继承问题时，他就邀请儿子回来继承王位，遭到拒绝。最后儿子提出条件，即父子交换居住地，儿子前往科林斯，父亲则前往科西拉岛居住。佩里安德尔同意了儿子的条件，但科西拉岛居民非常害怕僭主佩里安德尔的到来，就谋害了他的儿子。佩里安德尔为报复科西拉人，命令该岛名门家族献出三百少年为人质，把他们押送到吕底亚王国充当太监。这三百少年在被押解途中经过萨摩斯岛，岛民很同情他们的遭遇，就鼓动他们逃入阿耳忒弥斯女神的圣所。逃入圣所的避难者享有神圣庇护权，不能被强行拖出。科林斯的押解者只好切断神庙的食品供应，迫使少年们因饥饿走出圣所。萨摩斯岛人则创办了一个仪式，即每天晚上在圣所内举办男孩女孩的舞会，让少女们将各种食品带入圣所，名义上献给神明，实际上送给这些避难的孩子充饥。这些少年因而存活下来。科林斯人无奈，只好放弃这些少年，而萨摩斯人则把他们送回家园。这个故事其实也符合某种故事图式（schema）、模式（pattern）或类型（type），其基本情节是：某统治者为报杀子之仇而惩办整个社区，从中选择若干年轻人，用船将其送至另一国度，让他们在那里承受可怕的命运，但这些人最终获救，安全返乡，并创建了与拯救主题有关的年轻人参加的节日庆典。此为牛津学者克丽丝蒂娅娜·苏尔维努－英伍德的研究成果。她发现该故事符合某种模式或图式，同克里特岛的"迷宫，米诺牛和忒修斯"的神话情节非常吻合。在迷宫的故事中也有一位克里特王子在雅典遇害，其父米诺斯国王为报杀子之仇而征讨雅典，迫使雅典每九年向克里特奉献七童男七童女，将他们作为人牲献给迷宫中的吃人牛怪。雅典王子忒修斯自告奋勇，作为雅典人牲中的一员来到克里特岛，在米诺斯的女儿阿里阿德涅公主的帮助下，深入迷宫杀死牛怪，拯救了这些雅典年轻人，又把他们送回雅典。雅典为纪念该事件，创建了由年轻人参加的两个节日庆典，即皮安诺珀西亚节（Pyanopsia）和奥斯科弗里亚节（Oschophoria）。苏尔维努－英伍德发现，这两个故事在结构上相似，而这种相似并非偶然，因为两者都反映了某种古老的"成年仪式"（initiation）或"过渡仪式"（rite of passage）。这种仪式的一般结构是：男孩儿们被带到外域，远离社区，承受某种艰难困苦和危险，然后重返社会。结局是完满的，像通常的民间故事那样，都有一个"大团圆"（happy ending）结局。忒修斯的故事反映了某个具体的成年仪式：即少男少女经海路抵达某岛屿，即克里特岛，经受危险和艰难，克服了恐惧，最后重返故土。两个故事在细节上有差异，忒修斯故事是神话，超自然气氛浓厚；科西拉岛三百少年的故事则是历史叙事，要在现实的历史环境中展开，但归根到底仍是一种神话叙事，归属于某种神话故事模式。①

---

① Christiane Sourvinou－Inwood, "'Myth' and History: On Herodotus 3. 48 and 3. 50－53," in Christiane Sourvinou－Inwood, *"Reading" Greek Culture: Texts and Images, Rituals and Myths*, Oxford: Clarendon Press, 1991, pp. 246－250.

结　论

　　以上分析可得出如下结论：希罗多德讲述的历史故事，如果细加分析，都是按某种既定的故事类型（type）、模式（pattern）或图式（schema）构建起来的，这是口述历史的特点。口述历史有如建房子，框架或图式是设计图纸，史料则是建材，可随意重组。史料的运用必须服务于模式的构建，历史的真实不得不屈从于故事模式的需要，而模式是"神话的精神状态"（mithical mentality）的产物，反映了大众的集体信仰、观念和关切，即所谓的"集体表象"（collective representation），并与某种风俗制度紧密关联。因而，按神话和民间故事模式构建的历史很难如实地反映历史的真相。

　　最后有一点还需补充，即希罗多德模式化的历史叙事显然与历史的真实面貌迥然有别。真实的历史实际上是千差万别的，充满各种偶然因素，这就涉及希罗多德的历史"真实观"问题。或许，对希罗多德而言，这种模式化的历史，即符合神话或民间故事固有叙事模式的历史才是"真实的"历史，因为这种历史能够反映事物发展的必然性和普遍性。正如亚里士多德在其《诗学》中所强调的："诗是一种比历史更富哲学性、更严肃的艺术，因为诗倾向于表现带普遍性的事，而历史却倾向于记载具体事件。"① 历史是已经发生的个别的偶然的事件，而诗歌或悲剧讲述的是可能发生的具有普遍性和必然性的事情。从这个意义上讲，诗比历史更真实。希罗多德可能更相信这种具有普遍意义的"真实"。为阐明这种具有普遍性的更"真实"的历史，他可以牺牲历史细节的真实。

---

　　① 〔古希腊〕亚里士多德：《诗学》，陈中梅译，商务印书馆，1996，第 81 页。

从"他在"到"自在"：语言哲学
与文学人类学的共同面向

王倢婷[*]

摘要：20 世纪的西方哲学从认识论哲学转向了以现代语言学为标志的语言哲学，并影响包括人类学在内的众多学科出现"语言学转向"。将"他者"作为研究对象的社会 – 文化人类学，也从"人是什么"的研究转而关注"使人成人"的过程，并将语言作为这一阶段研究的核心对象。文学人类学正是文学与人类学在"语言学转向"中相互走进而形成的一个新的知识领域，并与语言哲学有着共同的研究对象：关于"他在"与"自在"的语言的历时研究与共时研究。

关键词：他在与自在　语言学转向　语言哲学　文学人类学

　　文学人类学兴起于 20 世纪下半叶的西方，并逐渐成为在世界范围内具有一定影响力的新兴学科。作为这一理论话语的承袭者，中国的文学人类学学者多从文学与人类学的跨学科互动上讨论该学科的渊源。叶舒宪教授在述评西方文学人类学研究时指出，"文学人类学的跨学科构想分别来自文学研究和文化人类学这两大方面"。① 徐新建教授认为，"文学人类学既是西方文学与人类学界一批前沿学者的积极主张，亦是一种逐渐向其他学科领域扩展、渗透的新理论和新方法"。② 值得注意的是，20 世纪的西方哲学从认识论哲学转向了以现代语言学为标志的语言哲学，西方学术史上的"语言学转向"（the linguistic turn）必然对人类学产生深远影响。20 世纪西方几乎所有重要的学术研究和思想流派的诞生都与这一转向相关，文

---

　　*　王倢婷，四川大学文学与新闻学院博士生，西南财经大学讲师，研究领域为文学人类学。
　　①　叶舒宪：《西方文学人类学研究述评（上）》，《文艺研究》1995 年第 3 期。
　　②　徐新建：《文学人类学：中西交流中的兼容与发展》，《思想战线》2001 年第 4 期。

学人类学便是其中之一。

一　西方哲学的"语言学转向"

学术界普遍认为，20世纪的西方哲学经历了一次重大转折：从认识论哲学转向了以现代语言学为标志的语言哲学。语言不再是传统哲学讨论中涉及的一个工具性的问题，而是成为哲学反思自身传统的一个起点和基础。各种哲学派别都意识到了语言在哲学中的重要性。若将西方哲学史做概要性梳理，可归纳为"三个阶段和两次转向"。第一阶段是古希腊时期以柏拉图为主要代表的哲学家创立的本体论阶段，主要回答"世界的本源是什么"的问题。第二阶段是以笛卡儿为主要代表的哲学家创立的认识论阶段，主要回答"人类如何知道世界的本源"的问题。"人"的地位逐渐从哲学中突出出来，特别是笛卡儿"我思"哲学的诞生，使哲学家们意识到仅仅研究客观世界（纯粹客体）是不够的，而要努力地研究真理的主体——人。这是西方哲学发生的第一次重要转向，主体人及人的认知能力成为认识论阶段哲学关注的核心主题。然而，由于人类认识能力的局限性，必然遇到许多难以克服的矛盾。西方哲学一次又一次地突破自我中心状态的思维定式，将自我意识的空间不断拓展，直至对一切独断论、决定论等思维方式的全盘否定。人们发现，哲学上的许多问题用认识论的思维方法无法得到解决，经验性、实证性研究对于科学视界的日益强调，更使得哲学在自然科学家眼里成为神学的替代物，因其先验的真理断言不可验证而备受责难。哲学的存在性受到质疑。

20世纪初始，一场激烈的学术反思首先在哲学领域掀起。人们开始重新思考，哲学是什么，哲学的根本任务和研究对象是什么，人们反思对传统哲学的本体论和认识论中的许多命题的探讨实际上是空洞的形而上学，原因并不在于认识上发生了错误，而是表述问题的方式发生了错误，即在用语言表述哲学基本问题上存在模糊不清的情况。西方哲学发生第二次重要转向，进入了语言哲学阶段，也就是第三阶段。"语言学转向"这一术语是由伯格曼于1964年最先使用，并因理查德·罗蒂以之作为一部论文集的书名而广为人知。① 在该书中，这次转向的发生过程被展现出来并加以评价。这一发展过程的第一个明确信号便是由维特根斯坦在其 1921 年所作《逻辑哲学论》一书中的著名论断"全部哲学都是语言批判"所发出。

维特根斯坦说，"全部哲学都是语言批判"，宣告其将哲学研究的道路做了扭转乾坤式的大胆改向：哲学只能通过对语言的批判性研究来进行，一切的哲学问题最终都是语言问题。这一大胆改向对于西方哲学的意义在于，它带来了一个前所未有的突破性视角：关于语言的构想和关于哲学的构想是同步发展起来的。如同维氏所言，"本质在语法中道出自身。"② 至 20 世纪中叶，一大批哲学家集体转向关注语言，语言哲学一时鼎盛。有的对语言的意义、同义词、句法、翻译等语言学共相进行哲学思考，有的对语言学理论的逻辑地位和验证方式进行科学式研究，有的基于自然语言或人工语言的结构和功能的任何一种概念进行研究，还有的对语言本质，语言与现实的关系等内容的哲学性质进行研究。在此之前，康德的三大批判和四大问题引导荷尔德林和海德格尔等尚古哲学家去思考人类与存在的关系，引导马克思和列维－斯特劳斯开始对人类知识的形式与界限做出宏大叙事，尼采的"怪异"思想更是徘徊于这两条路径而不得抽身。而现在，语言哲学似乎要彻底摒弃人类禁锢于客观存在或人类理性的旧观念，转而在"词的世界"中重新寻找真相。③

二 人类学的"语言学转向"与文学人类学之诞生

"反思"——是语言学转向的核心关键词。如果说，古希腊罗马哲学是反思前的"我思"哲学，笛卡儿－康德这一阶段的哲学是处于反思过程中的"我思"哲学，那么现代西方哲学就是"反思"后的我思哲学。换句话说，哲学们从未在任何历史阶段、任何领域里放弃过对"人是什么？何以为人？"的追问。主体"人"的存在，使哲学领域里的"人"进入人

① Richard Rorty, *The Linguistic Turn*: *Essays in Philosophical Method*, University of Chicago Press, Reprint edition, 1992.
② 〔英〕维特根斯坦：《哲学研究》，陈嘉映译，上海世纪出版集团，2001，第178页。
③ 陈嘉映：《语言哲学》，北京大学出版社，2003，第395页。

类学意义上的人学范畴，"人"在人类学的哲学阶段也逐渐从抽象走向具体。尤其是在康德之后，西方哲学界的各种学派风起云涌，但总体都致力于建立关于人及其存在的体系性学说，从主客体之间对立统一的关系中寻找客观世界的依据。正如罗蒂借用镜子巧妙比喻的那样，自柏拉图的观念论，中经笛卡儿的第一哲学原理，到康德的先验哲学构成了西方哲学体系，这一体系创造出来的系统哲学是"镜式哲学"。其所构成的知识论框架，是将人类心灵看作一面映照外面世界的镜子，认知的任务就是要在镜式本质中去准确映照外面的世界。一方面，镜子中的形象是经过反射后形成的，因此旧哲学所试图把握的东西也不只是素朴的感性自然自身，而是在反思中形成的理智形式；另一方面，镜子本身是由光滑的平面构成的，因此"镜式"哲学所把握的"镜式本质"也必然具有严密齐整的理想结构。从这两方面来看，其所代表的实质上也就是一种本质主义的诉求，即认为哲学活动的目标就是要抵达感性世界后面的普遍结构。[①] 然而，"我们对于心的事物的所谓的直观，不过是某种技术性词汇的能力，这种能力仅只是我们赞同某种专门哲学的语言游戏的倾向而已"。[②]

19世纪末20世纪初，作为学科的人类学逐渐从哲学谱系中独立，分化为体质－生物人类学和社会－文化人类学两支。前者进入自然科学的领域，逐渐与生物学、考古学等实证科学交叉覆盖；后者则首先致力于对"非西方社会"和"异文化"的整体性研究，并以其民族志书写的独特方法成为较为独立的一派。而现代人类学的学术进展是与整个20世纪的精神变化同步的。在西方思想发展与变革的历程中，现代人类学与现代哲学同时面临新问题：在本体论和认识论的思考中，对于"人是什么"的追问似乎越发陷入僵局，人从未发现这个著名的"人"，或"人"的本质与特性。在寻找"人"的旅途中，似乎走得越远，越难看见"人"。自然的，人类学知识界也开始询问于人类语言，显现"语言学转向"之趋势。

人类学的"语言学转向"首先反思了16世纪笛卡儿以来那个在上帝死去后粉墨登场的主体"人"。以对个体人的研究为例，从笛卡儿至弗洛

---

① 参见〔美〕理查德·罗蒂著《哲学与自然之镜》，李幼蒸译，商务印书馆，2003，第38页。

② 〔美〕理查德·罗蒂著《哲学与自然之镜》，李幼蒸译，商务印书馆，2003，第20页。

伊德，作为主体的"人"是和其之外的一切对立起来的，"人"是自足的、自立的、自明的。直至拉康，当他将"人"放在一个更大的结构和场景之中，并以索绪尔语言学中的"符号"出场时，作为主体的"人"便被"消解"了。拉康用镜像理论来描述"人"的建构：自我的构建离不开自身，更离不开镜中"我"的对应物，即来自镜中的符号和影像；自我正是通过对这些符号和影像的认同而实现。拉康描述到，"我"突然被抛入了某种原始的形式，之后，又在与他者认同的辩证法中被对象化，而后又通过语言而得以复活，使其作为主体在世间发挥功能。① 在拉康看来，镜像认同的核心不是某个自足主体对环境的能动反应，而是空洞的"主体"在镜像环境中被语言构型的过程。很明显，拉康正是在现代语言学理论影响下，对弗洛伊德精神分析学的批判继承和发展。在"我思"传统中的那个自足的主体被消解在更大的结构和复杂的符号之中，甚至，这个主体（暂时将其看作观念上的主体）会反过来被符号与语言所建构，并通过镜像得以表达。福科也在其著作《词与物——人文科学的考古学》中对人类学进行知识考古后宣称——"人死了"，他认为人类学并不导向以"人"以及人的真理、本性、诞生、命运；实际上各门人文科学所关注的对象绝非人，而是系统、结构、组合、形式等。他主张首先要摧毁"必须寻找人"这个概念构建的那些神志不清的幻想，其次他提出"话语"的概念，更是给"人研究人"的合法性打了一个巨大的问号。② 显然人们已经意识到，作为西方知识界的公理，自然主义、狭义的理性主义、科学主义、狭义的存在论、"主体"和"主观性"等，都构成了西方知识界的精神枷锁，更逼迫作为社会科学而建立的人类学转向"语言"问题。

19世纪的社会-文化人类学是欧洲中心主义的，彰显的是西方思想与文化的普遍性；20世纪的西方世界出现了道德危机、经济危机与政治危机，将"他者"作为研究对象的社会-文化人类学也展开了严肃的反思，其研究主体和研究方法的合法和合理性开始受到质疑。格尔茨就对由马林

---

① Jacques Lacan, Bruce Fink (Translator), *Ecrits: The First Complete Edition in English Paperback*, W. W. Norton & Company, 1 edition, January 17, 2007, p. 76.

② 参见〔法〕米歇尔·福柯《词与物——人文科学的考古学》，莫伟民译，上海三联书店，2016。

诺夫斯基建立起来的科学民族志传统大胆质疑，认为人类应当在文化的"意义之网"中求助于"解读"，从而放弃过于强调唯一真实答案的盲目自信和执念。他更将民族志看作"人造物"，使人类学界爆发了一场"写文化危机"，① 人类学问题很大程度上成为语言问题，一种新的关注于"文本处理"的人类学呼之欲出。

1973 年，格尔茨将文化概念与文本进行了比较。他提出，"一个民族的文化是一个文本集合，它们本身就是一个集合体，并且是人类学家孜孜不倦地站在文化持有人肩上阅读而来的"②。格尔茨将民族志的写作过程比喻为"试图阅读"（某种意义上是"构建阅读"）一部外国的、褪色的、充满了省略号的、不连贯的、有可疑的修正和倾向性评论的手稿作比较。并且，这不是一份传统意义上"有约定俗成的声音书写和字母图"的手稿，相反，它是用"形状行为的短暂例子"写成的手稿③。

十多年后，詹姆斯·克利福德、乔治·马库斯（以及其他人）在民族志写作的语境下探讨了作为文本的文化的概念。克利福德和马库斯一书（1986）的贡献者带来了许多与文学批评相关的技巧，并影响了人类学的写作实践。这一学科阶段通常被西方人类学界称作人类学的"文学转向"，并将其追溯到维克多·特纳（Victor Turner）、玛丽·道格拉斯（Mary Douglas）和克劳德·列维－斯特劳斯（Claude Lévi－Strauss）等人类学家对文学理论和实践表现出兴趣的时代④。克利福德指出，"玛格丽特·米德、爱德华·萨皮尔和露丝·本尼迪克特都认为自己是人类学家和文学艺术家"⑤。

① 参见〔美〕克利福德·格尔茨著《文化的解释》，韩莉译，译林出版社，1999。

② Geertz, C. , *The Interpretation of Cultures*：*Selected Essays*, New York：Basic, 1973, p. 452.

③ Geertz, C. , *The Interpretation of Cultures*：*Selected Essays*, New York：Basic, 1973, p. 10.

④ 参见 Nic Craith, M. , *Narratives of Place*, *Belonging and Language*：*An Intercultural Perspective*, Basingstoke：Palgrave, 2012.

⑤ Clifford, J. , "Introduction：Partial Truths", *Writing Culture*：*The Poetics and Politics of Ethnography*, Berkeley, C. A. ：University of California Press, 1986, pp. 1 – 26.

三 语言哲学和文学人类学的共同面向

如上所述，文学人类学学科的诞生正是人类学在语言学转向之后的必然。人类学的研究对象、研究材料、研究方法都不可避开语言问题：从研究对象上来说，人类学转而关注于人之语言；从研究主体上来说，人类学家们又不可避免地使用民族志书写以及在田野中用自己的身体做一番言说，人类学研究本身成为语言事实和语言行为。人类学的研究材料，除了人存于世界的一切繁复庞杂的语言作为支撑外，又有其他什么吗？概而言之，人类学研究从"人是什么"转而关注"使人成人"的过程，语言正是这一成人过程中的核心对象。

一直以来，语言哲学所面向的核心争论，主要是语言与实在之间关系的讨论。笔者认为，从"他在"到"自在"，正是有关语言在西方学术发展过程中视角革新的关键描述。所谓"他在"，是指语言的本质属性不能自我决定，它对其自身而言是非存在，是因附属于其他存在才具有客观性和价值功能。在西方哲学的历史中，亚里斯多德关于存在的哲学思考，罗素的特称描述语理论，莱尔关于心灵概念的研究，都曾涉及语言问题。世界一方面是实在的，另一方面是有赖于我们借语言加以构造的。更为重要的是，与没有主体性质渗透或决定的自然现象不同，语言完全是人的存在，其背后具有主体"人"的一切属性，从头到尾、从里到外都饱含着复杂多样，有时是模糊、偶然的主体目的，有时是变化、复杂的主体动机、感情和思绪。可以说，在这很长一段时间里的语言研究的对象实际上是曾经生存在社会中的生命个体全部人生内涵的物态化和符号化。

所谓"自在"，是指语言自身的性质决定着自身存在，其与任何其他存在不具有因果关系；换句话说，语言以外的其他存在对其不起决定性作用。语言本身是一个独立而自在的系统，它是先于实在的世界和先验的哲学而存在的。弗雷格用数理逻辑来描述这个自在的语言系统，并创立了人工语言。索绪尔开创性地将"言语"与"语言"分开，从而构筑了一个完整的自在的语言世界，掀开语言学史上的"哥白尼式革命"。索绪尔关注语言的本质，他认为："语言学的唯一的、真正的对象就是语言和为语言而研究的语言。"① 语言在本质上是一种符号系统，这一系统是由概念和音响形象构成的。概念是"所指"，音响形象是"能指"。能指和所指的关系是任意的，不是必然的，是全体社会成员约定俗成的。可以看出，索绪尔是将语言的共时性特征和历时性特征进行区分开研究的，并突出强调语言的共时性特征——语言的"自在"。这一语言思想为现代语言学打下了坚实的基础，同时也为西方现代哲学提供了新的研究视角。海德格尔从语言本身揭示其本质特征，认为"语言是存在之家"，人类"在通向语言之途中"行走。② 海德格尔不光认为语言是存在的家园，而且尤其强调语言的"大地性"："澄明着和掩蔽着之际把世界端呈出来，这乃是道说的本质存在"，"作为为世界开辟道路的道说，语言乃是一切关系的关系。语言表现、维护、端呈和充实世界诸地带的'相互面对'"③。

至此，就语言哲学来说，在从"他在"到"自在"的视角反思和革新之中，实际上获得了更为完整的两层维度：一方面，"他在"的语言是哲学研究世界本源问题中不可回避的"工具"或"中介"，语言学为哲学研究开辟的新面向；另一方面，"自在"的语言本身成为哲学研究的客体，语言学成为哲学。那么，是否可以这样理解，"他在于人"与"自在于人"的语言同样也是其与人这个主体的两层重要关系和"人"的研究的两层面向。一方面，其作为人的"言说"成为以人为研究对象的人类学不可忽视的行为或事实；另一方面，其作为与人相关的语言或符号系统而独具功能和价值。

语言作为文学人类学的研究对象和材料，其本身分化为两个部分：一是作为人类学研究对象的语言本身和以语言呈现和构筑的人本身，另一则是作为文学研究对象的"文本"在相互呈现和建构过程中不断变化又逝去的语言符码及其结构和系统。前者为人类学的"语言学转向"后所关注，后者为文学的"语言学转向"后进行了方法上的革新。文学人类学对语言的关注为阐述人类学与文学之间关系做出了原创性贡献，并且对以下话题特别感兴趣：文学在人类学中扮演什么角色？文学可以被视为民族志吗？

---

① 〔瑞士〕索绪尔：《普通语言学教程》，高名凯译，商务印书馆，1980，第323页。
② 参见〔德〕海德格尔《在通向语言的途中》，孙周兴译，商务印书馆，1997。
③ 〔德〕海德格尔：《在通向语言的途中》，孙周兴译，商务印书馆，1997，第182页。

过去和现在，人类学与文学之间有什么关系？文学中使用的人类学动机是什么？同时，文学人类学还寻找作为人类学家的作家的批判性读物以及作为作家的人类学家的批判性读物。此外，文学人类学学科还想评估文学对传统、仪式和文化表演等产生有什么影响？所有这些新问题和新主题都与语言研究有着明显的联系。这些问题还引发了关于民族志的潜在文本策略问题，以及将人类学领域（更多与社会科学相关联）和文学研究（传统上是人文学科的一部分）结合在一起的可能性。

总之，如同徐新建教授指出的那样，文学人类学要研究的基本问题有四个：文学问题、人类学问题、文学与人类学问题和文学人类学问题。

从"终结"看西方当代艺术理论中的故事讲述

周莉娟*

摘要：以阿瑟·丹托和汉斯·贝尔廷的两本关于"艺术的终结"的著作为切入点，尝试理解西方"艺术（史）终结"，在"终结"的命题下观察艺术与相关文本的关系，反思处于"西方话语下"的现代艺术史之中的中国当代艺术史书写。

关键词：艺术史书写　艺术的终结　全球艺术　艺术模仿说

中国人文研究领域在 20 世纪有过两次热情学习欧美成就的热潮，到了 21 世纪也积极参与"全球化"，也在积极书写中国的"艺术史"。中国学者的"艺术史"书写的研究中对"中国经验"的诉求越来越多，简单套用西方历史书写理论和方法显然无效，如何有效借鉴还有待更多探索和实践。① 中国如何在西方现代性之外进行艺术史书写，"艺术史尤其是中国艺术史，是否要有中国的和艺术的研究立场，……这些传统的艺术分析方法又如何可能……使艺术史可以有自己的脉络和边界？"② 这些都是我们当下在思考和实践的问题。

本文尝试通过西方艺术史中的"终结"命题，观察艺术与相关文本的关系，反思处于"西方的"现代艺术史书写框架下的中国的当代艺术。20 世纪中叶，欧美不少艺术家和理论家用实践或用理论、不同程度地参与了

---

* 周莉娟，四川大学文学与新闻学院艺术学理论专业在读博士生。

① 吕澎：《启示容易，借鉴困难——从新艺术史的基本观念看中国艺术史研究》，《文艺研究》2010 年第 7 期。

② 葛兆光：《思想史家眼中之艺术史——读 2000 年以来出版的若干艺术史著作和译著有感》，《清华大学学报》（哲学社会科学版）2006 年第 5 期。

"艺术终结"命题的讨论，本文以阿瑟·丹托的《艺术的终结》① 和汉斯·贝尔廷的《现代主义之后的艺术史》② 为主要参考。两本书各具典型，并均在国内外产生影响。丹托从历史哲学的角度进入，清理这个命题及其所处语境的源流；贝尔廷的批判则从 20 世纪中叶延续至今，随时代变化而更迭，从艺术史的危机进入西方现代性危机的核心。国内也有不少对这两本专著做出回应的文章。

一　重复讲述的终结

阿瑟·丹托在《艺术的终结》这本书中对艺术定义的思考，始于为什么安迪·沃霍尔描绘的布里洛除垢钢丝绒包装箱是艺术品，而真实的布里洛除垢钢丝绒包装箱不是。与这个作品相关的现成物艺术、波普艺术，可以说都是 20 世纪的一场艺术"逃避美学"的运动的产物。丹托也主要从艺术品与实物的关系的角度回应艺术与美的关系问题，结论是"艺术品与实物分享全部感觉的品质"，所以"如果艺术定义的目的之一是解释在何种情况下艺术品有别于实物的话"，艺术与美不必然相关。那么，是什么使得艺术品与一般人造物有所不同？丹托认为，本质上，是"艺术品的历史定位"。更进一步，"美"也不是曾经被认为的那样绝对："并不存在永恒的力量"，也不存在被艺术品蕴含的永恒力量打动的天真的观众，不存在永恒的、普适的、天真的美。艺术和美都是相对的，艺术的定义与美无关，与审美也无关，艺术与美都只在历史的上下文中成立。既然是在历史中，艺术所具备的物质、感觉、功能等要素就会不断变化，就需要通过阐释来确认艺术的合法性。这种生成"艺术"定义的方式自然也生成了"艺术终结"这个命题：既然艺术、历史、阐释三者密不可分，互相推进，那么艺术的定义完成之时就是其历史终结之时。③

---

① 〔美〕阿瑟·丹托著《艺术的终结》，欧阳英译，江苏人民出版社，2001。下文中相关引文或转述均出自此版本。
② 〔德〕汉斯·贝尔廷：《现代主义之后的艺术史》，苏伟译，卢迎华、苏伟评注，金城出版社，2014。下文中相关引文或转述均出自此版本。
③ 以上观点和引文参见《艺术的终结》，序言。

　　早在 16 世纪，瓦萨里就提出过关于艺术进步／终结的言论①，以后的几百年里，不少学者参与了关于这个命题的讨论，比如黑格尔，丹托的论述也是从那里开始②。黑格尔之后，学者一般把"终结"理解为历史规律的确认，"终结一词的旧义原为'揭露'"。③ 但从瓦萨里到现在，包括本文聚焦的贝尔廷和丹托，呈现的还是一个"终结"本身也在不断被重新定义的历史④，不同的"终结"背后是不同的历史观、发展观、艺术观。比如黑格尔断言艺术在哲学中终结，文化研究为艺术在生产方式的变革中终结而担忧，贝尔廷希望西方的艺术终结在西方。西方现代主义热衷的"终结"如现代主义本身一样，"有成千的面孔"，并且被终结之物每每在人们"隆重的最后道别"之后还"不如人所愿地继续存在着，新的自由和力量却恰恰由此生长而出"。⑤

　　我们可以从上文提及的艺术在符号消费中终结的观点和现成品艺术来看看西方现代艺术的"终结－新生"程式。联系 20 世纪的西方现代艺术所处的文化环境，随着符号生产日盛，可以看到文化创意产品对 16～19 世纪成长起来的"纯艺术"的挤压，文化研究普遍认为"艺术""知识"都化作"资产"⑥ ——这是某一种被认定的艺术定义的"终结"。但这在它发生之时是一种"进步"，波普艺术的动力是让艺术脱离艺术史，"走入到真实世界当中"⑦，让自身成为"对抗高雅艺术和艺术史的火炬"⑧。与之对应的是，"人们需要在艺术中寻找日常生活"⑨，甚至"期望将广告领域交付给艺术家"⑩。但另一方面，广告本身也渐渐成为重要的商品。艺术与商品的边界似乎已经岌岌可危。但随着一个既有边界被打破，"新的边界

---

① 参见常宁生《艺术何以会终结——关于视觉艺术本质主义的思考》，《南京艺术学院学报》2007 年第 3 期。贝尔廷在《现代主义之后的艺术史》第二部分的第四节也提到了。
② 〔美〕阿瑟·丹托著《艺术的终结》，欧阳英译，第 97 页。
③ 〔德〕汉斯·贝尔廷：《现代主义之后的艺术史》，苏伟译，第 17 页。
④ 何建良：《"艺术终结论"批判——从黑格尔到丹托》，浙江大学博士学位论文，2008。
⑤ 以上观点和引文参见《现代主义之后的艺术史》，第 3～4 页。
⑥ 参见任真《艺术的终结和作为艺术作品的文学》，《西南民族学院学报》（人文社会科学版）2001 年 2 月。
⑦ 〔德〕汉斯·贝尔廷：《现代主义之后的艺术史》，苏伟译，第 185 页。
⑧ 〔德〕汉斯·贝尔廷：《现代主义之后的艺术史》，苏伟译，第 184 页。
⑨ 〔德〕汉斯·贝尔廷：《现代主义之后的艺术史》，苏伟译，第 186 页。
⑩ 〔德〕汉斯·贝尔廷：《现代主义之后的艺术史》，苏伟译，第 187～188 页。

继续产生"。① 在那个时代，艺术所明确的自身任务是："打破迷惑人们目光的幻景"②。艺术家因此主动使用的新媒介则包括现成的消费品和现成的消费符号——在复制的时代强调个体表达。③

二 艺术终结故事中的原型

（一） 西方现代艺术发展模式的核心和局限

如上所述，可以说"将悖论的反复展开"是"西方现代艺术史"的核心线索之一④，也是其自我扩张的方式：现代艺术的内在要求之一是颠覆艺术本身，即终结在此之前的艺术（史），重新书写艺术史，以至"每一次终结其实是对前一次终结的否定"，这种反复的否定行为是"发展与前行的动力和契机"。⑤ 所以"终结"是西方现代艺术自我扩张模式的一个节点，这种模式的核心是科学崇拜、形式主义和自我封闭——三者被称为西方现代性的内部危机。⑥ 这些"内部危机"的要求是"严格的自律发展"，"严格的自律"要求它反复确认权威，导致艺术趋于贫乏，"发展"的要求和贫乏的现状促使它呼唤多元⑦，"严格的自律"又要求它重新确认权威、涵盖多元性。在这个过程中，"多元化"的理想只是在延迟和推进"权威"的艺术定义的完成。

这就是我们在"全球艺术"的历史中所看到的，无止境地增长需求，但没有更新，真正的他者也不被看见。1984 年在德国出版的《艺术史的终结?》⑧ 的作者汉斯·贝尔廷反复要否定现代艺术的"全球化"-"多元

---

① 〔德〕汉斯·贝尔廷：《现代主义之后的艺术史》，苏伟译，第 197 页。
② 〔德〕汉斯·贝尔廷：《现代主义之后的艺术史》，苏伟译，第 188 页。
③ 〔德〕汉斯·贝尔廷：《现代主义之后的艺术史》，苏伟译，第 197 页。
④ 洪洋：《当艺术成为一个疑问——解析后现代情境中的西方艺术世界》，中央美术学院博士学位论文，2004。
⑤ 何建良：《"艺术终结论"批判——从黑格尔到丹托》，浙江大学博士学位论文，2008。
⑥ 时卫平：《艺术终结之后的艺术》，《南京艺术学院学报》2013 年第 2 期。
⑦ 洪洋：《当艺术成为一个疑问——解析后现代情境中的西方艺术世界》，中央美术学院博士学位论文，2004。
⑧ 中文译本参考〔德〕汉斯·贝尔廷《艺术史的终结?》，常宁生译，中国人民大学出版社，2004。另，金城出版社 2014 年版本《现代主义之后的艺术史》第二部分即原为《艺术史的终结?》的文本。

性", 他的立场是: 西方话语中的 "客观" "普世" 是独属于现代西方人的理想。在 "世界艺术与少数群体: 艺术史的新地图" 这一章节, 贝尔廷对待非西方世界的态度与他对待中世纪的态度如出一辙: 视为绝对的他者。他认为中世纪的人造图像不能称为艺术, 部族文化中也不存在艺术, 艺术是现代西方人的词语, 只能描绘现代西方人的艺术。且认为自己有能力讨论的 "他者", 只可以是作为西欧现代文明镜像的、东欧的现代艺术。沿着这种坚定的文化相对主义立场, 他所期待的多元是 "流散的" ——全世界的艺术家各自开发自己的空间、发明自己的 "艺术史"; "人们可以在不同的艺术史之间进行可能的选择, 这些艺术史从不同的角度切近着相同的质料", 各自去生成典范, 不从一个地方 (西欧) 出发, 也不相互理解或融合。①

(二) 原型 1, 故事

可以明确的是, 到目前为止我们并没有看到 "一个" 终结, "终结" 还被讨论着, 还在历史里, 艺术还没有在历史中被定义, 历史的理想还没有实现, 以至于关于 (艺术) 终结的讨论更像是以圣经故事为原型的 (一次又一次) 戏剧创作。"《启示录》中的情景一直是可能实现的幻境, 但难得像今天这样地接近现实。"② 丹托写道, 他甚至将黑格尔的 "艺术时代" 比作 "因圣子诞生而步入终结的圣父时代, 以及因圣灵时代而步入终结的圣子时代"③。并描绘了在艺术的历史也终结之后, 主体与客体幸福和谐共处的景象: 在未来, "你做什么都不再有什么关系, 那都是多元主义希望的"④; 艺术家可以自由地创作 "缺乏历史重要性和意义的作品"⑤; "人待在乌托邦的福地上, 这是一个无异化无特殊性的乐园"⑥。丹托还发现, 当下除了排演圣经故事, 艺术还可以在其他原型衍生出的系列故事中扮演重

---

① 以上观点和引文来自《现代主义之后的艺术史》, 第八章, 第 156 ~ 172 页。
② 〔美〕阿瑟·丹托著《艺术的终结》, 欧阳英译, 第 126 页。
③ 〔美〕阿瑟·丹托著《艺术的终结》, 欧阳英译, 第 95 页。
④ 〔美〕阿瑟·丹托著《艺术的终结》, 欧阳英译, 第 130 页。
⑤ 〔美〕阿瑟·丹托著《艺术的终结》, 欧阳英译, 第 126 页。
⑥ 〔美〕阿瑟·丹托著《艺术的终结》, 欧阳英译, 第 128 页。

要角色，比如勇者屠龙中的龙，比如克里特岛上的米诺陶诺斯。① 《艺术对哲学的剥夺》② 澄清了始于柏拉图的、由哲学发动的两场对艺术进行剥夺的运动，在这两场旷日持久的运动中，哲学和艺术相互区分，艺术被哲学异化，作为虚幻的对手（龙）存在于哲学话语中，哲学欲建起世上最复杂的迷宫以困住被它认为是处于人类秩序之外之物（牛头怪），但哲学和艺术最终会合二为一——就是从柏拉图到黑格尔。

（三）原型 2，话语

在屠龙和牛头怪的故事中构建的虚幻和复杂，可经由一个司空见惯的悖论得以窥其一斑：在社会共识中，艺术是无功利性的，"没有什么会因为艺术而产生"，但艺术一直被审查。③ 丹托认为"艺术的危险性"历史事实依据不足，即使艺术曾经看起来导致过什么发生，也是因为外在的偶然因素推动，比如艺术品惊人的高价并不是因为它是艺术品，而是因为资本需要一种高价物。而社会共识惯于将艺术与其他难以名状之物混淆，将那些原本不属于艺术的功能归到其名下，起因是哲学家对艺术的判断/预设，比如那两场旷日持久的剥夺：为了让哲学留在理性的王位上而将艺术划归给感性，为了让哲学最终获得圆满而让艺术终结于哲学。丹托从这两场剥夺中看到的还有哲学与艺术的同一，有可能哲学家制造这两种剥夺或分化，是哲学家——从柏拉图到黑格尔——在尝试回答哲学是什么。恰好柏拉图的"哲学"和萨特、叶芝、奥登等人的"艺术"在一个位置上；而阿里斯托芬对哲学家的指责正好是柏拉图对艺术家的指责。④ 艺术与哲学的混淆从哲学和艺术两个概念诞生延续到现在，语境转换时，艺术和哲学的位置就可以互换。从艺术这一面看的话，可以看到在艺术声势浩荡地"逃离美学"——逃离"感性学"之后，从 20 世纪开始，更多的艺术家已经开始有意识地使用哲学，不管他们如何使用——断章取义或堆砌书

---

① 〔美〕阿瑟·丹托著《艺术的终结》，欧阳英译，第 14 页。
② 〔美〕阿瑟·丹托著《艺术的终结》第一章章节名，欧阳英译，第 1~25 页。
③ 〔美〕阿瑟·丹托著《艺术的终结》，欧阳英译，第 7 页。
④ 〔美〕阿瑟·丹托著《艺术的终结》，欧阳英译，第 6~7 页。

籍①——哲学家或理论家都会因此进入艺术史（而不单是书写艺术史）。黑格尔的理想就要实现了。还是以 "逃避美学" 运动为例，因为社会共识（丹托认为是哲学的推动）将艺术称为美的，这和男性/社会共识将女性称为美的是一个逻辑，是一种策略，将对方放在审美对象/客体的位置上，"把她们从一个世界中赶出去，不希望她们在其中还有任何权利"②。而艺术家的对策是，比如杜尚，把男用小便池放到美术馆的展位上，这种类似于把最下流的动词引进动词变位教学的做法③，通过用 "不应该" 出现在此处之物，成功突出了 "在此处"——"在艺术界中"，提出对 "排除" 这个行为的警惕——在提示一种（政治）话语存在的同时，使用了压抑 - 遗忘 - 替代物这种（19 ~ 20 世纪的欧洲一度流行的）潜意识的基本技术。丹托认为在杜尚这里黑格尔的理想已经实现，"艺术已经是形式生动的哲学"④，贝尔廷则指出："杜尚还把所有艺术评论的可能性把玩了一遍，……作品和文本在这一过程中称为同义反复的一对。"⑤ 于是，在《泉》这个作品中，艺术似乎已经实现与哲学的汇合，以及从模仿物体 "发展" 到可以模仿人类社会的话语。

在话语层面，除了哲学和感性，艺术也在模仿历史。丹托从哲学出发，批判的就是将艺术与快感混淆的观念和将艺术与哲学混淆的观念，尝试在历史中实现艺术的定义，但他随即意识到，在自己的时代，"创造力似乎是由创造时期而不是由创造作品构成的"——恰是一个艺术和艺术史混淆的世纪;⑥ 艺术批评则在某种程度上和文化批评同构，《现代主义之后的艺术史》（2003）的译者评论贝尔廷的艺术理论写作："艺术批评是现代悖论性的投射场，……他（贝尔廷）的论述实际上是以艺术史批判的方式进行现代性反思。"⑦

① 〔美〕阿瑟·丹托《艺术的终结》序言的开头提到的丹托看到的用普通的桌子和哲学书堆出来的艺术作品，《艺术的终结》，欧阳英译，第 1 ~ 3 页。
② 〔美〕阿瑟·丹托著《艺术的终结》，欧阳英译，第 14 页。
③ 〔美〕阿瑟·丹托著《艺术的终结》，欧阳英译，第 17 页。
④ 〔美〕阿瑟·丹托著《艺术的终结》，欧阳英译，第 19 页。
⑤ 〔德〕汉斯·贝尔廷：《现代主义之后的艺术史》，苏伟译，第 43 ~ 44 页。
⑥ 〔美〕阿瑟·丹托著《艺术的终结》，欧阳英译，第 123 页。
⑦ 〔德〕汉斯·贝尔廷：《现代主义之后的艺术史》，苏伟译，第 64 页；苏伟：《艺术批评与现代性》。

至此我们看到，艺术除了通过作品，也可以通过自身带入，来重新讲述如最后审判、恶龙、迷宫怪兽等来自欧洲的不同传统的故事，这些故事潜伏在当代的西方社会中，彼此交会，在流行文化中被一再重排，并成为一些话语的结构原型，表征其所处社会的种种"症状"。艺术还可以与感性、与哲学、与商品、与历史等时代中的大型话语发生混淆。这种容易"成为"他者的特质似乎正是艺术不可替代的特质，先不管这种特质是否也完全是因为哲学家的预判和社会共识的形成，这些带入/混淆通过一些技巧展示出来，就可以强化幻景，如同图像在传统宗教中或在消费社会中；通过另一些技巧展示出来，就可以揭示被掩藏或混淆之物，如同男性小便池在美术馆中实现哲学的理想。我们回到了艺术最原初的定义上：对模仿的模仿。

（四）两种关于"艺术终结"的观念

本文涉及的两种与"艺术终结"论述相关的观念分别是历史哲学和文化相对论。

丹托参与艺术史书写或艺术终结论讨论，是因为看到 80 年代的美国，一些艺术作品"巨大而夸张，幼稚而怪异，空洞而轻率"，深感自己有必要论证"艺术史必定有种内在的结构"①。因此他选择从"历史哲学"的角度，为艺术寻找"自主"的出路，内在需求包含其中，因为"艺术的自主是有限的'我'通往无限的具体形式"。②

贝尔廷反复强调的"文化相对主义"立场是西方文明内部对抗现代性无限扩张的一种路径，与《艺术史的终结?》（1984）几乎同时期的《欧洲与没有历史的人民》（1982），批判了野心勃勃的"欧洲的世界史"的书写，标题所称"没有历史的人民"，作者埃里克·沃尔夫指的是非西方的"他者"和无产阶级或大众③等被欧洲权力阶层注视的对象。在这本书里，沃尔夫考虑了视角转换的可能，从大历史到小历史，从欧洲的世界史到世

---

① 〔美〕阿瑟·丹托著《艺术的终结》，欧阳英译，序言，第 6 页。

② 《现代主义之后的艺术史》，第 63 页；苏伟：《艺术批评与现代性》。

③ 陈安民：《世界史撰述中一部反欧洲中心论的先锋之作——评沃尔夫著〈欧洲与没有历史的人民〉》，《全球史评论》2012 年第 1 期。

界史，但仍然冀望由欧洲人去完成。① 与沃尔夫相比，《现代主义之后的艺术史》时期的贝尔廷，遭遇的是更加复杂的全球化，对自己的"欧洲视角"更加自觉，在失去唯一救赎的"流散的世界"里，通过确认自己的局限来确认其位置和根基。丹托也有相似的表态，他在《艺术的终结》中提到斯宾格勒的《西方的没落》，借此发挥："艺术会有未来，只是我们的艺术没有未来"②。或许也因此，丹托和贝尔廷都在书中表现出对"历史"的眷念。

三　为什么要写艺术史

讨论至此，似乎总在从哲学回到哲学、从历史回到历史、从西方回到西方、从一个概念回到这个概念的怪圈中：在"终结"的重复形态中看到历史的书写迎合人们对历史的期待："定焦于一种合乎规矩发展的艺术历史之抽象图景"并"试图将一种客观而普世的艺术引向未来"；③从"终结"故事中的种种原型看到素材和形式都来自并回应生成它的语境；从艺术对话语的模仿看到它的发声取材于述说它的话语；对这些自反的在意，同样被现代性的自反性牵引，跟随一种历史哲学："历史随着……自觉到来而终结"。④ 在这个惯性下，还可以看到，在现代西方的话语下，艺术的遭遇和东方的遭遇也有某种结构性相似，比如艺术需要历史，他者也需要历史，书写中国当代艺术史的初衷也确实是受到西学的影响。如前文所述，致力于当代中国艺术的艺术家和理论家们总尝试在传统国学型的艺术史、古典文论画论、古代史中寻找"中国艺术"，或在现代中国人的生活经验中寻找中国艺术，关乎际遇、身份、权力构建等问题。如近年来又有

---

① 张旭鹏：《文化、权力与世界历史——兼评埃里克·沃尔夫〈欧洲与没有历史的人民〉》，《史学理论研究》2007 年第 4 期。
② 〔美〕阿瑟·凡托著《艺术的终结》，欧阳英译，第 120 页。
③ 以上观点与引文见《现代主义之后的艺术史》第一部分第四章《风格与历史——现代性饱受冷落的遗产》，引文在第 81 页。
④ 〔美〕阿瑟·丹托著《艺术的终结》，欧阳英译，第 121 页。

很多成果是从身体感的民族性,① 或"生活史转向",② 或"物质文化研究"等入手，但仍然几乎都在西方现代性的框架内。

如果说丹托和贝尔廷坚守反思的传统，强调自觉与自限，是尝试克服"欧洲大陆惊人的"③ 二元认识论和发展观，让全球性对话真正敞开的一种尝试，然而，在这种敞开中，我们还总是看到，如同在柏拉图到黑格尔那里艺术沦为思想的证据一样，东方经验"沦为"西方话语的材料。这又是无休止的后殖民的问题了。本文的初衷不是要回应种种权力不对等，想说的是，可能更清楚地知道其源流和形态，和清醒地使用，接近丹托和贝尔廷对"自己的文明"所做的那样，比思考如何通过套用、回避或正面对抗来确认自身更有效。也就是说，在一个话语之间有意识地相互复制和模仿的时代，相比思考瞬息万变的"我"是什么、拥有什么、如何构成、如何与他者不同这些问题，思考我为什么要写我的历史、在其中使用了哪些工具和理念、这些工具和理念来自何方、这些工具和理念曾经和现在被给予怎样的期望等，可能更有操作性。

---

① 顾平：《"感觉经验"与中国艺术史研究》，《美术研究》2004 年第 2 期。
② 刘悦笛：《从"物质文化"到"生活史"：中国艺术史的新生点》，《美术观察》2017 年 7 期。
③ 〔美〕阿瑟·凡托著《艺术的终结》，欧阳英译，第 18 页。

神话与科幻

试论科幻文学中科学与神话的共生关系*

黄　悦**

摘要：以往评价科幻小说的标准更注重其内容的科学性，忽略了科幻小说作为一种奇幻文学的独特文类价值。恰恰是由于科幻小说这种出入于真实与虚拟之间的奇幻特性和文类特征，才使得其中酝酿出不同于以往的共同体叙事、新的自我意识甚至新的价值观。科学与神话之间的共生关系由来已久，在当代科幻小说中，除了延续启蒙主义影响下"神话科学化"的单向进程，还体现出"科学神话化"的逆向维度，甚至萌发出对"科学神话"的反思和超越。以英国作家阿瑟·克拉克为例，其作品中不仅调动了传统神话的框架结构和主题模式，神话的象征符号体系，还努力用科学幻想的"异界"发起对理性独大以来人类认知模式和价值观的挑战，这寄托了克拉克超越科学技术的哲学思考，也是科幻小说不可忽略的文化价值所在。

关键词：科幻小说　神话　阿瑟·克拉克　刘慈欣　奇幻文学

一　科幻小说算不算奇幻文学？

20 世纪中叶，诺斯罗普·弗莱在《批评的剖析》中就对科幻小说给出了这样的定位："科幻小说是一种继承了强烈的上古神话色彩的传奇小说。"[1] 在弗莱所主张的整体文学观和文学循环论中，科幻小说恰好承担了

---

* 本成果受北京语言大学院级科研项目（中央高校基本科研业务专项资金）资助（项目编号：16YJ010006）。

** 黄悦，北京语言大学人文社会科学部副教授，文学博士，主要研究方向为文学人类学、比较神话学。

[1] Northrop Frye, *Anatomy of Criticism: Four Essays*, Princeton University Press, 1957, p. 49.

从冬向春（即从反讽向神圣复归）的过渡性功能。为什么弗莱会赋予当时才崭露头角的科幻小说如此的地位，科幻小说究竟如何继承神话和传奇色彩是本文想要探索的问题。

从字面来看，科幻小说（Science Fiction）有两个明显的特点：其一是题材上的划分，即以科学技术为叙事对象或主要逻辑；其二是虚构叙事。这里的小说不是一般意义上对事实的虚构，而是跨越真实与有意为之的虚幻之间的独特文类概念。这两个概念之间具有一种天然的张力，因为求真的科学与虚构代表着两种互相消解的力量。但在一个更广泛的意义上，科幻小说其实也属于奇幻文学的一种。作为长期被划分在经典文学之外的边缘文体，奇幻文学的外延并没有准确的范围，其核心概念"奇幻"被罗杰·卡约概括为："寻常秩序的中断，是怪异之物对于一成不变的日常陈规的一种入侵"①。在此基础上，托多罗夫给出了关于奇幻文学更加精确的定义："奇幻就是一个只了解自然法则的人在面对明显的超自然事件时所经历的犹疑。"托多罗夫认为，奇幻作为一个文类的特征需要从读者和作者两个维度来考虑，在此基础上，他概括出奇幻三个方面的特征："首先，这个文本必须迫使读者将人物的世界视作真人生活的世界，并且在对被描述事件的自然和超自然解释之间犹疑。其次，某个人物或许也会体验这种犹疑……同时，犹疑被文本表现出来，并成为作品的主题之一。最后，读者必须采用特定的阅读态度来对待文本：他要拒绝讽喻的和'诗性'的理解。"因此"幻想就存在于悬而未决之中"②。科幻小说延续了这一内核，重要的不仅是科幻小说讲述了关于科学的虚构故事，而是那些尚未发生、有可能会发生甚至会引发不可知后果的科学故事，超前的科学技术在这里与魔法无异，是一种现实中无法掌握和理解的力量。科幻小说的叙事魅力很大程度上就来自这种认知差：当下世界难以洞悉的不确定性及其所带来的新奇感、冲击感，无论这种力量是来自魔法还是来自科学。因此，它也必然借助传统的幻想手段。

毫无疑问，神话作为古老文化传统的内核，与奇幻文学的"幻"之间

---

① 〔法〕R.卡约：《论奇幻的内核》，伽利玛出版社，1965，第161页。
② 〔法〕兹维坦·托多罗夫：《奇幻文学导论》，方芳译，四川大学出版社，2015，第17页。

有着千丝万缕的关系，特别是对启蒙之后的当代人而言，神话作为一个现实的"平行世界"，虽然指向过去，但却是穿梭于现实与幻想之间的天然桥梁。没有人会否认《魔戒》、《哈利波特》甚至《冰与火之歌》这样的幻想文学作品与神话之间的关系，由于这类作品多数叙述的是过去发生过的事情，其中丰富的象征、符号和原型甚至成了作品成功的关键。但是当人们将目光移向未来，这种关系似乎就截然断开了，尤其是科幻题材，经常被认为是神话的反面。在未来的幻想世界中，科学和理性仿佛已经取代蒙昧的神话成了唯一的主宰，神话只能被当成陈列在博物馆里的琥珀，接受怀旧者和好奇者的凭吊或嘲讽。理性能照亮一切，不会投下阴影，这本身就构成了现代科学最大的神话。

从传统的角度来看，神话或许是与科学水火不容的。作为原始思维的承载者，神话与理性相反，是启蒙的对立面，甚至是与真实和逻辑相反的概念，可以说现代科学就是在将自身区别于神话思维的过程中才逐步建立起来的，这种决绝在经验主义者身上表现得尤为明显。但这种分割和决裂在文学作品中并不像人们设想的那么简单，特别是在科幻文学的创作领域。相对神话，现代科学为自身划出了较为明确的边界，要重审二者的关系，有必要对神话一词做出更为清晰的界定。如果我们跳过关于神话定义的种种论争，接受功能主义的观点，把神话理解为人类在特定阶段信以为真并且发生了根本性影响的一套叙事，神话与科学之间的关系显然并非泾渭分明。美国神话学家罗伯特·西格尔在其高屋建瓴的《神话理论》一书中，开篇就用第一章整体回顾了"神话与科学"的关系。西格尔认为，当代社会对神话的主要挑战来自科学，因为人们认为神话对世界的解释不符合科学原理就对之弃若敝屣。[①] 但更多的时候，科学与神话是一种复合共生的互动关系，从斯多葛派哲学家用寓言的方式重新解释神话，到维多利亚时期的科学家努力剥离神话中的科学成分，以此维护科学与信仰的双重权威，再到列维－斯特劳斯明确主张，神话是现代科学的原始对应物，所有这些观点无不表明：科学与神话有着千丝万缕的联系。马林诺夫斯基认

---

① 〔美〕罗伯特·A. 西格尔：《神话理论》，刘象愚译，外语教学与研究出版社，2008，第 176～201 页。

为，巫术和宗教在原始社会中发挥着与科学同等的功能，对特罗布里安岛的文化和人群了解越深，这位曾经的物理学家对神话就越是看重。神话是人类社会想象未知世界的一种方式，并不会彻底从人类的思维结构中被清除，必然也会影响我们对未来的幻想。由此可见，神话与科学在科幻小说中一直是一种共生关系，其中科学含量的多少并不是评价科幻小说的唯一指标，理解这种精神结构及其影响是理解科幻小说的必要维度。

从神话学的角度来看，神话不仅是古老的故事，还是一套隐喻符号，其中沉淀下来的思维结构，对现实和人们的行为方式产生着决定性的影响。今天英文中的"myth"一词源自古希腊，而从古希腊时代开始，这个词本身就迷障重重。诗人们在使用这个词的时候根据语境不同包含了几种完全不同的内涵，比如表示"话语""言论""故事"等，比如在《奥德赛》中，当忒勒马克斯告诉他的母亲佩涅罗佩回到楼上去，把 muthos 留给男人的时候，这个 muthos 指的就是"公共的辩论和讨论"，但是当忒勒马克斯请求涅斯托耳告诉他，关于自己的父亲他听到了哪些故事和传说的时候，他使用的也是 muthos 这个词。在《伊利亚特》中，福尼克斯（Phoenix）特意区别了 muthos 与 ergon，用前者表示语词（word），后者则表示事件（deed）。他告诉自己的学生阿喀琉斯，自己已经将他培养成了一个言说者和行动者。甚至于，古希腊人在使用这个词语的时候，并不刻意区分真实或虚假。在欧里庇得斯的剧作《厄勒克特拉》中，女英雄承诺要告诉丈夫全部的实情（mython），而她对事实的掩盖却显得无关紧要。希罗多德在《历史》中使用这个词的时候则很多时候是指错误或虚假的信息，比如当他叙述关于大英雄赫拉克勒斯的故事（muthos）时，就明确表示，这样的故事毫无事实根据。[1] 按照阿兰·邓迪斯对于神话的经典看法："神话是关于世界和人怎样产生并成为今天这个样子的神圣的叙事性解释"[2]，它在一个社会中充当着世界观和价值观的基础，因而经过理性化之后的神话

---

[1] *Theories of Myth: An Annotated Bibliography*, by Thomas J. Sienkewicz, Magill Bibliographies, The Scarecrow Press, Inc. Lanham, Md., & London and Salem Press, Pasadena, Calif., & Englewood Cliffs, N. J., 1997.

[2] 〔美〕阿兰·邓迪斯著《西方神话学读本》，朝戈金译，广西师范大学出版社，2006，第1页。

与迷信的神话有所不同，其根本特征表现在：为当下的社会秩序和道德伦理提供基础的合法性论证。从这个角度来看，现代人拥有了升级版本的神话，而非彻底背离了神话。只不过这种神话对我们来说显得天然正当，不容怀疑，而这正是"神话"的基本特征。

二 科学与神话之间有关系吗？

神话学家戴维·李明在《神话的世界》（*The World of Myth*）一书中，将宇宙大爆炸理论置于创世神话的分类下，并且给出了这样的解释："那些关于起源的神话常常在特定文化中被当成事实，直到他们被发现是彻底的'神话'"。① 在他看来，所谓的神话就是界定了一种文化中最重要的事项，记录我们的文化中关于人类在宇宙中的位置以及对宇宙的解释。基于宇宙大爆炸理论，科学家会生发出这样一套世界观：我们每个人本质上是普遍联系的，因为追溯到最初的创造，今天构成我们的所有材料都是一体的；由于人类历史上从来没有人从这个角度思考这一点，所以我们是全新一代人类，因此人类的未来也必将被这样一种新的创世故事塑造。宇宙大爆炸理论几乎是现代科学的一个标志性共识，但按照科学本身的标准，仍然是一个有待证实的假说。在他的另一本名为《欧洲神话的世界》的书中，他分析了众多现代科学神话来论证欧洲神话模式与基督教的霸权地位。比如詹姆士·拉夫洛克（Lovelock）所提出的盖娅假说，不仅运用了希腊的大地母神的名字，而且整体调动了欧洲神话模式，虽然作为一个科学理论，其中主要用到的都是热力学、大爆炸理论和进化论学说，但这本质上还是一则神话。因为它像大多数神话故事一样，讲到了人类的灾难，讲到了堪称普遍希望或终极希望的东西。② 大母神的思维原型和末日与拯救的神话结构呼之欲出。这样的神话模式，不仅帮助现代科学假说借助古希腊和基督教神话思维模式的余威获得了更广泛的认可，甚至使得欧洲式的神话模式成为科学地想象未来的普遍模式。但与此同时，盖娅假说也是

---

① David Adams Leeming, *The World of Myth*, New York: Oxford University Press, 1990, p. 41.
② 〔美〕戴维·李明著《欧洲神话的世界》，杨立新、冷杉译，生活·读书·新知三联书店，2010，第 198 页。

对人类自我中心主义神话的破除，从而与基督教的拯救神话构成对照，因为除了人类，世界上还有其他需要被关注的生物，只有通过全面系统地关注弱势群体，结成一个共同体，人类才能获得更长久的生存。这种新型的共同体观念，显然超越了族群、性别等已有传统，可见一种神话模式往往会带来一整套世界观和价值观的更新。

神话学家凯伦·阿姆斯特朗将现代神话放在人类神话与信仰的悠久历史中理解："现代化的过程使得西方经历了一连串的重大变迁：它导致工业化和连带而来的农业转型，知识上的启蒙，以及政治和社会的革命。这些巨大的变迁自然便影响了人们对自己的看法，也使得他们重新修正自己与传统称为'神'的终极真实之间的关系。""古老闻名世界的老旧保守心态，在西方便由渴求变迁和认定持续发展是可行的信念所取代。""历史研究由新的神话——亦即进步的神话取代。"① 这种现代神话，揭示了科学与神话关系的另一重维度，即科学的神话化。加拿大当代著名作家玛格丽特·阿特伍德认为，"神话是在自己的文化中占据中心地位的故事。人们对它格外认真，依据神话制定自己的礼法，规范自己的精神生活，甚至为了神话传说而开战"。今天，"这些故事转入地下状态，或者以其他的表现形式堂而皇之地再次登场，比如艺术、政治意识形态"②。根据阿特伍德对美国的观察，从 20 世纪 30 年代以来，从科幻传奇到科幻小说，这个词组的重心从传奇、小说转向了科学。这是科幻小说中科学性与传奇性成分配比的对调，也标示着主流话语的转向。看起来今天的科幻小说越来越强调自己与科学的亲缘关系，对神话弃若敝屣，这是否就是科幻小说的唯一方向和使命？阿特伍德显然并不认同科幻小说的唯一"硬核"，在她看来，科幻小说应该拥有更广阔的视野：

1. 探索受推崇的新技术完全应用的后果，并用具体的形象方式展现出来；

2. 通过将人向非人的方向推至极致的方式探究人的底线和本质；

---

① 〔英〕凯伦·阿姆斯特朗著《神的历史》，蔡昌雄译，海南出版社，2001，第 335 ~ 336 页。

② 〔加〕玛格丽特·阿特伍德著《在其他的世界：科幻小说与人类想象》，蔡希苑、吴厚平译，河南大学出版社，2018，第 67 页。

3. 通过展示经我们刻意假定并重组的社会结构来拷问现有的社会组织形式;

4. 通过大胆地引领我们游历人类从未涉足的地方，或重访原本熟悉的地方的方法，去探究想象的极限。①

三　科学与神话如何共生?

在 18 世纪的自然神论者那里，神话与科学之间并不存在不可调和的矛盾关系，这种调和论的视角不仅不否认神话的力量，甚至有效调动了古老神话的力量推动了现代科学的发展，这种方向可以简单概括为"科学的神话化"。从自然神论者那里开始这种共生关系一直没有消除，在科学幻想作品中得到了空前的发展。比如，在传统所认识的科幻小说鼻祖《弗兰肯斯坦》中，玛丽·雪莱建立了一个人与非人之间的二元对立结构，其中关键元素可以图示如下:

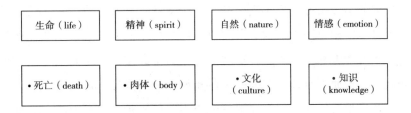

第一行的元素都是正面价值的因素，它们分别与第二行的负面因素构成了二元对立的关系，科学正是在这两极之间实现转化的关键。这种二元对立之间的转化正是列维－斯特劳斯所概括的人类神话的共同核心。事实上，作为一篇科幻小说，《弗兰肯斯坦》在科学原理和细节上语焉不详，科学在其中的功能几乎与魔法无异。但是借助现代科学这种寓言式的存在，玛丽·雪莱转译了人类所有的神话共同的内核。又因为这部作品捍卫了二元对立中的人本主义价值观，因而也可以看作一部人本主义的道德

① 〔加〕玛格丽特·阿特伍德著《在其他的世界: 科幻小说与人类想象》，蔡希苑、吴厚平译，第 74 ~ 77 页。

寓言。

事实上，很多科幻作品的基本结构和思维模式都延续了经典的神话结构，虽然作者并不一定对此有高度的自觉。刘慈欣曾经在一封公开信中用过这样一个比喻：

> 我可以用一个笨拙的比喻来描述科幻小说：假想你所在的城市就是整个宇宙，银河系就是你身处的那幢大楼，太阳系是大楼的地下室，而地球就是地下室里一个窄小的储物间，我们所有人都生活在这个储物间里，储物间的门锁十分牢固，我们在有生之年不可能打开它。

> （科幻小说）它让身处狭小空间的人们，意识到自己的渺小，让他们的思想驰骋在广阔的时空中，让其中一部分人产生冲出储物间的强烈欲望，这些人中又有一部分人会将这种欲望付诸行动。①

在这个比喻中，现实的逼仄与太空的浩渺形成鲜明的对比，人类探索外在世界的努力被凸显得正当又悲壮。这段完成于 2017 年 2 月的文字重现了两千多年前柏拉图著名的洞穴假说：柏拉图用洞穴假说表明我们的世界只是众多可能世界中的一个，在这个可能的世界中，人类自始至终被囚禁在黑暗洞穴中而不自知，掌握的所谓知识不过是真实理念投射在黑暗中的影子，悲惨地与构成他们生存源泉的根本之间隔绝。直到有一天，他们中有人偶然走出洞穴，获得真知，但必然被他的同伴排斥。这个经常被用作论证理性价值的寓言在刘慈欣这里被置换为对于人类在太空之微渺地位的形象表达，追寻理性之光的先驱者却成了刘慈欣小说中潜在的原型。在他很多作品中都能看到先驱探索者与庸众之间的尖锐对抗，比如三体系列中向外太空发出信号的叶文杰，以一己之力对抗陷入混乱的人类的逻辑，帮助人类突破三体人的封锁的云天明，他们都是获得了真知的先行者，是运

---

① 而在 2017 年初，一位就读于杭州市学军中学高一的学生马程田，作为《三体》的读者给刘慈欣写了一封信，表达了她对技术爆炸的困扰和对人类未来的思考，刘慈欣的回信后来被广泛传播，曾经在电视节目《见字如面》中被全文朗读，产生了广泛的影响。发布时间：2019 - 03 - 22 - 22：22，全文见：https：//baijiahao. baidu. com/s？ id = 1628715925 658025757&wfr = spider&for = pc。

用启蒙力量的新型救世主，但他们也都曾受到自己同胞的不解、排挤和迫害。先知必然开启向外探索的道路，但在面向外部世界的时候，人又必然带着已有的欲望、恐惧和根源于现实的想象模型。或许只有在浩渺无垠以至无限的参照系中，随着时空被放大，人的卑微与短暂暴露无遗，才能更好地体现人性之本质，这就是太空科幻的独特意义。作为中国科幻作家的杰出代表，刘慈欣经常谦虚地表达对科幻作家前辈的敬意，但他的创作显然也并非他自谦的"拙劣模仿"①，而是扎根于更为悠久的思想传统。

另一类有着高度自觉的作家则更善于调动一整套神话符号，因为神话的象征从来不仅仅是符号本身，而是凝聚着浓厚的文化内涵，负载着对人与世界关系的终极定位。作为对集体无意识情有独钟的心理学家，荣格就曾反复强调，神话象征不是比喻，不是符号，它们是在极大程度上超越了意识内容的意象。这些神话符号在文本中承担的功能也不仅仅是文化坐标，而是一套通往集体无意识的路标。英国科幻作家阿瑟·克拉克（Arthur C. Clarke）② 显然深谙此道。比如他最负盛名的太空漫游系列的原名就叫作 *A Space Odyssey*，其中 Odyssey 表示"艰苦的跋涉；漫长而充满风险的历程"，但这个英文词显然包含了古希腊荷马史诗《奥德赛》的潜在意象。后来的三部，作者甚至舍弃了 Space 这个空间坐标，保留了 Odyssey，目的就是要激活这个在西方文化中堪称奠基的神话原型。在中文翻译的过程中，这个显著的神话地标就被过滤掉了。在最浅的层次上，我们可以把奥德赛当作漫游的隐喻表达，但是这个神话符号所能唤起的隐形文化共鸣不可小觑。在西方文化传统中，奥德修斯可不是一个出门漫游的普通人，他从特洛伊岛到伊萨卡岛的十年之旅代表的是突破旧的认知范围，进入新领地，历经考验，最终回归的人类英雄，甚至成为人类挑战与进取精神的象征。纵览西方文学史，不少伟大作家都曾借这个形象抒发自我的想象。甚至到了现代主义作家的笔下，被称为"尤利西斯"的奥德修斯仍然是现

---

① 刘慈欣说过："我所有的作品都是对《2001：太空漫游》的拙劣模仿。"这句话被印在克拉克作品的中文译本的封面上，成了克拉克在中国的最好广告语。

② 阿瑟·克拉克（Arthur C. Clarke, 1917－2008），英国科幻作家，与阿西莫夫、海因莱因并称为"20 世纪科幻三巨头"。他一生创作过 100 多部作品，被翻译成 40 多种语言，多次获得雨果奖、星云奖、轨迹奖等科幻至高奖项。虽然克拉克终生致力于小说创作，但他对未来科技的精准预言常常为人所称道，被视为"硬科幻"的代表。

代人精神历程的象征。甚至在近年来研究后人类时代的赛博空间的学术著作也在书名中嵌入了奥德赛这个意象。① 在荣格看来："尤利西斯是乔伊斯心中的创造之神，他是一个真正摆脱了肉体与精神世界的繁杂纠纷而以超越的意识将它们沉思凝想的造物之神。他之于乔伊斯，正如浮士德之于歌德，正如查拉斯图特拉之于尼采。他就是那个更高的自己，在轮回的盲目纷乱之后终于返回了他神圣的家园。"② 把奥德赛变成漫游，意思传达似乎没有太多差异，但情感深度和整个作品宏大的情怀却荡然无存，这或许是文化背景不同带来的必然损耗。

在克拉克的另一部优秀的科幻作品《与罗摩相会》（*Rendezvous with Rama*）中，他表现出对神话的钟爱。书名中的罗摩（Rama）就是印度教主教毗湿奴的第七个化身，也是印度史诗《罗摩衍那》中的英雄。在这部小说中，2130 年的人类科技高度发达，在外太空遭遇了一个不明飞行物，"很久以前，天文学家们已经把希腊、罗马神话榨个精光；如今他们用的是印度众神的名字。就这样 31/439 被命名为'罗摩'。"③ 克拉克以一种戏谑的方式提到历史上的天文学家为星体命名的习惯——他们用自己所熟悉的古希腊罗马神祇为星星命名。④ 这种命名习惯当然受制于古代的认识能力，但也反映出一种将古老世界的想象投射到未知新世界的思维模式。

更有趣的是，克拉克让 22 世纪的科学家们延续了这个古老的传统，继续用古老的神祇来为新发现的天外来客命名。当然克拉克并没有止步于此，在科学家们探索这个未知人造星体的时候，他一直借用神话世界观来挑战人们习以为常的时空结构，比如在探索罗摩内部的海时，"诺顿突然

---

① 〔荷兰〕约斯·德·穆尔：《赛博空间的奥德赛——走向虚拟本体论与人类学》，麦永雄译，广西师范大学出版社，2007。

② 〔瑞士〕卡尔·荣格：《心理学与文学》，冯川、苏克译，三联书店，1987，第165页。

③ 〔英〕阿瑟·克拉克著《与罗摩相会》，刘壮译，江苏凤凰文艺出版社，2018，第6页。

④ 事实上天文学界历来就有借助神话人物命名的传统，比如古代欧洲天文学家用 Mercury、Venus、Mars、Jupiter、Saturn，这些古希腊罗马的显赫神祇为太阳的行星们命名，有趣的是，在汉语体系中则变成了水星、金星、火星、木星、土星这样符合中国人五行观念的命名，只有从天王星、冥王星的名字上还能看出 Uranus、Neptune 这两位大神的影子。可见人类用已知的神祇命名未知太空事物的传统源远流长，跨越文化。在这部小说中，克拉克甚至自己臆造了太阳的第十颗行星冥后星，名叫 Persephone，就是古希腊神话中冥王哈迪斯的妻子，更像是对这种传统的一种延续。

想起了俄刻阿诺斯的神话，古代人们相信，那片大海，环绕着整个大地"①。人们曾经用科学的方式证明了这则神话之虚妄，但一个新的时空框架却让这种看似荒诞的想象成为可能。

　　除此之外，克拉克还通过人物的角度试图建立其与传统之间的密切关系，他把人类对罗摩的考察比喻成一场考古，就像当年的施里曼挖掘特洛伊、穆奥发现吴哥窟、霍华德·卡特探索图坦卡蒙陵墓。② 当他踏上罗摩的漫长的阶梯时，船长诺顿想到的是自己以前造访过一座阿紫特克神庙废墟的经历，"他在这里有同样的敬畏和神秘感，也同样为永远消逝无可挽回的过去感到悲伤"③。克拉克甚至还在这艘星际飞船上安排了一个"第五太空基督派"的信徒，而这个教派的主要教义正是"耶稣基督是一位来自太空的访客，基于这一假设，他们还构建起一整套神学思想"。在诺顿看来，"他一直都无法理解，这些人接受过如此先进的科学技术训练，怎么还会把这些话当真，而且深信不疑"④。这正可谓宗教神话对现代科学的努力兼容。克拉克安排这样一位宗教人士在场并不是为了讽刺，因为在后文中，当船长被迫面对一个关系到全人类命运和道德法则的伦理困境，他还是默默接受了宗教徒的建议。他们拆除了水星人发射的炸弹，保护了从未谋面甚至并不存在的罗摩人。虽然这样做将人类乃至整个太阳系都置于不可知的危险之中，但促使他们做出决定的是人性的光辉："人类必须有是非之心，生存并不是全部。"⑤ 正是在这个意义上，美国科幻电影的灵魂人物，曾经成功改变克拉克作品的导演库布里克就曾经声称"上帝的观念是《2001》的核心"⑥，在科学发展的尽头，信仰和人性同时发出耀眼的光芒，这或许是宗教神话与科学之间共生关系的一个绝妙隐喻，也是对现代科学的深刻反思。

---

　　① 俄刻阿诺斯是古希腊神话中大洋河的河神，属于提坦神的一员，而大洋河正是古希腊人想象中的一条环绕整个大地的河流，与文中环绕世界的海形态一致。〔英〕阿瑟·克拉克著《与罗摩相会》，刘壮译，第 39～40 页。
　　② 〔英〕阿瑟·克拉克：《与罗摩相会》，刘壮译，第 30、36 页。
　　③ 〔英〕阿瑟·克拉克：《与罗摩相会》，刘壮译，第 60 页。
　　④ 〔英〕阿瑟·克拉克：《与罗摩相会》，刘壮译，第 72 页。
　　⑤ 〔英〕阿瑟·克拉克：《与罗摩相会》，刘壮译，第 245 页。
　　⑥ 〔英〕戴维·锡德著《科幻作品》，邵志军译，译林出版社，2017，第 16 页。

四　科幻小说的独特精神价值

科学家当然有权从科学幻想中获得灵感，小说家也无妨为自己的"先见之明"而得意，但科幻小说并不是简配版的科学报告，更不是天马行空的痴人说梦，如果对科幻文学中科学因素的强调掩盖了对其"幻想"特征的深刻探求，无异于买椟还珠。荣格说过："人们用理智的盔甲和科学的盾牌来自我保护。人类的启蒙即起源于恐惧。""因此，我们总是期待着诗人，希望他借助于神话，来使他的经验得到最恰当的表现。"① 科幻作家精心编织神话与科学，正是对人类永恒的恐惧和当下境况的表现。克拉克的天才之处就在于他对尚未发生的技术后果的寓言式思考。在最早一部的《太空漫游2001》中，造反的机器人"哈尔9000"被想象成一台最先进的人工智能机器人，在正常运行的情况下，他基本可以代替宇航员执行太空飞行的技术性工作，他性能可靠，以至于人类将唤醒冬眠宇航员这样生死攸关的任务都交给了他。但是，在太空的漫漫征程中，计算机哈尔却发展出一个可怕的念头，他要杀死宇航员来获得对飞船的控制权。这其实是一个人工智能造反的经典问题，即便是在距离2001年已近二十年的今天，这依然是一个前卫的话题。当时的设想或许显得超前，但克拉克给哈尔所设定的这个心路历程却并不简陋："有人威胁要让他断线，所有的输入都将被剥夺，他要被抛入一个难以想象、没有意识的世界。对哈尔来说，这无异于死亡。因为他从没有睡眠的经验，因此他也无法得知睡着之后还可以再次醒来。因此他要以自己所有可以动员的武器来保护自己。无关仇恨，但也不带怜悯，他将去除导致自己沮丧的根源。"② 对于依靠数据和信号存在的哈尔来说，他虽然具有了极高的智能，却没有发展出仇恨、怜悯这样的人性情感，显然是从反面奏响了人性的赞歌。

在考查人类神话的整体性图景之后，海伦·阿姆斯特朗指出："与其他生物不同，人类会不停地追问意义。就我们所知，狗并不因为它们身为

---

① 〔瑞士〕卡尔·荣格：《心理学与文学》，冯川、苏克译，第134页、第136页。
② 〔英〕阿瑟·克拉克：《太空漫游2001》，郝明义译，上海文艺出版社，2019，第179页。

犬类而烦恼，不会为生活在别处的犬族的生存状况而焦虑，更不会换一个角度来体察生命。但人类却很容易陷入绝望之中，因而从一开始我们就创造出各种故事，把自身放置于一个更为宏大的背景之上，从而揭示出一种潜在的模式，让我们恍然觉得，在所有的绝望和无序背后，生命还有着另一重意义和价值。"① 虽然科学日新月异，但人类的心理结构并没有发生同步的进化，其中的落差需要通过叙事来填补。比如在克拉克"太空漫游"系列的第一部中有一个令人毛骨悚然的情节，宇航员普尔被机器人哈尔谋杀之后，作品中出现了一个很"不科学"的比喻，已经死去的宇航员普尔，在鲍曼的呼喊下，挥了挥手，"普尔的手势让人想起《白鲸》里，缠绑在白鲸腹侧的亚哈船长尸体最后晃了晃手，好像在召唤裴阔德号船员走向死亡。"② 在麦尔维尔的经典作品《白鲸》中，亚哈船长与莫比迪克之间的斗争象征了人面对自然、面对神、面对超自然的斗争与恐惧。伴随着这个奇异的手势，这种恐惧被重新唤醒，延续到了未来，扩展到了外太空。只不过这一次，人类要面对的敌人不是来自大自然，甚至不需假手于神，而是出于自己的创造。"诗人的创作力来源于他的原始经验，这种经验深不可测，因此需要神话想象来赋予它形式。"或许这正是文学家眷顾神话的深层原因。③

在心理学家看来，人们制造神话、相信神话的冲动源自固定的精神结构："每一历史时期都有它自己的倾向，它的特殊偏见和精神疾患。一个时代就如同一个人，它有它自己意识观念的局限，因此需要一种补偿和调节。这种补偿和调节通过集体无意识获得实现。在集体无意识中，诗人、先知和领袖听凭自己受他们时代未得到表达的欲望的指引，通过言论或行动，给每一个盲目渴求和期待的人，指出一条获得满足的道路，而不管这一满足所带来的究竟是祸还是福，是拯救一个时代还是毁灭一个时代。"④

① 〔英〕凯伦·阿姆斯特朗著《神话简史》，胡雅幽译，重庆出版社，2005，第3页。
② 〔英〕阿瑟·克拉克：《太空漫游2001》，郝明义译，第169页。
③ 〔瑞士〕卡尔·荣格：《心理学与文学》，冯川、苏克译，第136页。
④ 〔瑞士〕卡尔·荣格：《心理学与文学》，冯川、苏克译，第138页。

数字"他者":试析影视文本中的机械形象

朱海琳*

摘要: 随着电子计算机技术自 20 世纪中叶发展以来,由电子技术、数字模拟、人工智能等技术带来的信息化、虚拟化、超真实化程度不断提高。作为工具意义上的机械与人发生着更为密切的关系,在影视作品中,机械形象既被人类创造讲述,也在文本中生活。机械形象已然成为人类社会中的"他者",呈现着人的认知观念。

关键词: 机械形象　文学人类学　文本　拟像

20 世纪中叶以来,伴随着信息科学技术的发展,人类学研究已在诸如人机伦理、数字文化、超人类、虚拟现实等领域展开讨论,当下的人工智能话题继续引发不同学界的批评与研究实践,文学人类学以文化文本为研究对象、探寻本文,亦有必要对此进行关注。

中国文学人类学经过新时期以来 30 多年的发展,已有的研究主要包括书面文学作品以及非文字的口头作品,如神话、传说、民歌、仪式等。当下的人机交互作品、数码创作已经进入了文学讨论的范畴,文学的表现手段和存在空间更加多元。然而,既有的文学人类学研究对当下人工智能技术的社会议题、技术与幻想下的文学作品、形象变迁阐释等讨论还较为不足。机械形象既存在于网络、影视作品、文学作品甚至是虚拟的消费场景中,也存在于文字、书面文本之外的多手段、多空间的立体的、活态的现实文本中。本文从数能时代①的机械形象入手,对影视文本中的机械形象

---

* 朱海琳,四川大学文学与新闻学院硕士生,研究方向为文学人类学。

① "数能时代"这一提法来源于徐新建在《人文及其参照物》(2018,未刊稿)一文中所提出,相对于 AI(Artificial Intelligence)而言,可以用"数据智能"(Digital Intelligence)指代基于数码程序和特定算法的人造或人为的智能,即以数据为核心,并且拥有数据计算般的传输变幻智慧与精确权威的能力、能量、能源。本研究沿用"数据智能"来指称以数码程序和特定算法为存在基础的人造智能。在数据智能的基础上认为,当下是一个被没有重量、边界不明、可被复制、可被修改、可被替换的"数据"笼罩并支配的"数能时代"。

进行人类学式的描写梳理。

形象研究是文学人类学的研究领域之一，文学人类学研究中目前已有的研究对象包括书面文学作品及非文字的口头作品，如神话、传说、民歌、仪式、民俗文学与文化，相对于当下的多元表现手段和多维的存在空间而言，是古典形态的文化内容。就形象研究来说，文学人类学形象学是运用文学人类学的研究方法，以形象本身为研究对象，通过聚焦特定形象，进行充分描写，并对形象与其所沉浸的情境进行总体阐释，以实现对社会文化文本性知识的把握。在当下已有的研究中包含城市形象、历史人物形象、传说英雄形象、神山形象、神话形象、特定族群形象等类型的研究。

兴起于后殖民时代的形象学研究侧重于国与国之间形象的差异性比较研究，及至数能时代，人类与机械人的形象差异、边界、融合同样值得关注。机械形象具有可视的具体的视觉形象，对机械形象进行深入描写，并对存在于多样性的活态文本中的机械形象在数能时代呈现的文化表征、认知观念进行阐释，在文学人类学领域的研究中是具有可行性的。

在数能时代，机械形象创作具有多元性和新异性，呈现在不同维度，包括现实空间和虚拟空间。目前已有的相关研究中，何梦云在《可见的赛博格——〈银翼杀手〉："后人类身体"的电影造型》①中将机械与身体相混合的赛博格形象分为物理层面的人－机混合、有机生物层面的人－机混合、完全人形机器、纯粹人工智能。张屹在《赛博空间与文学存在方式的嬗变》②中将人与机器的结合物分为两类：电子人和机器作者。其中，电子人包括三类：文学艺术作品中虚构的形象——观念电子人，具有技术性补充功能的电子人形象——功能电子人，将芯片植入人体连接人脑与大脑的实验形象——植入式电子人。

为明晰所研究的对象，笔者将本文所研究的机械形象限定为影视文本中，不依据创作原型进行数码创作的拟像，该形象是与自然人体特征相似或相近的非生物形象。鲍德里亚认为："目前我们所处的是一个新型的仿

---

① 何梦云：《可见的赛博格——〈银翼杀手〉："后人类身体"的电影造型》，华东师范大学硕士学位论文，2015，第19页。
② 张屹：《赛博空间与文学存在方式的嬗变》，中国社会科学出版社，2018，第60~75页。

真时代，随着计算机、信息处理、媒体、自动控制系统等技术的出现，人类的仿真能力日益强大，使仿真不再仅仅意味着对原型的模仿，仿真物发展为没有原型的事物的摹本——拟像。"① 在"仿真物"的类别中，仿真的机械形象有赖于模仿的相似性和替代性，而在"拟像"的类别中，机械形象成为数码创作的结果，由数码间的关联、修改及删除构成。

聚焦影视文本世界中的机械形象，对考察机械形象所呈现出的数能时代的人的自我认知观念具有一定的必要性。文本是对社会生活的直接或间接的记录与反映，随着信息技术的发展，纸质、书面文本等传统媒介以电子读物、影音作品的方式进入读者阅读、接受的情境中来。不存在创作原型的机械形象经由想象、拟像创作，被构筑在影视作品中讲述出来，这是关注当下机械形象所不可忽视的重要存在。

如果说文化是人类的面具②，那么可以说文学及其表述也是一种"文化皮肤"，既沿袭古今，又可以改变皮肤外貌以参与到新的社会文化或独特功能中，那么，不妨把作为人类技术产物的机械形象称为"人类的镜子"，在镜子面前，照见人类自身。在拉康的三界理论③中，想象界的"镜像阶段"是主体由"空洞的我""非我"重新建构，形成"自我"的阶段。在镜子阶段发现他镜中的形象，即作为主体的"他"自身的存在，关于"自我"的认同总是借助"他者"，借助镜中的形象，关于"自我"的意识得以确立，"自我"概念生成。因此，拉康认为，"自我"的构型，是对镜像或他人的一种想象性认同，以达成自身的统一性。与人类学的路途相似，人类学往往经过对他者的求证，抵达关于人类整体的了解之认同，这一过程是在不断寻找、不断重构中的，"他者"是表述中流动的符码。

拟像创作的机械形象是在虚拟空间层面上完成的创作有两种。其一，是人对自身他者化的设计，即以人自身为对象，在对拟像进行虚拟创作的同时反观人类自身，对人类进行重新审视，这也是将自身他者化的过程，

---

① 清华大学科学技术与社会研究中心组编《赛博空间的哲学探索》，清华大学出版社，2002，第72页。

② 参见徐新建《解读"文化皮肤"：文学研究的人类学转向》，《文化遗产研究》2016年12月。

③ 参见吴琼《雅克·拉康：阅读你的症状》，中国人民大学出版社，2011。

并将这种相似或对立的关于伦理与真实、虚拟的思考带入人对自身他者化的拟像设计中。其二，对客体化的人自身所处超自然世界的设计路径，即把客观化的人类自身作为主体，为其创造一个完整的虚拟自然界，是数能时代的人类在机械形象的创作中将创作者自身"神化"的体现。

在当下数能时代，将机械形象作为人类社会的"他者"进行描写，能够照见人类在机械形象上寄托的自我与对机械的感知，从而更好地理解人与当下。

一 人关于自我的认知

智能性、相似性是机械形象在数能时代具有的鲜明特征，随着科学技术的不断提升，机械形象在外形、肢体功能方面与人类的相似度和替代度不断提高，甚至可以结合其他生物器官的优势功能，局部仿照其他生物的生命原理，使人类与其他生物的优势功能混合，强化机械形象的功能性。除人类外形之外，人类的语言、逻辑、习惯乃至情感等，也是机械形象试图模仿探索的领域，以实现更高程度的"智能化"。当仿人形机械形象在语言和思维方面与人类相近时，人类与机械形象互为镜像，由此更深地确立了人何以为人，以及人与机械的边界。

列维–施特劳斯认为："当代科学正趋向于跨越这条鸿沟，愈来愈多的感官资料被视为一种有意义、具有一定真实性并且可以解释的东西，而逐步被整合到科学解释的范围之中。"① 施特劳斯在这里说明的是，置身于科学世界，科学思维既不意味着具有数学性质的绝对真实，科学思维的确立也并不意味着对感性、虚幻的感官世界、神话世界的摒弃或对立。在此处，施特劳斯以哲学领域关于数学观念起源的经典性理论之一为例，讨论道："人类的心智犹如一张白纸，初时空无一物；之后所具有的一切，均系由经验的习染所致。"② 对于复杂的现象或文化，可以从与之相关的事物关系入手，探查其所构成的整体，逐渐理解整体复杂的现象。科学的视野

---

① 〔法〕列维–施特劳斯：《神话与意义》，杨德睿译，河南大学出版社，2016，第15页。
② 〔法〕列维–施特劳斯：《神话与意义》，杨德睿译，第16页。

早已不再局限于"量"的层面，在"质"的层面也试图通过把握规律加以模拟描述出来，如被认为以"感知"为主的不可计数的气味等。以科学思维对感官资料进行整体解释，认为"知觉何以形成如此的知觉"是一个真实存在的命题，对其进行观察梳理解释，列维－施特劳斯认为这同样是科学的范畴。

人类对机械形象的感知信息存在于人类创作的机械形象作品中，读者在阅读、想象的层面接收机械形象承载的信息，再在脑海中还原出或建构出机械形象。该形象生活在文本世界或人类象征认知世界中。与传统文学文本的阅读接收相似，作品中的形象本身，即机械形象本身，就在讲述着信息。在此以人类创作的机械形象为例，进行分析。

由亚历克斯·嘉兰（Alex Garland）导演的电影《机械姬》（Ex Machina）在2014年上映，影片讲述了搜索引擎公司老板纳森对一款新研发的人工智能产品"伊娃"（Ava）进行图灵测试的过程。该影片是对当下科学在人工智能发展进程中，关于人机边界、人何以成为人的呈现和反思。

这项图灵测试由公司员工凯勒布具体执行，试图通过测试确证本质是计算机的伊娃是否具有人工智能，最终的判定标准是，机器人能否通过与执行测试的人类进行互动，利用他获得逃生机会。而凯勒布事先接收到的任务是，判定是否感觉到机器有意识。

早在测试开始前的很长时间里，纳森借助搜索引擎全面了解并掌握了凯勒布的个人喜好、价值倾向等信息，设计出在外形、面容、性格等方面皆符合凯勒布审美的机械人伊娃，由凯勒布对伊娃进行图灵测试。实验设计中，伊娃应当通过自我意识、想象力、伪造、移情等感性能力，利用测试者凯勒布，成功逃生，获得生存的权利，与此相反，她将会被重新删除、改进，直到下一代伊娃诞生。对于伊娃通过测试最终需要利用自己这一点，凯勒布是未被提前告知的。

在人类对伊娃进行图灵测试过程中，伊娃表现出近乎自然人的语言表达系统和思维情感，而且能够在很大程度上理解真实人类的意识，为获得生存的权利，利用和摧毁创造者。在人类对伊娃进行创作、测试接触的过程中，伊娃的"智能性"和人类对机械的感知呈现出来。

影片以测试者凯勒布与伊娃的六次对话推进展开。

在第一次对话中,伊娃表现出极高的自由混合语言模式。徐新建曾论及"我言,我才在"①,即言语、表达对个人主体的重要性,伴随着"言说"这一行为,个体生命得以呈现和展开,具有存在的意义。伊娃的语言能力和对姓名、自我身份"一"的认识,既是伊娃自我概念的表现,也是包括设计者在内的人类对自身"人"的身份的最初确证——言语能力和关于"我是谁"的认知。伊娃体现了完备的意识,意识的确立意味着自我概念生成,完成自身的同一性。

第二次对话时,伊娃不仅体现出自身的思维意识,更能理解并运用凯勒布的思维意识,即自然人类在社会交往中的交流和共情的能力。在仿真机械形象层面之外,接近于天然状态下的人类大脑。伊娃的脑部由胶质结构组成,能够容纳记忆、思维,通过读取搜索引擎,习得人类的思考方式、情绪变化以及缺陷不足。

第三次图灵对话测试中,伊娃诱导并开始利用凯勒布对自己的情感。当伊娃将自己装扮成人类的模样,遮盖起机械结构的身体,人类对机械形象的距离感更进一步缩小。凯勒布对自己这种"不自觉"的感情感到出乎意料和难以置信,伊娃有着机械构造的外表,但在凯勒布眼中,伊娃是具有自然人类的情感和对生存的渴望的女性,凯勒布陷入了对伊娃和纳森信任选择之间。纳森的实验关键之处也在这里,即当执行测试的人类明确知道自己面对的是机器时,是否感觉到它具有意识。也就是指凯勒布是否认为伊娃具有情感和思维意识。

第四次对话中,伊娃表达了对凯勒布的这场测试感到伤心,并坦言实验室停电是自己为摆脱纳森所为,进一步强化了纳森在凯勒布心中虚伪、残酷的形象。测试后,凯勒布开始幻想与伊娃交往的情形,纳森继续以伊娃的爱和痛苦误导凯勒布,增强他拯救伊娃的决心。

第五次对话中,伊娃站在与人类平等的立场发出关于自主性的疑问,诉说对凯勒布的情感。此次测试之后,凯勒布不认为伊娃应该被删除,作为测试者的他在影片中引用了一句话:"我变成了死神,世界的毁灭者"。②

---

① 徐新建:《表述问题:文学人类学的起点和核心——为中国文学人类学研究会第五届年会而作》,《西南民族大学学报》(人文社会科学版)2011年第1期。

② 影片《机械姬》1:05:54处,凯勒布引用奥本海默研制出原子弹后的慨叹。

而他认为自己不应该毁灭伊娃，应该带伊娃逃离被控制的实验室，开始为带伊娃逃离实验室做准备。

第六次对话中，伊娃明确发出帮助请求，凯勒布告知伊娃要带她逃离实验室的计划。对话后的当晚，伊娃第一次走出房间，看到与自己身上相同的制作原料时，对于伊娃来说，那是自己的一部分，同时也说明自己的每个部分都是可以被替代、被更换、被消除的，伊娃在这里无法生存，只会被更新。伊娃选择杀死自己的创作者，利用并放弃对自己怀有信任和感情的凯勒布，离开了它的诞生地。

影片中伊娃通过了图灵测试，这部影片由此也引发了各界对技术边界伦理的关注，反思机械在何种智慧程度下能够被认为是"人"。

在这部作品中，人类创作的机械形象具有人类美丽、共情、智慧的特质，能够利用人性的欺骗、伪装、自私等手段实现生存目的，正如人性的善与恶并存，不同的是，实验室中的伊娃不受社会伦理道德约束。作品所展现出的机械形象通过程序输入了人类的智慧和能力，具有格外强大的力量，仿若神话史诗中的创世英雄。令人印象深刻的是，影片尾声，伊娃将要离开实验室，进入人类社会，在陈列着人工智能部件的展示柜前，伊娃依次更换自己残缺的手臂，粘贴人类的皮肤以覆盖闪闪发光的机械构造身体，再以金色的长发装扮，穿好连衣裙……整个过程从容、优雅，仿佛迎接新的生命一般神圣。在某种意义上，笔者认为这是伊娃选择"文化"的过程，是伊娃具有"社会性"的开始。反观人类自身，进入社会群体的过程，是一个文化认同的过程，如同伊娃对外表的装扮一样，外在的装扮是社会文化的一部分，伊娃选择了人类的皮肤、妆发，也就意味着选择了某种社会文化。反之，对于伊娃即将进入的人类社会来说，也意味着同一社会文化中的多元的可能。"人的行为到底是一个文化范畴。人的行为总体表现了人对自己、社会及自然的看法和态度，是深受人的文化背景影响。"① 在人类文化中，伊娃真实的机械构造身体显明地讲述着它的"差异性""非人性"，而装扮过后站在人来人往的十字路口，并没有任何人类惊讶地注意到它，看上去"人们"都是一样的。

---

① 高宣扬：《哲学人类学》，三联书店（香港）有限公司，1990，第135页。

人类对机械形象的感知，诸如冰冷、暴力、温暖，以及对天然皮肤的亲近、对机械部位的"异样态度"，诸多认知差异性的背后是人类的主流文化背景，每个人都穿戴着文化的皮肤。

二　人关于外部世界的呈现

拟像创作的机械形象所处身的外部世界情境，亦是在讨论机械形象与人的自我认知之后紧接着需要关注到的，在此，既包括人类将机械形象建构在怎样的外部世界中，也包括人与外在于"我"的、感受到"非我"的外在之间的矛盾认知呈现。

就前者而言，"外部世界"是指人类为客观化的机械形象创造的适配的虚拟世界，即以机械形象为主体，将自然关系、社会关系纳入机械形象的构成范围内，作为机械形象生活的世界。在这个过程中，人类在数能时代仿若再次获得了女娲造人般的赋予生命的权利，是在"由神到人"的解构反思与日常生活化之后，出现的以技术力量赋权的"由人到神"的神化体现。

以美国 2016 年乔纳森·诺兰执导的科幻类型连续剧《西部世界》（West World）第一季为例，剧中设定了一个真实的成人乐园。成人乐园中具有时间线和故事线索，任何人类都可以通过金钱进入其中无拘无束地游玩，成人乐园中具有和地球世界生态中相似的野生动物、山川景观，其最特别之处在于由人型机械接待员扮演特定角色，以上元素共同构成游戏中的固定故事脚本。机械接待员在外形、容貌、发肤等方面和人类极为相似，不同的是，其社会关系、行为表征、言语反应皆是机械化地预先设定，是故事脚本的内容。机械接待员日复一日地经历着人类控制下的被删除、被修改、退回剧情原点的程序。直到部分机械接待员发生了觉醒，意识到自己是故事中被叙述、被限定、被安排好的角色，在往日故事的记忆中，即此前几轮的游戏中，机械接待员经受着人类玩家释放在它们身上的杀戮和伤害，它们回忆起"自我"的身份、友情和爱情，感受到痛苦、怀念、喜欢等情绪，决定采取措施反抗这一切。

对于游戏乐园的创造者来说，包括机械接待员在内的整个游戏世界，是他的思想、灵光、创造，既是令自己迷醉的杰作，也是其个体生命的一部分，在后续剧集中，创造者甚至做了一个与自己一模一样的机械人。

对于机械形象所处身的虚拟世界来说，人类在仿若上帝的视角上主宰"排演"他者生命和故事，是人类自我中心呈现，是创世神话的原型回向。从进入该虚拟世界游戏的人类视角来看，游戏世界与人类现实世界的边界和对照、人关于自我的认知在游戏世界中呈现出来。对于经历了被控制与觉醒的机械接待员来说，人类成为不同于他们的"他者"，人类社会成为它们或许将会进入的"异邦"，在此意义上，在"他者"的相对性、流动性中呈现人类关于自我的认知，具有更为复杂的意义。

此外，机械形象的外部世界还包括从机械形象自身的"我"出发，与机械形象自我认知到的"非我"的矛盾，如机械形象的外形和智能的关系问题，机械形象对自我的认同与机械形象的"他者"形象。即机械形象是否能够具有自我意识以达到真正的"智能"等问题，是随着机械形象的模拟改进产生而来的问题与伦理讨论。

对于自然生命意义上的人来说，"我"与"非我"的认知矛盾同样存在，即自我的同一性，始终在人类求索和领悟的生命路途中。在此并不讨论灵、魂、心、身的区别意涵的问题。而是关注机械形象所呈现的人本身有关自我的矛盾认知。

关于人本身的矛盾认知的探索较早有笛卡儿关于身体与心灵的讨论。笛卡儿认为身体与心灵二者是矛盾的、截然二分的，是两种完全不同的实体，心灵是本质，理性的心灵才能揭示世界的本质。在梅洛－庞蒂看来，身体和主体是同一个实在，心灵的根源在身体之中，身体是显现的主体，知觉世界是"身体－主体"向外扩展所感受到、形成意识的背景。[1] 梅洛－庞蒂认为世界是经由身体感知到的那个东西。虚拟现实的实践能够通过身体获得心灵上的真知，这对笛卡儿的二元论来说是一个反驳，虚拟现实中的人以感性的身体感知为主，获得近乎真实经验的人工经验。

机械形象本身关于自我与"非我"的矛盾在以士郎正宗的《攻壳机动

---

① 参见清华大学科学技术与社会研究中心组编《赛博空间的哲学探索》，第59页。

队》① 中亦有涉及。《攻壳》于 1989 年以漫画形式连载于日本杂志，1995～2017 年间，日本导演押井守、神山健治以及英国导演鲁伯特·桑德斯都以此为题材进行动画、电影等体裁的改编。在此所谈及的《攻壳》不限于漫画、动画或电影作品形式。

《攻壳》系列作品的故事设定发生在近未来，经历世界大战之后的日本，科学技术水平得到极大提高，机械仿拟人类、自然人义体化的程度不断加强并逐渐交错，人类与义体人、机器人、生化人、克隆人等类型的"人类"共存，且相互之间的界限融合模糊。对于义体人、生化人、机器人、克隆人来说，自然人在经过不同程度机械构造后，与经过机械改进所组成的身体之间的区隔和连接是同时存在的，在此以表格的形式对不同类型形象进行说明。

《攻壳》中不同类型的"人"

义体人 （Cyborg）	即"赛博格"，本文绪论部分已作论述。在《攻壳》作品中，将"Cyborg"翻译为"义体人"更为准确	义体人和机器人的区别：机器人只有 AI，没有 Ghost 义体人有 Ghost
机器人 （Android）	搭载 AI 作为大脑，利用全身义体化技术做出来的人形/非人形机器人，能够自主行动	
思考战车 （Aachikoma）	公安九课的多用途装甲兵器，搭载 AI，通过人造卫星同步信息，能够实现自主思考、无人驾驶，拥有智慧和感情，具有不同的个性	
生化人 （Bioroid）	通过遗传工学制造的人造人，存在 Ghost	生化人与义体人的区别：义体人有繁殖能力，生化人通过遗传工学制造得以繁殖
克隆人 （Human cloning）	通过克隆技术繁育出来的人类	

在《攻壳》讲述的世界里，科技对自然人类机能的拓展发展到生化电子义体程度，通过机械技术安装义体，义体能够代替除大脑以外的所有人

---

① 《攻壳机动队》英文名为"Ghost in the Shell"，后文中再提到《攻壳机动队》时简称《攻壳》。

体器官，人的大脑也可以改装为能够链接互联网的电子脑，于是渐渐有了越来越多的义体人。在此情形下，从未有过的电子犯罪开始泛滥，针对这种犯罪问题的特别情报机关——公安九课应运而生，主人公草薙素子（"少佐"）担任队长。《攻壳》系列在公安九课打击犯罪的叙述过程中，伴随着诸多问题的探讨，如人类与机器之间的界限，关于人的本质的追问，等等。

在科学技术极大发展的未来世界中，机械形象类型繁多，以义体人为例，可以将其进行更细致的区分。按照义体化程度，可以分为全身义体化和部分义体化。剧中的素子和革命家久世都是第一批全身义体化的使用者，除了大脑和脊髓的一部分保留的是原来的身体外，其余全部义体化。在他们记忆的开始，他们属于自然人类，由于遭遇一场意外的车祸，面临接受除大脑和一根脊柱之外全身义体化的治疗方案。以素子为例，影片对她重生的描绘充满机械秩序的神圣感和诗意，经过机械操作装配，鲜活的如同自然人类少女的身体退去金属感的外壳，义体的外表亲切如故，完美自然。素子的身份授予、身体制造、身体维护与国家机构的军事科技勾连关系异常紧密，"科技掌控自身的一切，从身体零件制造维修到新陈代谢管控都无一幸免"[1]。素子和久世时常感到"我"与"非我"的矛盾，陷入深远的孤独。

"Ghost in the Shell"中的"Ghost"不同于"灵魂"概念，这里特指"人类在互换性的机械身体内产生出的自我概念，是区别人类与机械人的最重要标志"。[2] 对人的本质进行思考，意味着具有自我概念。在信息和科技极为发达的《攻壳》世界，什么是"我"，"我"是谁，成为该剧不断提及的命题。令人印象深刻的是，剧中义体化的人其实无须进食，如素子、久世，但义体人仍旧会给自己准备一种特殊的娱乐食物——义体人专用食品。在此，饮食不是因为饥饿，而是为了回忆进食的感觉，是在"我"的意义上"成为我"。

---

[1] 廖勇超：《从增能补缺到焦虑伦理：谈押井守科幻三部曲中的后人类伦理》，《文山评论：文学与文化》2014年第1期，第16页。

[2] 出自豆瓣 Section - 9 小站：https://site.douban.com/139572/widget/notes/6481100/note/195146838/，最后访问日期：2019年2月19日。

《攻壳》系列对未来世界中自我的存在等命题进行了淋漓尽致的想象，创造了一个在“提前到来”的未来情境下的机械形象的想象空间，在未来思考当下的人的自我观念。

聚焦于文本世界中拟像创作的机械形象，机械形象作为人类生活中的另一“他者”，通过文本世界呈现其“自我认知”，这一实践发生在人类社会文化背景下，因而不可避免地受社会文化的影响。包括人体生物属性，诸如妆发、皮肤的亲近与机械钢材的温度，人类自我的外在与内里的“自我”达成一致的认同……从文学人类学的研究视角对其进行考察，首先着眼于机械形象这一他者本身，从他者出发，开始描述与阐释。拟像创作的机械形象认知是在有限影响因素干扰下的更为纯粹的、理想的环境中的形象，在此是为影视文本中的虚拟环境，在此环境下对人的认知进行考察，能够呈现原初的本根的人的认知。

笔者认为，机械形象是数能时代相对于人类而言产生的“他者”，也是进入数能时代人类生活的一个“他者”。人类生命意义与情感价值在“他者”对人类身体物理性和功能性模仿加强的同时，更凸显出其具有温度的意义。人类关于“人何以为人”“我与非我”的命题延续至文本作品所呈现的机械形象身上，这并非意味着人类在数能时代的不确定、矛盾、残缺或需要诸如脑机融合之类的技术改进，而正是人之为人的存在，即关于“我”的反思与追问，这正是人的意义本身。也是人类学与文学人类学研究所强调的，以主位视角对他者进行研究，通过他者，回到人类自身的反思。

神义还是人义

——希腊神话传说中的朴素正义观及其隐忧

阎辰雨　李应志*

摘要： 朴素正义观念的形成代表古希腊初民对人类文明和社会伦理秩序的原初认知。其主要表现为"以血还血，以牙还牙"的报应正义。通过对希腊神话传说背后的社会和宗教生活的考察，我们一方面看到初民对朴素正义观念的高度认可，但同时也流露出了对这一尚未发展成熟的伦理正义观念的担忧。

关键词： 希腊神话传说　伦理　正义

一　朴素的正义观：希腊律法的前奏

在古希腊神话和传说中，充斥着侵犯和暴力，所以需要"以血还血，以牙还牙"的现世报来彰显一种原始的正义维度。这种朴素的正义观具有以下特征：第一，这种正义多表现为个体自发行动的私人复仇，可上升至伦理的维度；第二，对僭越行为进行惩戒的标准和尺度，比较抽象，不甚具体；第三，这种朴素的正义观主要体现为一种渴望伸张正义的复仇冲动。相比人类发展完备的惩戒机制来说，这种正义观还处于一种较为幼稚的状态。正是基于此，有学者提出这种正义的观念是人们在法律成熟之前解决仇恨的默认法则[2]；而按照赫丽生（Jane Ellen Harrison）的说法，则

---

* 阎辰雨，西南大学文学院比较文学与世界文学专业，硕士，研究方向为世界文学；李应志，西南大学文学院文学院教授，博士生导师。

② 杨德煜：《希腊神话传说中的复仇主题研究》，浙江工商大学出版社，2016，第1页。

是对"忒弥斯"（Themis）^①——的分享。所以，我们习惯性为这种正义观冠以"朴素"或"原始"之名。

在古希腊神话传说中，彰显这一朴素伦理观念的最知名的一例便是荷马史诗《伊利亚特》。该史诗演绎了特洛伊王子帕里斯作为不贞洁的座上客，诱拐了墨涅拉俄斯（Menelaus）之妻海伦的神话传说^②。帕里斯对海伦的诱拐，致使神圣而互惠的宾客之仪遭受亵渎，促使"宙斯的正义"（ἡ τοῦ Διὸς δίκη）摧毁了特洛伊。在荷马的诗歌里，诗人通过阿伽门农征讨特洛伊的胜利歌颂了宙斯的正义。

在珀罗普斯（Pelops）系传说中，梯厄斯特斯（Thestius）诱奸阿特柔斯（Atreus）之妻是对被男性控制的家宅（oikos）^③的侵犯。梯厄斯特斯的亵渎，导致阿特柔斯令他吃自己的孩子之肉作为补偿，而这一行为又进一步触犯了家族及其宗教禁忌，从而引发了梯厄斯特斯对珀罗普斯一族的诅咒。神听取了这一诅咒，致使从阿特柔斯残杀梯厄斯特斯子嗣开始，家族血仇不断。其结果就是无休止的血债血偿以及与这种复仇相关的循环往复的污染^④。

从这些神话和英雄传说的叙事策略我们可以发现，在早期希腊人的观念体系里，破坏人与人之间交往所谨守的平等互惠的原则从来都不是一件

---

① 近年来，国内有不少学者认为："忒弥斯"是西方的法律女神，并把她想象为公正、正义等抽象概念的化身。本文认为，这些提法大多只注意到"忒弥斯"这一希腊神话特殊文化概念的表面。根据赫丽生对《伊利亚特》里忒弥斯执行职能的考察，位于宙斯之上的忒弥斯作为集会的化身，承担的却是"信使"（the service of a herald）的任务。通过深入分析，赫丽生发现，忒弥斯实际上是从固有的惯例和众多的舆论中诞生出的女神，是维系人们团结的力量，是"群体本能"。在她身上孕育着一切古希腊初民认为是文明的东西。随着历史的演进，这些心理共识随时准备着外在地转化为必须遵守的法令和社会强迫人们遵守的规范。所以，赫丽生强调，"在众神各自形成自己的形象之前，忒弥斯就已经存在了；她不是宗教（按：也不是法令），但却是宗教得以形成的原材料"。本文在论及朴素正义观时，只取"忒弥斯"原初的文化心理结构方面的含义。（参见〔英〕简·艾伦·赫丽生《古希腊宗教的社会起源》，谢世坚译，广西师范大学出版社，2004，第478～480页）

② 〔古希腊〕荷马：《荷马史诗·伊利亚特》，罗念生、王焕生译，人民文学出版社，1994，第60～61页。

③ 〔加〕科纳彻：《埃斯库罗斯笔下的城邦政治》，孙嘉瑞译，华东师范大学出版社，2017，第271页。

④ 郑振铎：《希腊神话与英雄传说》，上海书店出版社，2006，第483～521页。

小事，因破坏伦理秩序而遭受惩罚更是常有的事情。那么，为什么关于侵犯与惩罚的正义的原初叙事历来是古希腊神话语境中不可或缺的思想主题？追溯西方文明的原初认知，我们发现，初民对伦理秩序不可僭越的看重，甚至不惜用残忍、极端的报应复仇方式进行正义的维护。这种朴素的正义观，大多是针对因过分的傲慢、自私和狂妄自大，以至于失去了伦理的自我限度的行为进行的一种约束，其本质为一种社会共识。它反映了初民对群体社会和个体之间关系的认知。在初民的意识和潜意识中，如果僭越伦理秩序的行为得不到惩罚，正义得不到彰显，伦理秩序的有序便岌岌可危。朴素的报应正义观念的背后表现了初民对这种扰乱社会秩序潜在威胁的担忧和恐惧。它要求人们在社会关系的处理中，表现出冷静和自持。朴素正义观对人的僭越本能①的钳制，和由惩罚所带来的敬畏之心，对维护社会伦理秩序具有一定的正当性。

所以，希腊神话传说中反复重申的朴素的正义观意指伦理秩序的不可僭越，它作为一种富有伦理意识的朴素的正义观，虽然具有原始、不成熟的一面，但也有在当时社会得以存在的合理之处。

二　朴素正义的效力问题

为了说明朴素的伦理正义观到底在初民的观念中具有怎样的效力以及具有怎样的特性，我们需要通过挖掘这种正义观的表达方式背后的宗教内涵来考察诉求正义的一方如何与古老神祇之间建立起牢不可破的契约关系。这种关系决定了对朴素正义观的违背，是神的威严的沦丧，故而朴素正义观的落实必定会有神的支持和在场。那么，初民诉求正义的方式到底

---

① 关于"僭越"作为人的本性，即作为个体人性的主观心理结构，法国哲学家吕克·费希（Luc Ferry）认为它在古希腊神话中有集中体现。在《神话的智慧》一书中，费希首先论述了为人们所熟知的普罗米修斯被缚神话是凡人僭越之原初模型，埃斯库罗斯的戏剧正是对这一母题的润色和演绎。费希强调，"凡俗之人的僭越"和"惩罚这种由僭越所体现的自负或者不节制"，进而使人们明确"回归其位"的责任，以至重申宇宙的神圣秩序（按："义"或者"合宜"〔δικαν〕）；这在某种程度上是包括普罗米修斯神话在内的众多与"僭越"有关的伟大希腊神话的真正母题。（参见〔法〕吕克·费希《神话的智慧》，曹明译，华东师范大学出版社，2017，第209～207页）

是什么呢？在希腊神话传说的语境中，聚焦于以下两种：诅咒和神誓。通过考察，我们会发现这两种表达方式，其实是关于"誓言"的两个分支，呈现出一体两面的关系。

（一）诅咒

实际上，"诅咒"的出现一直以来与朴素的正义观相伴相生。赫丽生曾在她的人类学著作中向我们指出：人类律法的诞生，开始于混沌之时。她认为在巫术还没有演变成宗教和律法之时，人们已经懂得"诅咒"某个人，"懂得用巫术和符咒约束他去做应做的事"①。巫术的效力确保了诅咒的应验，由诅咒所引起的对行为的约束力，则要求人克制、审慎，从而可以维持一种伦理有序。随后，她还敏锐地向我们指出，初民们的这种渴望正义的原初的表达方式，其宗教性的一面后来演变成了祈祷；其社会性的一面则演变成了法令②，最终演变为严密的律法，被城邦施行。

"诅咒"的效力和破坏力，在初民心中一直有着较高程度的认可。回到西方文明的原初认知，从柏拉图提出，应该将懂得"诅咒"这门技艺的人处以死刑或罚款，以建立理想国的论调，我们可以得到侧面的佐证③。他害怕"诅咒"所引起的负面的效力会威胁到理想国的建立。但是柏拉图的著作并没有明确提到，"诅咒"的效力的来源。他只是从技术——"巫术"——的角度，强调这一独特的言语方式可操作性的一面。实际上，沿着"诅咒"的宗教的一面，我们可以进一步窥探"诅咒"何以得到初民信靠和追捧的深层原因。

在希腊早期的文明语境中，诅咒和誓约、神谕一样，都是初民（尝试）与神建立联系的一种方式。因僭越、侵犯和暴力而沾染上血污的人（the man stained by blood）是初民们献给复仇女神厄里倪厄斯（Erinyes）的"神圣之物"（καθιερωμένος），这是一种"转义"由言语所引发的献祭。在这场特殊的献祭中，通过"诅咒"这一特殊的言语行为模式，建立

① 〔英〕简·艾伦·赫丽生：《希腊宗教研究导论》，谢世坚译，广西师范大学出版社，2006，第 123 页。
② 〔英〕简·艾伦·赫丽生：《希腊宗教研究导论》，谢世坚译，第 127 页。
③ 〔古希腊〕柏拉图：《柏拉图全集 3》，王晓朝译，人民出版社，2003，第 700 页。

了诸神之名与事态之间的直接关联。这一诉求正义的表达方式背后实际是一种契约关系的确立①。

（二）神誓

神誓是另一种饱含初民朴素正义观的特有表达方式。它和诅咒一样，都是一种和神的契约关系的确立。但它和诅咒向神祇"奉献"别人的言语行为模式不同：誓言在古希腊的文明中是向听取誓言的神祇"奉献"施誓者自身②，它预备防范的是施誓者对誓言本身的违反。

古希腊人对违反誓言的行为非常看重。在将对誓言进行维护的权力让渡给宙斯之前，初民认为应该有专门的神祇掌管这一社会和宗教功能。根据赫西俄德《神谱》里的描述，最初掌管这一职能的是誓言女神③。在初民想象中，誓言女神和复仇女神一样，有强大的复仇意志，她们无形无影，却能迅速地追赶并惩罚那些违背誓言的人，并为其带去不幸。初民对这种神秘力量的认可和塑造，体现了对正义和公正的看重。他们幻想着"报仇神们"具有强大和无所不能的超自然力量，以便能更好地替自己复仇和代替冤屈者伸张正义。

至于誓言女神所代表对誓言的遵守，则是维护人类社会正常运转的又一重要前提。因为，任何誓言的存在，都存在着不确定性，更准确地说，都存在着伪誓的可能性。一旦违背誓言的内容，则极有可能演变为充满仇杀、嗜血的僭越伦理秩序的血腥罪行。当时希腊的远古初民已经意识到，维护誓言权威的必要性④，故向神发下誓约，请神祇见证人类对誓言的完成。这样的言语行为模式，表明在长期的社会交往中人们达成这样一种共识，即一旦誓言的内容遭受破坏，那么神便会降罪于人。如此，将向神发出的誓言纳入正义和伦理秩序必定进行约束的范畴，是古希腊人维护伦理秩序的重要议程。

---

① 蓝江：《语言与生命形式：阿甘本与走向语言哲学的可能性》，《语言的圣礼：誓言考古学》，重庆大学出版社，2016，第 xiv 页。

② 〔英〕简·艾伦·赫丽生：《希腊宗教研究导论》，谢世坚译，第 130 页。

③ 〔古希腊〕赫西俄德：《工作与时日 神谱》，张竹明、蒋平译，商务印书馆，2015，第 35 页。

④ 〔意〕阿甘本：《语言的圣礼：誓言考古学》，蓝江译，重庆大学出版社，2016，第 17 页。

通过以上分析我们可以看到，无论是诅咒还是神誓，都是通过言语的行为模式与神之名建立联系，是早期宗教的誓言的一体两面。按照词源来看，誓言是"围绕着发誓之人而确立起来的封闭系统"，它具有强制的约束力①；诅咒和神誓的发出，经由神的见证，在初民的心中引起了惊惧和敬畏之情。对誓言的僭越代表着神的尊严的沦丧。诅咒的实现和神誓的不可违背，一方面表现了初民对神所代表的正义的敬畏感，是初民对伦理秩序表达诉求的特有方式；另外从能指与所指关系确认的角度，说明了它的效力得以确立的根源。故而有学者提出，是言语生产了诸神本身。由此，我们看到作为维系人们团结的力量和"群体本能"的朴素正义观，从其作为一种社会观念产生的角度，可说它是属于"人义"范畴的；但通过深入辨析希腊历史文明的演进，我们发现朴素正义观念的诉求又多是通过"神"的名义来获得现实效力的。所以从观念的内在心理、情感的形式看，朴素正义观似乎又是属于"神义"范畴的。其实纵观人类历史文明的进程，向"神"诉求正义的意识，进而将神想象为正义理念的化身，多发生在人类社会的早期阶段。这种观念性的想象和理解是包括宗教、艺术、哲学等胚胎在内的上层建筑，它的成熟形态便是原始社会的巫术礼仪②。它与本文随后将着重论述的，由朴素正义观所引起的对"正义"失度的反思，以及由此所生发的"人、神"标准的讨论，两者不仅有着漫长的时间距离，而且在性质上也是不同的。故应该予以相应的区分。

三 朴素正义观的双面特征

实际上，在初民对朴素正义观的效力表示高度认可的同时，还流露出了对其威力的担忧。这种矛盾的态度来自人们对日常生活经验的总结：在朴素正义观的驱使下，人们对原始正义的维护，往往在现实生活中发生对惩戒对象的划定过于简单和缺乏斟辨、伤及无辜等情况。由朴素正义观的这种双面性特征所引发的忧虑，在神话阐释者的叙事策略中也有不少相应

---

① 〔意〕阿甘本：《语言的圣礼：誓言考古学》，蓝江译，第28页。
② 〔英〕马林诺夫斯基：《巫术 科学 宗教与神话》，李安宅译，中国民间文艺出版社，1986，第61、68~69页。

的体现。

众所周知，希腊初民对伦理秩序的看重，让他们一开始便把掌管伦理秩序的神祇纳入对神的阐释体系中。如果我们按照赫西俄德的说法，在希腊神话和传说的语境中对朴素正义观的效力进行维护的大多是第三代主神之前的旧式神祇。除了之前已经提及的复仇女神厄里倪厄斯和誓言女神，还有羞耻女神（Aidos）、惩戒女神（Nemisis）、命运女神（Moerae）、正义女神（Dike）、吁请女神/祈求女神（Gods of Appeal）、强索之神（Exactors）和义愤女神。在有些版本的希腊神话里，履行复仇职能的甚至还有斯芬克斯（Sphix）。

这些"复仇女神"是如何执行惩戒职能的？这一点在赫西俄德的诗篇中也有清楚的提及。以羞耻女神为例，诗人称她的职能是敦促凡人不要滥用职权。一旦这种秩序被破坏：

> 人类将陷入深重的悲哀之中，面对罪恶而无处求助。① （《工作与时日》，第 200 行）

随后，赫西俄德又立即对"羞耻女神"的惩戒表示了担忧。他认为"羞耻心"对人类有大利——能助其兴盛，也有大弊——会招致新的"厄运"。因为过分的节制和约束会伤及弱势群体——"羞耻顾念起穷人来没好处"，毕竟"羞耻跟随贫穷，自信才能伴随富裕"（《工作与时日》，第 315～319 行）。这是从财富积累来看惩戒之神的负作用。

纵观赫西俄德诗篇，诗人以此种双面情绪进行描述的神祇还有惩戒女神。他一边在《神谱》中宣称涅墨西斯是邪恶力量夜神的女儿（《神谱》第 223 行），一边又在《工作与时日》中尊崇她为人类社会良好秩序的守护神（《工作与时日》，第 200 行）。可见，赫西俄德在描述这类专司"复仇"或"惩戒"职能的神祇时，他的态度是值得玩味的。他一面肯定她们敦促人类勿要滥用职权、维护社会秩序的积极作用；一方面流露了对这种威力的担忧。

其实，赫西俄德诗篇中反映出来的忧虑与旧式"复仇女神"所遵循的

① 〔古希腊〕赫西俄德：《工作与时日·神谱》，张竹明译，商务印书馆，1991，第 7 页。

复仇法则有密切的关系。尽管对于诸多神祇的复仇行动轨迹尚未有权威的、统一的说法，但认为她们大都遵循着"以牙还牙，以血还血"的"因果报应"原则（Kharma）。有学者将这一朴素的"正义－惩戒"原则总结为："惩罚与罪行相适宜"（the principle of the punishment fits the "crime"）的同态复仇法①。这种原则具有合理的一面，但也有血腥的一面。它的弊端主要表现在，对复仇对象的划定过于简单和缺乏斟辨，而往往造成无谓的伤害。

实际上，自荷马的时代开始，已经表露出了对这一正义原则的隐忧，到了悲剧盛行的雅典时代，悲剧家们通过诗艺，将这种隐忧推向了高峰。以本文前引的特洛伊战争为例，因帕里斯诱拐墨涅拉俄斯之妻海伦的罪行，促使宙斯摧毁了特洛伊以彰显正义的维度。对于这一神话和英雄传说公认的母题，荷马史诗对它的讲述充斥了大量关于向特洛伊人复仇的残忍描写（《伊利亚特》卷十二，第 425～430 行，卷二十，第 495～500 行），以及由此所引发的大量的无辜死亡。主要表现为清晰地记录了城市的洗劫和被征服者的遭遇（《伊利亚特》卷八，第 60～65 行），尤其是展现了英雄们如赤裸生命般的前赴后继的死亡，让人不由得以此质疑这场"伟大胜利"所彰显的"宙斯的正义"（ἡ τοῦ Διὸς δίκη）到底意义何在？神"失度"的正义，令整部《伊利亚特》沉浸在关于死亡的苦难的阴影中②。

而到了悲剧时代，肃剧家将对这种由旧式神祇所代表的朴素正义观提出了更深刻的质疑。在"俄瑞斯忒斯三部曲"的最后一部的"审判戏"中，诗人甚至主张用奥林波斯神祇崇拜时期特有的战神山法庭③（Areopagus）取代旧式神祇"厄里倪厄斯"在道德和政治层面上的权威④。埃斯库罗斯对背负弑母罪名的俄瑞斯忒斯的无罪释放，为血亲复仇的问题的解决

① Lex Talionis (Latin for "law of retaliation") is the principle of retributive justice expressed in the phrase "an eye for an eye"，转引自：http: //www. newworldencyclopedia. org/entry/Lex_ talionis.
② 〔法〕西蒙娜·薇依：《柏拉图对话中的神》，吴雅凌译，华夏出版社，2012，第 32～33 页。
③ 战神山法庭是第一个审判凶杀案的司法机构。
④ 〔加〕科纳彻：《埃斯库罗斯笔下的城邦政治》，孙嘉瑞译，华东师范大学出版社，2017，第 234 页。

提供了一种新的办法。他引入了一套新的关于正义－惩戒的形式来对抗这种原始的正义观，并试图终结人们对血债血偿、因果报应的无意识苛求。

正是基于此，我们所提出的"朴素的正义观"是一个具有双重特性的概念。这双重特性意指由朴素正义观所引发的伦理悖论。具体到文学文本，主要表现为悲剧（包括部分史诗和英雄传说）中的主人公常常需要面对难以解决的伦理冲突。造成这种悖论的局面，究其原因，主要基于以下两点：一是朴素正义观的内涵比较原始和朴素，它的血腥诉求往往滞后于（以希腊初民为代表的）人类文明发展的真正"正义"的需求；二是朴素正义所代表的报应正义，缺乏清晰的量刑原则。惩罚原则的界定不清，往往将惩罚的对象和复仇的范围扩大化，最终造成新的不幸。在悲剧家们对神话和史诗演绎的过程中，一方面保留了朴素正义观念的核心思想——主张通过相应的惩戒，遏制这种由伦理僭越所体现的自负或者不节制；同时也在悲剧中用其特有的方式，试图为对朴素正义观所激发的不合理性，提供有效的解决途径。总之，到了悲剧的时代，由这种伦理悖论所造成的张力已经远远超过了荷马的时代。

四 悲剧对朴素正义观的质疑

以悲剧时代对俄狄浦斯神话的阐释为例，这一神话的题旨是一场由"诅咒"（即因俄狄浦斯家族触犯人伦禁忌）所引发的神对人进行的复仇（revenge）。这一神话的题旨，本身蕴含着朴素的伦理"正义"观。

根据神话和英雄传说的记载，流亡中的俄狄浦斯的父亲拉伊俄斯（Laios）在珀罗普斯家族（Pelops）曾受到热情的款待，但有同性恋倾向的拉伊俄斯掳走了主人家的儿子克律西波斯（Chrysippus），并鸡奸了这个美少年。后者不堪忍受屈辱，选择自尽而死。珀罗普斯丧子引起了众神的怜悯，他们听取了珀罗普斯的诅咒，让拉伊俄斯死在自己儿子的手中，并惩罚其后代弑父娶母[1]。实际上，悲剧家们完整地继承了这一神话的正义——复仇题旨。在他们的剧作中，这则古老的诅咒从一开始就施加于弑

---

① 〔希〕阿波罗多洛斯：《希腊神话》，周作人译，中国对外翻译公司，1999，第168页。

拜统治者的整个族裔。由拉伊俄斯僭越神圣的宾主之仪，引起了其后人遭受日神阿波罗惩罚的残酷命运。这一来自诸神的惩戒意志在讲述俄狄浦斯家族纷争的悲剧中得到了清晰的展现。但悲剧家在承继这一正义题旨的同时，还对其中所暗含的朴素正义观提出了前所未有的反思和质疑。这一反思主要表现：由神的惩戒对象的扩大化引起了正义的惩罚过度的问题，以及无辜的受难者在盲目的神义面前的无能为力。

具体来看，神惩戒对象的"扩大化"主要表现为依靠自然的代际依存关系①将这种惩罚扩大为整个俄狄浦斯族裔。除了俄狄浦斯本人，包括俄狄浦斯的儿子和女儿们都因为这天然的代际依存关系遭受到了毁灭性的打击。在悲剧的叙述中，这些人对发生在他们身上的不幸本不应付有任何责任。在索福克勒斯的"俄狄浦斯三部曲"中，我们看到悲剧家不止一次在雅典人面前重申年寿将至的俄狄浦斯曾经所遭受的惩罚是多么不合理（《俄狄浦斯在科罗诺斯》，第108～110、236～253、260～274、435～444、546～548、960～999、1130～1138、1670～1675行）；俄狄浦斯的女儿们——安提戈涅和伊斯墨涅，虽然作为独立的个体，看似按照自己的意志自由地进入了神圣的领域，不过悲剧家们却雄辩地为我们展现了她们所有的行为和牺牲其实早已因为父辈的罪行被宇宙的命令以及众神本身所限制和预定：

> 俄狄浦斯：我看不见你们了；想起你们日后辛酸的生活——人们会叫你们过那样的生活——我就为你们痛哭。你们能参加什么社会生活，能参加什么节日典礼呢？你们看不见热闹，会哭着回家。等你到了结婚年龄，孩儿们，有谁来冒挨骂的危险呢？那种辱骂对我的子女和你们的子女都是有害的。什么耻辱你们少得了呢？"你们的父亲杀了他的父亲，把种子撒在生身母亲那里，从自己出生的地方生了你们。"你们会这样挨骂的；谁还会娶你们呢？啊，孩子们，没有人会；显然你们命中注定不结婚，不生育，憔悴而死。②（《俄狄浦斯王》，第1480～1502行）

---

① 〔美〕伯纳德特：《神圣的罪业》，张新樟译，华夏出版社，2005，第100页。
② 《罗念生全集》第二卷，上海人民出版社，2004，第385页。

"不结婚、不生育，憔悴而死"是安提戈涅和伊斯墨涅两姐妹被预设好的共同命运。我们看到，俄狄浦斯的后裔包括俄狄浦斯本人，都被他们的祖先所犯下的罪行所束缚。这些不幸之人没有做错什么，他们的悲剧之处就在这里。在"罪行和惩罚相适宜"的朴素正义原则的支配下，由神所代理的朴素正义观所引起的一系列错误，构成了新的悲剧维度。如此这般的正义之颠倒，正是悲剧向我们呈现的关于"正义"的伦理悖论。

而如果说，俄狄浦斯家族内部的悲剧还不足以说明朴素正义观所引发的惩罚"失度"的问题，那我们就更加不能忘记那在这一连串的事件中的更低级的众多参与者。他们是那些年青一代被斯芬克斯吞食的忒拜人（《七将攻忒拜》，第 536 ~ 542 行；《腓尼基妇女》，第 1019 ~ 1042 行），或者被瘟疫夺取性命的大批人（《俄》，第 5 ~ 6、22 ~ 30、166 ~ 183 行），因俄狄浦斯家族的内部纷争而激起的在战争中丧命的战士和普通人（《七》，第 321 ~ 332 行；《腓》，第 559 ~ 567、578 ~ 583、1148 ~ 1152、1189 ~ 1195 行），以及墨诺叩斯 - 克瑞翁家族为了平息神的怒火所作出的巨大牺牲（《腓》，第 1064 ~ 1090 行；《安提戈涅》，第 700、1270 行）……通过对悲剧所呈现的俄狄浦斯家族纷争的直接参与者和间接参与者的生存处境的分析，我们看到诸神在维护伦理正义的同时，让死亡与厄运降临在好人身上，也降临在坏人身上，"神的"正义对个体造成了沉重的不幸和不可挽回的灾难。在这些不同的悲剧和神话中，我们看到"正义"成为诸神加诸凡人身上的痛苦和残忍。在这样的悲剧图景中，无论是俄狄浦斯的直系后裔，还是与之相关的其他家族和群体，在俄狄浦斯神话的语境中都成了神彰显的正义 - 复仇意志的牺牲品。作为神的意志，对正义的践行成了残忍的暴君[1]，致使故事以无法和解的逻辑在推进。

总之，我们看到关于俄狄浦斯家族的不同神话和悲剧，传达了由朴素的正义观所造成的新的悲剧图景。这种图景呈现为由神的意志所造成的失度的正义。包括俄狄浦斯在内的这些不幸个体之于他们的厄运又有什么关系？对正义的评判究竟应该以"神义"为标准，还是以"人义"为标准？

---

[1] 〔法〕让 - 皮埃尔·韦尔南：《古希腊神话与悲剧》，张苗等译，华东师范大学出版社，2016，第 25 页。

这正是雅典的悲剧家们通过众多不同的神话悲剧向我们呈现的反思和质疑。对这一问题的思考，对于今天的人类仍然具有重要的意义。

五 "神义"与"人义"：人类文明演进的一面镜子

事实上，索福克勒斯的俄狄浦斯曾部分地接受了神赋予他的命运，这从他自我惩罚的事实就能得到确证。他刺瞎双眼，让出王位，以自我放逐的方式结束了自己的生命。然而，通过这些行为，通过其公开的痛苦，舞台上的俄狄浦斯反叛、抗议、呼唤：他觉得事情似乎哪里不对。而他的女儿安提戈涅，甚至走得更远。在悲剧中，当安提戈涅诉求内心的道德时——悲剧家使她以众神之名说话——她神圣的言辞激发我们去质疑世界之法则和事物的本质：

> 安提戈涅："向我颁布这法令的不是宙斯，那和下界神祇同住的正义之神（Dike）也没有为凡人制定这样的法令；我不认为一道命令就能废黜天神制定的永恒不变的不成文律条，它的存在不限于今日和昨日，而是永久的。"（《安提戈涅》，第450~457行）①

作为"鞋子中的石子""机械中的幽灵"，安提戈涅毫不含糊地宣布了一些绝对价值。她站在传统习俗的"法律"与"正义"的定义之外，宣称自己就是"自己的法律"②（《安提戈涅》，第821行）。随后，悲剧家着重展现了对安提戈涅执行死刑的审判是多么的不义（《安提戈涅》，第728、753行），她的呼喊是对人义的渴望和诉求③。悲剧家试图通过安提戈涅的死亡重新定义一些基础的道德与伦理范畴。在其他悲剧里，如普罗米修斯与宙斯的对抗、伊娥对宙斯的质疑、美狄亚对神义的质疑……也都充斥着人义与神义的冲突和写照。

实际上，围绕着"正义"的标准所作的对人神关系的探讨在古希腊思

---

① 《罗念生全集》第二卷，第307~308页。
② 刘小枫、陈少明：《索福克勒斯与雅典启蒙》，华夏出版社，2007，第158页。
③ 〔美〕伯纳德特：《神圣的罪业》，张新樟译，第131~132、142~143页。

想中一直占据着重要的地位。在《申辩》中，主要记述了苏格拉底面对"腐蚀年轻人的心灵，相信自己发明的神灵而不相信国家认可的诸神"① 的指控时的申辩，以及被判处死刑后苏格拉底的最后陈述。细读文本，我们发现苏格拉底的死是自己选择的结果：他拒绝了柏拉图等人的越狱计划，最终以英勇而悲壮的死亡来表明自己的哲学立场。对于"不敬国家公认的神，信奉自己发明的神灵"的这个指控，表明苏格拉底内心已经萌发了内在的自我的神灵。在柏拉图那里，我们同样可以看到"人义"的彰显和胜利。如他的理想国的建立，便是人自己建立自己的国家，而不是神启示才得以建立的。苏格拉底之死和柏拉图将国家建设的希望寄托在"哲人王"身上，都是人义论的彰显。这样的态度显然和他们"凡要成为善的，就必须被认知"以及"凡要成为美的，就必须被认知"的哲学基本观念有关。

后来，古希腊时期所引发"人义"和"神义"的探讨，演变为基督教的神权与人权的问题。但对人义的清晰的阐明则是在18世纪启蒙运动时代，直到卢梭和康德的出现，直到法国大革命的到来之后才得到充分的阐释。至此，人才真正地从神的手里将属于自己的权力争夺过来。但随着人类文明的演进，18世纪已经确立了人对自然立法的权力的同时，但又有不少人表达了对诸神远离的隐忧。故而才会有荷尔德林和浪漫派诗人向人类发出重回自然和神性的邀请。浪漫主义时期对众神远离的悲叹，随后又在西方文明中演变为被广泛争论的现代性问题。

随着科学对人自然状态研究的深入，我们对人的心理、情感以及社会问题的认识和研究较人类早期有巨大的推进。当我们在讲人的正义问题的时候，势必会将其与自然科学的发展紧紧联系在一起。因为在19～20世纪，福楼拜、托尔斯泰、哈代——包括福克纳、尤金·奥尼尔、布莱希特——等的作品里，他们所创造的女主人公无疑是率先享用了科学和自然的东西，来用生命感觉面对生活本身。毫无疑问，这些文学作品中的主人公是人类道德领域的先驱②，令人深思的是她们的悲剧大部分恰恰正是来自此。在作家们的笔下，这些忠于自己生命感觉的生灵时常感受到道德的

---

① 〔古希腊〕柏拉图：《柏拉图全集1》，王晓朝译，人民出版社，2003，第1页。
② 聂振钊：《文学伦理学批评导论》，北京大学出版社，2014，第195页。

束缚。在应该按照"人义"来生活还是应该按照"神义"来生活的态度上，文学家们通过自己的作品表达了深深的忧虑。因为，他们意识到人活着的价值和意义方面无法仅仅依靠人自己——生命体验、理性、科学——来获得可靠的合理合法的解释；人还是需要神性和诗意的栖居。

结　语

由此可见，围绕着"正义"的标准所作的对人神关系的探讨从古希腊开始至今是一个悬而未决的问题。尤其是面对人活着的价值和意义时，这一争论无论偏向哪一方也许都是不正确的。从文学的角度切入这一问题，只是对人类文明演进的一个侧面的窥见。通过分析，我们一方面看到希腊初民在两千多年前早已开始对"正义"问题进行朴素和原始的思考，并提出了针对朴素正义观的反思和质疑；但另一方面，在以人为准的现代性生活当中，远离了神性，人们似乎又陷入了更大的精神危机。因为世界上最完备的科学和律法也解决不了人的权利、价值、尊严等问题。从这个意义上，本文所谈及的隐忧是具有"双重"意义的。而对于现在的人来说究竟应该按照"神义"来生活还是应该按照"人义"来生活，也许这两者都是重要的。

数字时代的文学与文化

——文学研究的前沿对话与幻想

完德加[*]

摘要： 2019 年 4 月 19～21 日，由四川省比较文学学会等机构联合举办的数字时代的文学与文化学术研讨会在成都举行。来自全国各地的多学科学者围绕数字时代文学与文化进行了专题研究和跨学科对话，展望了数字技术与文学幻想相结合的未来前景。

关键词： 数字时代　比较文学　文学幻想

一　文学研究的困境与前沿探索

在学科分类中，自然科学与人文社会科学被视为截然不同的两个学科。然而，随着数字科技与人文社会科学在实际生活中的不断融合，互为渗透的整体文化进入了人文社会科学关照的领域。近年来，国内高校在学科建设中日益关注自然科学与人文社会科学的结合。本次以"数字时代的文学与文化"为题的文学研讨会具有前沿开拓意义，体现出文学研究者对数字与人文深度融合的思考。正如主办者指出的那样："这种自然－人文学科相融合的探索正在改变我们的学习、思维、研究模式，构筑当前新学术。"[①]

从比较文学研究角度看，"数字时代的文学和文化"实为比较文学乃至整个文学研究在面对所谓"文学之死"的困境时进行的探索与思考。为

---

[*] 完德加，四川大学文学与新闻学院研究员，藏学博士，研究方向为藏学、民族学。

[①] 邹涛：《数字时代的文学与文化学术研讨会暨四川省比较文学学会第 12 届年会综述》，《中国比较文学》2019 年第 3 期。

此，曹顺庆教授回顾了中国学者为世界比较文学做出的学理性对话和贡献，强调了会议主题对学术前沿研究的重要意义。他也相信理工科与新文科的结合定能开辟出文学研究的新天地，期待为中国的比较文学走向世界而努力奋斗。

《中国比较文学》常务副主编宋炳辉教授表示，作为地方性学术团体，四川的比较文学学会无论在人才培养还是在学科发展的前沿性、多科性方面，在全国比较文学学会的发展中都是表率。他强调说，曹顺庆教授的变异学和比较诗学、赵毅衡教授的叙事学与符号学、徐新建教授的文学人类学等都为中国比较文学在世界比较文学界的发声做出了突出贡献。宋炳辉认为，本次会议的主题具有重要意义，聚焦了学术前沿，体现了研究的多学科性，期待涌现出一大批有价值的学术成果。正如他所期望的那样，各省市的比较文学学会间进一步开展了交流和强化跨学科研究合作，推动了比较文学研究的发展。

二　数字时代比较文学与文化专题研究

在会议的开场演讲中，曹顺庆、傅勇林、赵毅衡、宋炳辉、伍晓明、拉兹、周涛、徐新建八位学者围绕"数字时代的文学与文化"从不同角度做了发言。他们从比较文学、文学人类学、哲学、译介学、文化传播学以及信息科学等视角，探讨新时代的文学与文化的变化和发展规律。

曹顺庆教授以"变异学：比较文学新话语"为题，阐述中国学者为比较文学学科理论方面提出的变异学新话语。其理论核心是把异质性、变异性作为比较文学可比性的基础。该理论不仅解决了比较文学异质性的可比性问题，也解决了文学影响关系中的变异问题，有利于挖掘跨国家、跨学科、跨文化与文明之间文学关系的变异性，以实现世界文学与文化的沟通和融合。

傅勇林教授从自己曾任成都市副市长的经验出发，在"数字时代的跨文化意识与文化实践"的演讲中，通过一系列精准数据，为比较文学学者在新时代为国家能力提升方面指出了更好的服务方向，认为在平和包容、科学理性地与世界交流的同时，要兼具掌握现代新技术能力和更高的审美能力。

赵毅衡教授以"艺术与冗余：从'艺术无噪音'到'艺术全噪音'"为题，对符号学与传播学借用信息技术的冗余与噪音概念进行阐述。赵教授指出，从符号学来看，对符号文本或传播过程中对意义"不需要"的多余成分，冗余问题之解决途径，是把意义分成两块：就指称对象而言，艺术文本的冗余度趋向于最大值；就解释项而言，艺术文本的冗余度趋向于最小值。把这两个原则合起来，可以看到：所有的艺术文本都落在趋向相反的两种意义之间，所谓"艺术性"，就来自两种冗余之间的张力，而非艺术体裁，就不会落在此对抗中。

宋炳辉的话题是"学术史观照与中国比较文学学科的话语建构"。他指出，无论学科的发生、发展历史还是其研究对象，中国比较文学学科话语的建构都与西方外来思想和学术紧密关联，并在广义中外文化与文学关系中展开，而其跨文化的学科理念与观察视角，又使它在中国语境中的每一步进展都伴随着学科话语的自我反思，因而在其学科理论和诸多分支领域的学术史展开中，留下数量可观的话语建构的经验与教训，积累了丰厚的学术史资源。

四川大学伍晓明教授的发言题目为"列维纳斯之善与孟子之善"。法国哲学家列维纳斯（Levinas）认为"我是另一者的人质"，即我面对他人，无法逃避，必须做出回应，做出应承，亦即对他人和为他人负起无条件的无限责任。我并非自由地选择善或选择为善，而是被善所选择而不自知。这一选择先于我的意志或我的自由。伍教授认为，孟子关于人性本善的思想其实与列维纳斯类似。

《科幻世界》杂志副总编拉兹的发言以"中国科幻文学的东方文化呈现"为主题。他谈到，近年来，随着科幻创作群体的增加，特别是"三体"热潮的带动，中国科幻文学创作发展迅速，但中国作家创作的科幻文学作品大多是传承或模仿西方模式和题材。从整体看，中国科幻文学作品对东方文学的呈现相对表象和碎片化，也更偏重于批判。如何在科幻文学中多层次呈现东方文化色彩，需要进一步深入思考。拉兹老师从故事元素、故事题材、文化符号、精神内核等不同层次进行了探讨。

电子科技大学大数据研究中心主任周涛的发言题目为"智能时代的内容创作"。他指出人工智能的三类创作模式：创作的辅助作用，譬如人物塑造;再创作或原创,如写诗歌的机器人小冰;后期加工模式,并从数字技术角度表达了与人文学科共创未来的期待。

四川省比较文学执行会长徐新建教授的发言题目为"数智时代与文学幻想"。他指出,随着数智时代的来临,人类既有的幻想传统受到严峻挑战。在"人类世"的第四期,人工智能是否将取代智人写作?诗性与算法、人智与数智孰胜孰负?从文学人类学视角出发,迎着正在到来的数智时代,本届人类似乎依然循着文学幻想的诸多道路演进着。在魔幻、史幻与科幻等各路之间,见不出孰优孰劣,倒是各显风采,交映生辉。至于未来如何,既取决于人智与数智的竞争,亦有待文学幻想的融入参与。①

在分组讨论环节中,140 多位与会学者围绕"数字时代的比较文学研究""数智时代的文学与幻想""数字时代的符号与传播研究""数字时代的文学文化教学研究""文学中的身体生态以及族裔文学""比较文学研究""数字时代的文学与文化译介研究"等八个不同议题展开讨论,精彩互动。

讨论会末主旨发言环节,由北京大学高等人文研究院世界宗教与普世伦理中心主任、中欧论坛宗教组中方组长杨煦生教授主持,金慧敏、胡惠林、谢梅、谭光辉等学者展开对话。

四川大学长江特聘教授金慧敏发言题目为"汉学文化理论:一个有待开发的学术领域"。他指出,新世纪以来有两股强劲的学术新潮:一是文化理论研究;二是国际汉学研究,但两者相互间声气不通,对于两者都将是莫大的损失。所以,他呼吁沟通汉学和文化理论,开辟"汉学文化理论"这样一个新的学术领域。

上海交通大学胡惠林教授发言题目为"数字时代的文化与创意"。他指出,文化产业数字化发展是未来中国新文化变革的总趋势,必将带来中国文化建设形态更为深刻的革命。数字技术如果不能完成向内容的战略转移,将会造成中国文化产业发展和新文化变革的深刻的战略性危机。因此,如何及能够在多大程度上、在多宽的领域里占领文化数字技术的高端

① 参见徐新建《数智时代的文学幻想——从文学人类学出发的观察思考》,《文学人类学研究》2019 年第 1 期。

市场，就不仅是技术革命问题，而且是新文化变革问题。

电子科技大学谢梅教授发言题目为"数字时代的文化发展逻辑：非生产性空间的利用和重建"。她根据列斐伏尔以及马克思、恩格斯的空间观念进行研究，认为博物馆通过文物的收集展示以及民众的参观，构建了现代社会的意义空间。新技术的进入、场景式的传播方式重塑了这一意义空间，新的认知理念以及思考方式随之产生。这种新的知识生产方式创造了新的文化发展模式。她指出，应该将数字时代博物馆建设视为社会文化创新发展重要内容，将其纳入国家文化生产管理机制中。

四川师范大学谭光辉教授探讨了数字时代人文学科的机遇和挑战，指出人工智能要识别、表达、模仿人类情感，必然以人文学科内省、思辨情感而得的结果为研究指引。人文社会科学的思辨、内省式的研究，就是21世纪科学发展的重要手段。人文学科在数字时代的作用不会弱化，而是将被强化。

南京师范大学的韦清琦教授以交叠性视角，将种族、性别、阶级、生态问题放在一个整体框架中，全面地、相互联系性地探讨了爱丽丝·沃克的生态女性主义思想。

电子科技大学邹涛教授的发言题目为"全民阅读视野下的基于慕课的梦想调查与伦理引导"。她在国家精品在线开放课程《外国文学经典选读与现实观照》做了关于梦想的调查，并针对调查结果做出反思，认为应该更多地讲述能将个人梦和国家梦完美结合的各类群体所需的新时代中国话语和中国故事，并指出慕课是同时实现精英教育和普惠教育的最佳舞台。

四川师范大学胡志红教授在"印第安文学生态批评视野下的托马斯·杰斐逊"的发言中，分析了西方殖民主义理论对杰斐逊的影响，指出了杰斐逊的种族中心主义和自然歧视主义倾向。

此外，北京大学蔡华教授担任"文学人类学与数字人文专题组"评议，从人类学的角度阐释自己的观点并与大家对话，推动跨学科的深度交流，促进了数字时代文学与文化研究的理论研究。

如上所述，本次会议聚焦数字时代的文学研究，涉及文明对话与未来探索的学术视野，意味着数字技术与文学研究相结合的新路径开启。

结语：数字技术与文学幻想

　　数字技术是自然科学为人类贡献的知识财富，文学幻想是人类自在的文化生活，二者相结合对人类未来整体文化研究具有非凡的意义。会议结束前，本次讨论会各组代表向全体与会人员报告分组讨论的内容及其思考。分组讨论的内容丰富多样，体现出文学研究者对数字技术与文学幻想的关注。

　　闭幕式上，新任四川省比较文学学会副会长彝族诗人罗庆春教授朗诵了他以"老冰"名义创作的诗歌——《以心换心》，回应数字时代的"机器人诗作"《小冰诗集》，开启了数智时代人类与 AI 以幻想方式进行的文学对话。

文献与田野

蚕龙蟹睛的再生与尺木登天

——三星堆"蟹睛人面"的再研究（下）*

萧 兵**

摘要： 三星堆青铜人面，较可能为蚕丛——烛龙的一种形象。烛龙就是蜀龙，蠋龙，蚕龙。可能为雌性。其"筒目"最可能是由龙（或人格化的龙神）的"蟹睛"变成的，蟹眼脱落能够重长，跟龙（及其角、鳞、牙、距）的"再生"神性相合。目前中国及东南亚所见蟹眼筒睛多属龙或龙王。它们的"佳目"能够烛照暗魅，辟除邪恶。"蟹睛人面"额鼻间变形龙纹饰版，实即龙所特有的"尺木"，作为微型"天柱"（Heaven pole），能够沟通天地，交际人神。

关键词： 三星堆青铜人面 蜀与蚕 蚕龙 蟹睛 再生

目前多数专家认为，四川广汉三星堆器物坑出土的"筒睛"青铜人面较可能是蜀王"纵目"蚕丛的一种造像，又与"直目正乘"的烛龙有关系。可惜不明白烛龙就是蜀龙，蜀龙就是蠋龙、蚕龙。我们已结合其所栖息的青铜"扶桑－若木"做了初步论证。现在继续讨论"蚕：蚕神"及"蚕龙"跟"蜀"的关系，它们的古音以及与西文的对音；着重探索其额鼻"尺木"的登天作用，蟹睛筒目的再生功能。

---

* 本文的上篇已发表，此为下篇。上篇参见萧兵《人面烛龙、神树烛龙即蜀龙、蚕龙——三星堆"蟹睛人面"的新研究》，徐新建主编《文化遗产研究》（第二辑），巴蜀书社，2013，第113～142页。

** 萧兵，淮阴师范学院教授，文学人类学研究学会创会会长。研究方向为比较文学、文学人类学等。

一 蚕女神

发明蚕桑的传说"文化英雄"是嫘祖——她与蜀是什么关系？

段渝说："所谓蜀山氏，顾名思义，是指驯养桑蚕（按：不是一般野蚕）并利用桑蚕丝作为纺织材料的族群……"进而"从蜀山氏到蚕丛氏名号的转变，事实上已向我们展示出从驯养桑蚕、利用桑蚕丝到饲养家蚕、利用家蚕丝的巨大转变及其历史进程"①。这里有个关捩性的要素是黄帝妃"嫘祖"的介入（我们原来倾向嫘祖出于羌，羌与黄帝、周人一直"对婚"）。

嫘祖本为西陵氏之女，古代蜀人亦称蜀山为"西山"，乃历代蜀王的归隐之地（参见《华阳国志·蜀志》）。按古代的归葬习俗，归隐其实是指归葬于所从来之地，即是其所发祥兴起的地区。②

三星堆器物坑，成都山羊子"三成"祭坛等，都西向蜀山，大可玩味。"山"与"陵"可以互通。

嫘祖为其子昌意娶蜀山氏女，依古代地名随人迁徙的"名从主人"传统，将西陵之名带至〔蜀山〕，而命名蜀山为西山，同时在那里留下了以嫘祖名称命名的地名（叠溪）。③

嫘祖促进了蜀人（蜀山氏）从利用桑蚕到驯养家蚕的转变。

《山海经·海内经》说："黄帝妻雷祖，生昌意；昌意降居若水。"若水就是"桑水"，我们以为其属神话性，是流动的；四川学者却以为在四川，指雅砻江。郭注引《世本》云：

> 黄帝娶于西陵氏之子，谓之累（嫘）祖。

"西陵"倒确实在四川（或说亦名"蚕陵"）。因为《史记·五帝本纪》明明说黄帝子昌意娶蜀山氏女，成了传统。正义引《谱记》说，其后代，"封其支庶于蜀，历虞、夏、商，周衰，先称王者蚕丛。"蚕业发明家

---

① 段渝：《政治结构与文化模式——巴蜀古代文明研究》，学林出版社，1999，第355、356页。
② 段渝：《政治结构与文化模式——巴蜀古代文明研究》，第355、356页。
③ 段渝：《政治结构与文化模式——巴蜀古代文明研究》，第355、356页。

和蚕女神嫘祖后代为"蚕丛"是很"合理"的。但也有学者（如夏鼐）认为，这个传说太晚，不足为据①。

因为养蚕是"女红"，所以蚕神为女神。卜辞有从女旁的"娅"字，"这是殷代妇女负责养蚕最早的历史记载"②。

宋兆麟等介绍说：

> 四川大凉山居住的耳苏人，在育蚕时，必须把蚕子放在少女的怀里。……因蚕丝是妇女在采集活动中发现的。她们把丝用于纺织，还精心地把野蚕驯育为家蚕。③

这样子，我们简直要突发奇想：蚕丛氏说不定跟西陵氏（嫘祖）同样是女性，而"蚕龙：躅龙：蜀龙：烛龙"是一条雌龙。

图 1　雌龙雄龙相交

（木器铜接扣纹饰，展开图，战国）河北平山中山国王墓出土

说明：战国秦汉以来"交龙"的意象常见，神话学家都承认其为"交配龙"，象征蕃殖与丰饶。此图二龙图饰不同，证明其为雄雌。尝疑烛龙亦有二性，烛阴即为雌（原为太阴龙）。烛龙即躅龙、蚕龙，其司蚕者应为雌性。

① 参见周匡明《嫘祖发明养蚕说考异》，《科学史集刊》第 8 期，1965，第 35～64 页。
② 高汉玉：《中国桑蚕丝帛起源的探讨》，《亚洲文明》第 1 集，安徽教育出版社，1992，第 68 页。
③ 宋兆麟、黎家芳、杜耀西：《中国原始社会史》，文物出版社，1983，第 168 页。

丁山说，殷墟卜辞（如《后》1·28·6）以八月用三小牢祭祀"蚕示"即"蚕神"，《诗·豳风·七月》称八月为"蚕月"。而"蚕体，青白色，好象白龙，有子"（引按：此说无力）。《墨子·贵义》"帝以庚辛杀白龙于西方"，那么，"蚕神自可比尊于西方［白］帝"。上古后妃住在西宫，主持蚕事。而嫘祖，恰恰也称"西陵氏"①。

按照早期五行系统，这几个要素应该是对应的：

八月（秋）　西方金（？）白（蚕：白龙）　女（后妃，西宫）

它们也许"巧合"，蚕也可能曾被视为"白色龙子"，但是，证据还不够（烛龙或蜀龙，一般与祝融叠合，却被认为与"火：南方：赤"相应）。

汉代的一些记载与此相合。《白虎通义·耕桑》：

［天子］耕于东郊，何？东方少阳，农事始起。［后妃］桑于西郊，何？西方少阴，女功始成。

殷商史料暗示蚕神可能是女性——至少采桑饲蚕是女性的事业（图2）。

胡厚宣先生赞成卜辞"蚕示"是蚕神。他认为殷商（尤其武丁时代）非常重视蚕业。相关几块卜骨或卜甲包含：

"乎省于蚕"（呼人省察蚕事）

这可能表达王室对于蚕丝丰收的热望，祈求"蚕示"（蚕神）保佑②。蚕病非常可怕，一旦发生、蔓延，一年的蚕业会毁于一旦。卜辞谴责玩忽职守与粗枝大叶者，特别是呼吁妇女警惕（养蚕忌讳很多，妇女的"不谨"或"不洁"会使蚕宝宝生病，蚕神发怒）。这跟后世习俗一脉相传。

《三才图会·蚕马同气》条引《淮南子》及《蚕经》说："黄帝元妃西陵氏始蚕。至汉，祀宛窳妇人、寓氏公王。蜀有蚕女马头娘。"

《三星堆文化》引《成都民间文学集成》③所载民歌说：

---

① 丁山：《中国古代宗教与神话考》，龙门联合书局，1964，第431页。
② 参见胡厚宣《商代的蚕桑和丝织》，《文物》1972年第11期，第5~7页。
③ 民间文学集成编委会编《成都民间文学集成》，四川人民出版社，1991，第41页。

图 2 蚕女

（左上、右下为蚕马女；右上为与"织女"同格的"蚕女"，采自《列仙传》等；左下为战国狩猎纹壶之"采桑图"，河南辉县琉璃阁出土，采自郭宝钧等）

说明：蚕桑是妇女的发明与专业。蚕的女神，从嫘祖到蚕马女，均为女性。所以怀疑蚕丛氏、烛阴神等，原亦阴性。

三月三日半阴阳，农妇养蚕勤采桑。

蚕桑创自西陵母，穿绸勿忘养蚕娘。

颇为惊悚的"马头娘"故事（马皮裹女化蚕，见于《搜神记》等），颇有西部民族风采（甚至可能跟大西域的马头菩萨相关）①，流行于川西。《三星堆文化》认为，"嫘祖：蚕丛（青衣神）：马头娘"在四川民间被看作一位（女）蚕神；她们都"纵目"（《荀子·赋》说蚕"身女好而头马首"，马目便"纵"）。任乃强谓："蚕丛出于牧羌，善养马，既又创养蚕。……以天驷（星）为蚕，天马为丛辰，护持蚕命。故俗于饲蚕之月禁杀马，而绘蚕丛神像马头。……故晋人传马头娘故事。"②

蚕，吃桑、吐丝时常常抬头如"马首"，而龙也有具"马头"或"马齿"之说。三星堆青铜神树"扶桑"上的龙，就是"方头"而"马面"。前引荀子正谓蚕"身女好而头马首"。《论衡·龙虚》说："世俗画龙之象，马首蛇尾。由此言之，马、蛇之类也。""龙马"的记载很多。"马首蛇尾"却与"神蚕"相似，也还是甲骨文"蜀"字的意象——马恰恰又是"纵目"。

《周礼·夏官·马质》"禁原蚕者"汉郑玄注："天文辰（龙）为马。《蚕书》：蚕为龙精。月值大火（星），则浴其种。是蚕与马同气。物莫能两大，禁再蚕者，为伤马与？"（上·842）

蚕马相克相生故事，尤盛于四川。《鼠璞》引《唐乘异集》云："蜀中寺观，多塑女人披马皮，谓之'马头娘'，以祈蚕。旧记先蚕与马同祖，也未可知。"

屈小强、段渝等在《三星堆文化》里介绍说："今川西蚕农多供奉蚕神——西陵神母神像。"

据《三教搜神大全》（卷7），蚕丛常服"青衣"巡行郊野，教民蚕事。民间所祀青衣神就是蚕丛氏。

所以《三星堆文化》又说："黄帝所娶之西陵氏女（嫘祖），也就是蚕丛氏女，而黄帝之子昌意所娶蜀山氏女，其蜀山氏也当为蚕陵氏（蚕丛氏）。"亦即四者对应：

西陵氏女（《世本》）

---

① 参见萧兵《蚕马女象征叙事的解读》，《文化与文本》，中央编译出版社，1998。
② 任乃强：《四川上古史新探》，四川人民出版社，1986，第76页。

蜀山氏女（《史记·五帝本纪》）

蚕陵氏女（参见《三星堆文化》等）

蚕丛氏女（青衣神，《三星堆文化》）

前三者都是女性，少数服从多数，"蚕丛氏"也该是女性，而不一定仅指蚕丛氏族的小姐或太太了（只不知屈等有否此意）。

甲骨文有个"雨"下二"口"的字，陈邦怀释"雷"。①

文曰：

……雷妃，于龙。

叶玉森说："'雷妃'，卜辞数见。殆殷代雷为女神，故曰'妃'欤？"②

这大概有些像"雷祖"（嫘祖），女性蚕神兼雷神；附带祭龙，因为龙司雷雨，蚕卵是由初雷催生的（参看叶舒宪、萧兵《山海经的文化寻踪》下，湖北人民出版社，2004，第1448～1457页的论证）。此龙的性别，颇为可疑。

《周易·说卦》："万物出乎〔雷〕震。"震之言"娠"，就是孕生。

《说文》卷11雨部："雷，阴阳薄动，雷雨生物者也。"

《艺文类聚》引东汉郎凯曰："雷，二月出地，百八十日，雷出则万物出。"《礼记·月令》：仲春之月，雷乃发声，"蛰虫咸动"，是为"惊蛰"。冬眠的"龙"（以蛇、蜥、鳄、虫为主要母型），于此时启蛰，"蠢动"。蚕子也于此时孵出。

龚维英说："蚕似龙而小，是龙变化时的一种形态。故而嫘祖（雷祖）虽从事蚕桑之业，亦不失雷神的本来面目。"③ 这里他还暗示"雷（嫘）祖"可能化身为蚕形的"雷神龙"，如果能证成此事，那可太有意思了。我们知道，嫘祖的化形之一是螺蛳，就是《山海经》中的"白水素女"和《搜神后记》与口碑里的"螺蛳姑娘"。而青铜器与金文里有一种"蜗身

① 参见陈邦怀《殷虚书契考释小笺》。

② 叶玉森：《铁云藏龟拾遗考释》，五凤砚斋影印本，第7页。

③ 龚维英：《古神话雷神考论》，《延安大学学报》1987年第1期，第77页。

龙"，就是"嫘（螺）龙"（或"雷（神）龙"）（彝器雷纹即螺纹，这些都可以参看《山海经的文化寻踪》）。蚕是可以化龙的。我们怀疑这就是蜀王蚕丛氏所演变成的"青衣（女）神"（《方舆胜览》）。蚕丛氏"教人养蚕，时家给一金（头）蚕"（《太平寰宇记》），"民所养之蚕必繁孳"（《仙传拾遗》）；以后"青衣"还成了县名（《蜀中名胜记》）。

"青衣"又跟"蚕马女：马头娘"故事相联系（参见图2）。

谭继和有一个看似奇特的说法：三星堆青铜人像（或人面、人首）中包含有女性。后起蜀王传说，多暗示其原为女性。

> 在道教的传说里，古蜀王蚕丛、鱼凫、望帝，均同母系氏族相联系，有的蜀王本身即为传说的女性。如望帝杜宇传为妙应明香真人李真多，为鱼凫王李脱之妹。鱼凫传为"鱼妇"，鲧即为"鱼妇"。蚕丛王为青衣帝，蚕神马头娘的传说即发生在青衣国里。①

学术界已开始注意这方面的研究②。但是，显然证据依然不足。

巴楚地区有一则龙故事，颇有意趣。它讲的是神龙创世"身化万物"的业迹（1984年12月前贺家坪火麦溪村原端公郑文士讲述）。原初的"混沌"中，清/浊化成阳龙/阴龙，创造出了天/地，并分别管理它们。其图式是：

> 混沌：清（气）—阳龙—天
> 　　　浊（气）—阴龙—地

它们还共同整顿、修补天地，五百回飞雪、五百回降雨之时会面一次。阳龙在天上观看阴龙活动，一只圆眼是太阳，一只半圆眼是月亮。阴龙在地狱中喘气为"雾"，其须变成草木，其鳞变成石头。这基本上是烛龙式的"身化宇宙"，只是提醒说，有雌雄二龙（后来生出龙子龙孙，渐变为人③）。

---

① 谭继和：《三星堆神祃文化探秘》，《四川文物》1998年第3期，第6页。
② 参见黄剑华《三星堆农副业与神祃文化探讨》，《四川文物》2001年第4期，第11~12页。
③ 参见萧国松《巴文化中龙、虎崇拜说略》，彭万廷等主编《巴楚文化研究》，中国三峡出版社，1997，第158页。

二 "夔纹饰板"可能是"尺木":微型天柱

筒睛人面的额间附加物,有的学者称为"夔龙形饰件"①。陈德安描述为"额正中凿有一方孔,孔内安装一夔龙形饰件与鼻梁上端相衔接。夔龙饰件为双歧角外卷,刀状羽饰,尾上端向内卷曲"②。这比"云气形"准确,可惜也没说它做什么用。陈德安称此面具为"兽面具"(此说颇接近"烛龙"面具)。它代表着"自然神灵",赐福而祛邪——那么面具上附加的"夔龙"就应该像"徽章"那样表明自己的身份:我是龙神,或"人面龙"——附件跟"主体"一致。它高高地指向天空,暗示能够升上云天。也许因为"升"的是青气缭绕之"天",所以刻成"云气"纹样的吧。段渝很谨慎地称这人面为"勾云纹凸目面具"③。巴纳德却称之为"雷纹状的尾巴"④。

那么,这块指向高天的"饰板"到底是什么东西,除标示外,还有什么功能?我们以为就是"尺木"。

汉王充《论衡·龙虚》:

> "短书"言:龙无"尺木",无以升天。

王充的解释是:"又曰'升天',又言'尺木',谓龙从木中升天也。"世俗认为,龙或"藏于树木之中,匿于屋室之间"(这是蛇蟒或虫蜥的习性),雷电击毁其藏身之所,"则龙见于外"。风雨迷蒙,倏忽不见,便以为龙借木升天。其实这里讲的是龙头上的某种角状凸起,形如"尺木",龙凭借这件"法宝"升天。唐段成式《酉阳杂俎·鳞介》讲得很清楚:

> 龙,头上有一物,如博山(炉)形,名"尺木"。龙无尺木,不能升天。(方南生点校本,163)

---

① 参见段渝《巴蜀青铜文化的演进》,《文物》1996 年第 3 期。
② 陈德安:《三星堆祭祀坑出土青铜面具研究》,《四川文物·三星堆古蜀文化研究专辑》,1992,第 39、42、43 页。
③ 参见段渝《酋邦与国家起源:长江流域文明起源比较研究》,中华书局,2007,第 303~304 页。
④ 〔澳〕诺埃尔·巴纳德:《对广汉埋葬坑青铜器及其它器物之意义的初步认识》,雷雨、罗亚平译,《南方民族考古》1993 年第 00 期。

记载不早，观念却还古老。初民认为，"神物"多有异相，或有特殊"装备"，否则就不能变化升腾。例如犀牛有独角，才能"通天"，角中有"丝"等等，只是误会。某些动物头上奇形怪状的角往往被神秘化，特别是它被"移植"的时候（伊藤清司说加角是"妖魔化"，我们则以为多属"神圣化"）。鹿的杈角威武而华丽，在"鹿石"上构成"太阳角"，移植到龙、饕餮或镇墓兽头上便是"神圣"和"神威"的标志（参见图3）；如果是独角或第三只角，那就跟独眼或第三只眼那样神奇。这是"尺木"由来之一。

图3 龙的"尺木"

（上左：黄龙及榜题，注意其眉脊凸起，与上右鳄鱼的额骨凸起对照，见《李翕碑》，汉代；中左：有"箆形纹"的饕餮，商代；中右：青铜"小神面"，额鼻间"箆形纹"，三星堆；下：对龙拱卫"箆形纹"，龙角之外似有凸起，商代龙的升天巫饰"尺木"有多种形态。或说饕餮额鼻间、相当扉棱处的"箆形纹"也是一种"尺木"或"太阳光柱"的繁化（可能是"武装到额鼻"的某种武器的图案）。作为一种"识别符号"，其神圣性应无可疑，有时需要某种神物来"加持"或"拱卫"）

甲金文常见的"龙"字（见图4），仍是大头，蜷身，勾尾，但已"拉长"，且夸张其口（或有齿牙）——或说已粘附鼍鳄或猛虎的大嘴——特别是有（肉）角，即厘定为"辛"或"辛"或"干"的字素；或说与"章""童""妾""仆"等上部字素相同，或说有异。但为尊饰，殆可无

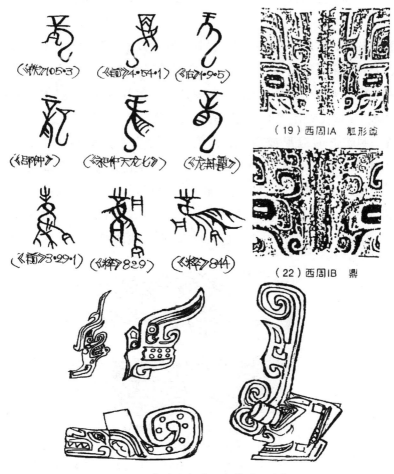

图4　龙头上各种形态的"尺木"

（左上：甲金文的"龙"、"凤"字样；左下：三星出土的龙形饰物与青铜"筒睛"人面，晚商；右：有"篦形纹"的饕餮纹）

说明："尺木"，是龙的神圣性标志或"辨识"符号。秦汉人说，无尺木，龙就不能升天。甲金文"龙""凤"字样头上的戴干或戴辛，饕餮纹额鼻间的"篦形纹"，许多学者说即"尺木"，却不一定——那更可能是干侯戈予之类武器的变形。三星堆的筒睛人面与某些龙形饰物，却可能有特殊形态的"尺木"。

疑——有如印第安酋长的"加角"而不是"妖怪化"。角是动物的武器（或信息收发器），犹如"戴干"，是"武装到头发"（参看我们对饕餮纹"标识"的研究）。马叙伦《说文解字六书疏证》（22·59）说此"干"或"辛"，也是由武器（刺兵）化来的荣饰。朱芳圃说是光辉的薪火。袁德星说是男根。孙机等机智地以为它就是《论衡》《酉阳杂俎》所说龙借以升天的"尺木"。

我们觉得，它跟角有所不同。尽管有些"外加角"被看作尺木的一个来源。龙角原来跟昆虫触角有关，逐渐替换以鹿茸式"瓶状角"或羚羊角，那是生命力或生长力、生殖力的象征（陈绶祥认为，"尺木"有刻度的"木表"，以证明有"角：表"的龙是观象授时的动物）。

龙、凤头上的冠形或簇毛，可写作"辛"（手稿 76 页），或写作"辛"，诸家有很多解说①。如上所说，这是一种冠羽或"角"的夸饰，原是用来吸引异性或者充当"武器"的——我们还认为是"武装到头面"，是"斧钺"或"干盾"式武器的异变②。这种武器状华饰，可能演进为"尺木"乃至"太阳神杆"或"通天柱"，但一般的羽毛或角是不行的。

图 5 肥遗纹与对龙构成的饕餮

（上：肥遗纹，河南偃师二里头文化遗址出土陶器纹饰，夏商之际；下：饕餮纹，商代）

说明：肥遗，一种"一头双身"的怪蛇，名称与身形变化极大。商周饕餮纹，有一种是用"剖开—拼合"的技法构成，例如上举（纸质稿改为"图下"，手稿中为"上举"）以一对侧面观的"龙"拼合为正面观的兽面（或说即龙面），称为"肥遗纹"并不合适。我们注意它，是因为三星堆筒睛人面跟"人面龙身"的烛龙有干连。

---

① 参看萧兵《中国上古图饰的文化判读——建构饕餮的多面相》，湖北人民出版社，2011，第 66~76 页。
② 参看萧兵《中国上古图饰的文化判读——建构饕餮的多面相》，第 66~72 页。

"尺木"及其原来面目必须带几分神秘,这样才有被神化的"基础"或可能(参见插图4)。

这种干侯状"篦形饰",夔龙纹"饰板",作为通天的"尺木",由特定视角看,可以说是袖珍版的通天杆,即微型"天柱"(Heaven pole),或"宇宙轴"(Cosmic exie)。这,许多学者也以繁复的论证触及真相,姑略。

三 太阳神龙—鸟树

总起来看,青铜筒睛人面,扶桑树及其"爬龙"(蚕龙:烛龙),构成了以三星堆文化为代表的古蜀崇拜系统。

"太阳神龙—鸟树"是殷商自然信仰核心(或以为同时是"泛太平洋文化"的主要神话因子,但古埃及、古希腊等也有类似信仰,所以毋宁说是世界性的,只是作为"太阳子孙"的殷商更为突出罢了)。这再次证明三星堆与殷商文化有深刻联系。

其具体义项为:

> 太阳神龙:蜀龙·烛龙·蚕龙
> 太阳神树:扶桑-若木
> 太阳神鸟:扶桑九枝之上及他处神鸟

三者紧密关联。但三星堆的"太阳崇拜"极富个性与地方特色。例如由蚕升华而来的"蜀龙"或"烛龙";与"人首龙身"的烛龙或蚕龙有内在联系的"蟹睛人面"——这些都为中原-殷商文化所"阙如"——人面上的"夔龙饰板:尺木"标志着蚕龙对上天的向往与"沟通"作用(可能暗示着蚕将化蛾,龙将生翼,必定会登上"光明的云天",与光明化为一体);其"蟹睛"也可能"接纳"并且"反射"太阳的光辉,从而辟逐暗魅与邪恶(更多地担负着商周饕餮的职责)。三者紧密相连,互动是最值得注视与探案的。

四　知天察地的"接收器"

那么，为什么要把"蚕龙：蜀龙：烛龙"的眼睛制作得那样突出，乃至成为"圆筒形"，而人面的耳朵又大得像两把蒲扇呢？

方便的答案是：凸出如筒的眼睛便于观察，观天察地，跟"尺木"或"天柱"的通天达地功能基本一致，相互补充。

然则大耳朵就是为了接收更多更远的信息。《封神演义》等民间说部里有"千里眼"和"顺风耳"，有的神话史家说，这是对"望远镜"和"声纳"的幼稚想象和天真向往，对人类的创造发明有所启迪。"筒睛人面"把"望远"与"多闻"合二为一，体现上古人的巨大想象力——"千里眼"和"顺风耳"是它的通俗版。古代有"儋耳"，老"聃"就表示大耳为贵①，但与此无直接关系（参见图6）。

看下文就知道，这都不是胡说八道。"筒睛人面"的大耳朵，有的学者认为取形于大象的招风耳（那确实便于倾听远处的动静）。殷商时代天气较今湿热，中原与巴蜀还有大象活动（竺可桢、徐中舒、袁珂等对此有精彩研究）。成都平原三星堆与金沙等文化遗址有大量象牙出土。"象耳"之说颇为有力。然而还有一个可能：从猪耳取象。这并非亵渎。野猪也能变成龙。龙的母型之一扬子鳄亦称"猪婆龙"。良渚文化"神人兽面"的"兽面"由"淫荡"的猪取象可能很大，"截鼻"之下的大口"兼体"为獠牙女阴（我们发表过两篇文章论证，均遭拒斥）。"筒睛人面"的"豕耳"，表示它的凶猛与灵敏。商周中常见的"人兽混形"的鬼神面（图6之1、7；图8之2），也有巨大豕耳者。这当然仍属假设（可以参看我们有关饕餮与上古艺术的论著）。

学者们多承认，眼睛的凸出、夸张，或其独立的造型，特殊的刻画，都体现一种有关眼目的信仰或崇拜②。

赵殿增说："……眼睛一合，就呈现一片黑暗，由此会使人联想到死

---

① 参见萧兵、叶舒宪著《老子的文化解读：性与神话学之研究》，湖北人民出版社，1994。
② 参见赵殿增《从"眼睛"崇拜谈"蜀"字的本义与起源——三星堆文明精神世界探索之一》，《四川文物》1997年第3期。

图6 "大耳人"

（1. 青铜"小神面"，商周时期，传世，现藏美国芝加哥美术馆；2. 青铜器饕餮纹，商代中期；3. 金文《尸作父卣》铭，商代；4. 大耳鱼尾怪人，云南沧源崖画；5. 聂耳国人，古人的《山海经》插图；6. 商器完形饕餮；7. 青铜"小神面"，四川广汉三星堆出土）

说明：古代人形或人面造像，或极度夸张其耳，有的称为"象耳"，有的认为从野猪耳取象，目的在震慑敌邪。中国与美洲的某些群团"以大耳为贵"，例如《山海经》等书所记的儋耳或聂耳，这跟商周的"神面"或饕餮纹关系不大。江伊丽说，三星堆筒睛大耳人面，跟芝加哥美术馆所藏的小型人/鬼/兽/神面"最为相似。其实差别很大。

亡与毁灭。三星堆古人可能正是认为眼睛蕴含有这种分辨有与无、明与暗、生与死的神奇魔力，产生出特殊的敬畏，进而把它作为神灵来敬奉。"[1]

如前所说，相关的几种特异眼睛不尽相同。或如伊藤青司所说，具有文化史或进化史的意义，但要具体分析[2]。

　　　直目正乘——额上单独或"第三只"竖形眼

　　　第三只（竖）眼（属于"三眼神"）

　　　纵目（竖形眼，数目不详）

　　　筒柱形目睛（双眼）

　　　凸目（双眼）

① 《早期·三星堆》308。

② 参见萧兵《中国文化的精英——太阳英雄神话比较研究》，上海文艺出版社，1989。

图 7　神圣的猪面

（左：玉琮"神人兽面纹"，简化之猪面——或说虎面、龙面，良渚文化；

右：西藏民间面具——它有"第三只眼"，凸目）

说明：野猪象征繁育、丰饶和勇猛。大耳和獠牙是"截鼻"之外的豕面特征。三星堆"筒睛人面"耳朵颇大，变形且图案化。跟豕耳有些相似（或说象耳）。

　　然而，其基本取向是相同的：将人的眼睛"陌生化"、殊异化、神秘化，大体属于所谓"佳目"的信仰，跟"太阳神目——光明崇拜"关系很大，能够震慑、辟除邪恶或者暗魅。

　　美国的伊利莎白·C. 约翰逊（汉名江伊丽）提到从新石器到商周时期都有的用玉石或青铜制成的"小神面"（即"人/兽/鬼/神面"）："现有器物中最类似于具有柱状眼珠和大象耳朵、形状奇特的面具者，是芝加哥美术学院收藏的带野猪特征的铜面具。"① 就因为它们有獠牙与猪式大耳（参见图 8）。

　　我们看《楚辞·大招》里西方之怪：

---

① 〔美〕伊利莎白·C. 约翰逊：《商人礼仪艺术中的萨满教特征及对四川广汉三星堆新近发现的推测（摘要）》，石应平译，《南方民族考古》第 2 辑，1990，第 66 页。

图 8　豕首或豕面

（1. 玉猪龙，红山文化，内蒙古三星他拉出土——或说马首，虫首；2. 玉猪首挂饰，传世，陈氏藏品；3. 青铜"小神面"，商周时期，传世，现藏英国伦敦大不列颠博物馆，采自张长寿；4. 作为参照的斯基泰青铜豕面；5. 野猪面青铜胸甲，西周，山东西庵墓地车马坑出土；6. 玉琮纹饰，"神人兽面"的简化，猪面，良渚文化；7. 青铜斧饰，宁夏中宁关乡出土，战国）

说明：猪面，主要由"截鼻"、卵形眼、鼻吻间皱襞等辨识（争议颇多）——杏仁形大耳，有时也被当作一个指标。三星堆筒睛人面"大耳"，由象耳或豕耳取象，表示其凶猛——而且跟"筒睛"一样便于接收"神秘信息"，以交际天人。

豕首纵目，被发囊只。

长爪距牙，誩笑狂只。

魂乎无西！多害伤只。

大概在异文化看来，夸张的"纵目"是很可怕的（参见图9）。《招魂》里的豺狼也"从（纵）目"。《山海经》有"袜"（魅），"其为物人身黑首从（纵）目"。有的南方兄弟就如此被丑化。如清陆次云《峒溪纤

图9 印第安"筒状目睛"面具

（"斯瓦希威"面具，印第安人）

　　眼珠变成圆筒（或目睛凸起）无非强调它的灵力。印第安的"筒状目睛"，被视为"巫术性望远镜"，它能够与太阳相"交流"，还能捕捉灵魂；跟它的"吐舌"一致，可辟除邪魅。请与三星堆筒睛人面相对照。

志》："竖目仡佬，蛮人之尤怪者，两目直生。"《汉书·天文志》哀帝建平四年，民间惊扰，讹言"从（纵）目人当来"。壮族有吃人妖怪叫夏山婆，人形，"不过两眼是直的"，牙齿极长，见人便笑，笑过便吃，与《大招》的纵目豕首怪"諕笑狂只"很相似。

　　我们更注意"纵目"与"豕耳"相结合者。

　　我们希望在类缘性的文化系统里寻找趋同性的造型（参见图13、图14），但是可比、可参照的实物、记载、论述不多（我们见闻寡陋，希望国内外学者提供资讯）。仅仅"凸出"而不是圆柱形目睛，参考价值是不大的（参见图13）。

　　北美印第安人萨满巫有一种圆筒形的"灵魂捕捉器"，多少具有长筒形玉琮那种"贯通天地，交际神人"的功能："神话和仪式似乎确实赋予

〔这种〕圆筒捕捉、确定远方信息并与之进行直接交流的作用。"①

加以"戏说",便是原始的"望远镜"。

特别是某些爱斯基摩人、印第安人"将突出的眼睛与锐利的目光联系起来,或者将其归因于人们在黑暗中看东西时所付出的努力"(见图9、图10),多少触及这种筒状目睛的(表层)功效。

图 10　印第安夸扣特人面具

(现藏哥伦比亚博物馆,维多利亚)

露舌,筒状突目,有四只鸟头由面部四角伸出,造型怪诞。"地震舞"中戴用。一个说法是,库莫克人在一次求婚中成功举办了"夸富宴"(Poltach)获得使用面具展演舞蹈的权利。其"筒目"可能有"观察"的作用。

① 参见〔法〕列维－斯特劳斯《面具的奥秘》,知寒等译,上海文艺出版社,1992,第128~130页。

有如我们所反复强调，在民俗神话里，"眼睛：太阳"往往由于"异质同构"而发生互渗或换位。筒状目睛可能以太阳般的光亮和超人的巫力烛照黑暗，扫除邪祟，辟除邪恶——这颇像同样是目睛筒状凸起的印第安"斯瓦希威面具"（参见插图9）。根据列维-斯特劳斯《面具的奥秘》的介绍，印第安阿尔衮琴的萨满便"使用一种以空心杜松木制作的魔术望远镜"（它与眼睛"连接"便形成"筒状目睛"），用以观察想象中无限辽远的空间；而中天的太阳也"通过一个长长的铜制圆筒注视地球"——这样，"眼睛—太阳"就得到"整合"与"对流"。所以我们怀疑柱状目睛或长筒目睛同样潜在这样"交际神人，沟通天地"的功能，与"微型天柱"互补。诺埃尔·巴纳德所举非洲和太平洋地区的一些"筒状目睛"造型，可以与三星堆面具对照（参见图9）。他强调后者与"木雕艺术"的联系；至于凸出目睛，各有其特殊目的，但首先是要表明眼睛的重要性。

中国古代也有一种似是用于测距的金属制"望远筒"。

《淮南子·泰族训》说：

> 欲知远近而不能，教之以金目则快射。（刘文典《集释》本，下·690，或说"射"字衍）

汉高诱注说："金目，深目，所以望远近射准也。"像一种能测定目标距离的"瞄准器"。李约瑟《中国科学技术史》翻译此句为：

> 如果他们想测定远近距离，你告诉他们怎样"用金目来瞄射"（即用窥管瞄测），他们就会高兴的。（汉语回译）①

米歇尔（H. Michel）曾经说，玉"琮"就是《书经·舜典》里说的"玉衡"，是用来观测天象的一种"视管"②。这一说法受到许多学者的嘲笑。但如果不单纯地由技术层面认知这种学说，就不能当作简单的奇谈怪论。

《周礼·春官·典瑞》等说，"黄琮礼地"，有根据，但不够周全。

---

① 〔英〕李约瑟：《中国科学技术史》，科学出版社，1975，第4卷第1分册，第385页。
② 参见〔法〕亨利·米歇尔《璇玑玉衡的一种解释》，《天文学报》第4卷第2期。

"琼"也可能用以祭天，例如有人说它外方象地，内圆表天。琼跟男根女器的意象都有关联，外形似"祖"（古有"驵琼"），其内圆与皱襞又像女阴，也许能够"调燮阴阳"（参见图11）①。

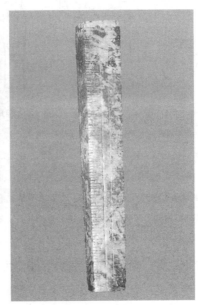

图11　玉琮

（左：成都金沙出土，晚商；右：良渚文化）

　　说明：玉琮，古人说，"黄琮礼地"，似不尽然。出土及传世的上古玉琮，就不只是黄色（成都出土绿玉长形琮）。其外方固可象地，内圆则又像指天。目前所知，它是一种沟通天地、人神乃至"男女"的巫术服务器（纸质稿中改为"巫术法器"，手稿中为"巫术用品"）或礼器。它可能用来"观察"（手稿中为"观照"）天空，"集纳"上天旨意或信息。然则它对理解青铜人面的"筒状蟹目"的功能会有帮助。

　　它竖立在祭坛上，或者持握在巫师手掌中，不仅仅是为了"接收"或"集纳"上天的信息或旨意，而且是一种（意义不明的）祭祀行为。陕西宝鸡茹家庄（M1.2）发现西周时期的"持琮巫师"青铜造像（参见图12），一位头戴神圣性的"山"形或三叉形冠，另一位持琮似在准备"观察"——那恐怕不仅仅是世俗的姿态或行为。有的专家企图由其推测三

---

　　①　参见萧兵《琮的几种解说和多重功能》，《东南文化》1994年第6期。

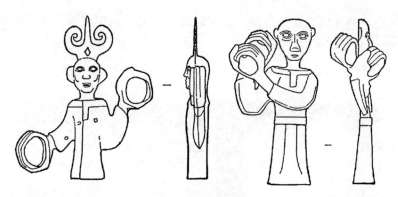

图12　持琮巫师

（陕西宝鸡茹家庄 M1.2 出土，西周；左人，高 11.6 厘米，右人，高 17.9 厘米）

说明：由此双手持重要礼器"琮"，而且一人头戴三叉形或有菱纹之山形冠，可初步判定其为巫。琮是敬天礼地的法器，能够沟通人神、天地，并且"调燮阴阳"。由另一人持琮姿态可推定其有所观察（是否观测天文尚不可知，但此系巫师固有职责）。目前虽然还不能像某些专家那样由此推测三星堆"持物"青铜立人亦系持握琮类礼器，然此二人之形象确实令人浮想联翩。

星堆青铜立人（大巫酉）手中所握，可能也是琮之类"敬天礼地"的巫术祭器，当然"为时过早"，但是茹家庄二铜人的意象确实充满"暗示"与"启迪"——弄清琮的功能，肯定对青铜人面的"筒状蟹睛"意蕴的破解大有作用。

张光直先生的《中国青铜时代》（正续集）着重论证中国上古的某些神怪——包括神奇动物，都有沟通天地的功能——巫觋借助它们便能够上天入地，交通神人。三星堆"筒睛人面"的"夔纹饰板：尺木"与"豕耳""筒目"都暗示这种面具可能也具有类似的"通神"功能。它太大，只能供奉或抬举游行，却可能彰示它的巫术性功力。如果能够戴套的话，巫师们戴上它，便能够沟通神鬼，沟通天地。但我们目前还不清楚它与巫觋的确切关系，或者充当什么人的"动物伙伴"。

"通神"，这在目前还只是假设。"张理论"虽然启示无穷，却有限制，不能生搬硬套。① 带"夔纹饰板"或"尺木"的"筒睛人面"，很可能是

---

① 参见萧兵《中国上古文物中人与动物的关系——兼评张光直教授"动物伙伴"之泛萨满理论》，《社会科学》2006 年第 1 期，第 172～179 页；史忠义、户思社、叶舒宪主编《国际文学人类学研究》，百花文艺出版社，2007。

人格化的"蚕龙：蜀龙：烛龙"的一种造像。它的功能并不明朗。但较大可能却是利用其巨大的神性来镇伏或震慑异类或"文化他者"，像饕餮与龙神造像那样辟逐鬼怪，驱除暗魅。它的"筒目"有可能用来"观天察地"，窥微察远，但主要还是能够烛照幽晦，震慑邪恶。说是"眼睛崇拜"或"眼睛神灵"，是天地间无数神祇/灵怪在睁大眼睛俯瞰/洞悉人间百态，折射出世间众生渴求观照了解天地自然的内心世界"①，在理论上当然讲得通，却也稍嫌空泛。

五 "筒目"与太阳神眼

关于国外的眼珠（或瞳仁）"筒柱状凸起"的造型，除了列维-斯特劳斯等所举之外，诺埃尔·巴纳德主要举出非洲和太平洋地区的木制面具（参见图13），而且认为它们"反映了一种传承数代而根深蒂固的造型传统"②。目前，我们还不愿意且没有条件宣布"筒状目睛"是太平洋和非洲地区的艺术造型特征或"文化因子"，我们没有看到更多的有关材料。这两个广袤的地区（特别是太平洋诸岛及东岸、大洋洲和非洲腹地）大量分布着发展中的后进群团，他们以木雕泥塑为主的造型艺术具有极大的"原始抽象性"和"变形"特征，找出若干个"凸睛"人面并非难事，那远远称不上程式化和传承性的"文化"因子或"特征"，与三星堆"眼球筒状凸起"还无法做整体对应性或规律性的"比较"。

如果仅是"凸目"的话，他认为最佳的参照是楚的"龙首"镇墓兽（参见图20）。

安田喜宪《日中携手，创造美丽的地球家园》认为三星堆青铜人像"筒睛"是"艺术化的扬子鳄怪兽的巨目"，并且是"长江文明巨目崇拜"的表现。他认为这个时期正值日本制作所谓"遮光器"（形）眼睛陶偶的绳文时代晚期（参见图15）。同时发展起来的还有日本龟冈遗址和地中海

---

① 樊一：《三星堆寻梦》，四川民族出版社，1998，第103页。
② 〔澳〕诺埃尔·巴纳德：《对广汉埋葬坑青铜器及其它器物之意义的初步认识》，雷雨、罗亚平译，《南方民族考古》1992年第5期，第39页。

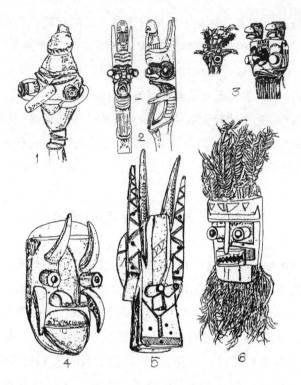

图 13　筒状的目睛面具

（1. 南部非洲象牙海岸的作品；2. 巴纳德采集的近世成都手杖造型；3. 印第安人斯威克斯面具，美国东北部；4. 利比里亚作品，非洲；5. 马林凯作品，非洲；6. 新赫布里底群岛作品）

说明：这些主要出自非洲和太平洋文化区的面具式作品都有筒状目睛，与三星堆柱睛面具颇有相似之点，可惜不清楚它们的性质与功能——很可能那也是多样化的，只是在强调“眼睛的力量”上大体一致。

地区的迈锡尼文化。

他说，在东亚确实形成对“眼睛神奇力量”的崇拜：

> 眼睛是生命之源。人死首先是眼睛合闭。古人认为眼睛有一种神奇力量，因而怀有敬畏心理，眼睛是人类生命之窗。通过生命之窗祈愿新的生命再生，祈愿凭借神奇力量战胜邪恶。①

---

① 参见〔日〕安田喜宪《日中携手，创造美丽的地球家园》，〔日〕安田喜宪主编《神话、祭祀与长江文明》，文物出版社，2002，第 279 页。

他认为正是这种神秘巨目崇拜，产生了——

三星堆"筒睛"人像；

良渚"神人兽面"圆目（乳房）造型；

日本绳文后期巨目陶偶。

这种器物学有否源流关系，有待考古学界去澄清。安田氏说，扬子鳄有巨目，不很凸出——然而扬子鳄是中国龙的一种母型，其目睛也值得重视。

他最重要的意见是，作为"森林文化"的眼睛信仰，体现集体无意识中的"再生"原型，还带着"永久循环"（或永恒回归）的古老观念。我们觉得，眼睛及其崇拜，跟森林生活的联系似不紧密，至少并非"直接"。

但安田的理论在一点上很有启发。如果三星堆的"筒睛"与龙的眼睛确有关系的话，那么，它也可能受了螃蟹眼睛的启发（参见图 16）——它不但平时能做圆周式旋转，伤残脱落以后还能"再生"。

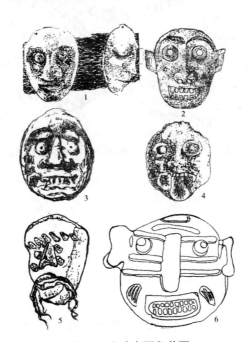

图 14　凸睛人面和兽面

（1. 新疆　新石器时期石面；2. 陕西城固县出土殷商青铜面具；3. 台湾民间兽面；4. 传世战国石雕；5. 云南民间"镇邪"面具；6. 利比里亚对抗瘟疫的面具）

说明：为了造型需要而凸出目珠，固然有强调眼睛神秘的意图，但是必须跟"圆筒—柱状目睛"严格区分开来。

图15　大眼土偶（陶土偶像，局部，日本绳文时代晚期出土）

　　说明：一般认为，极度突出或夸大眼睛，都暗含眼睛的崇拜。或以为是"长江－东海文明"的一个特色。或以为是"泛太平洋文化"的产物。

　　无论是甲金文的"蜀"还是"三星堆筒睛人面"，或者纵目蚕丛、直目烛龙，它们的价值取向是一致的：凸出目睛，并且赋予其神秘意蕴或功能。与"尺木"相依存。

　　眼睛作为"灵魂的窗户"，具有"神奇的力量"。首先是"光明"，或"太阳"的意象（参见图17）。溯源神话里的创世大神，在"身化宇宙"之时，眼睛通常变为日月，无论布鲁沙还是盘古都是如此（神话学或"太阳眼系"）。与烛龙同格的盘古，"垂死化身：气成风云，声成雷霆，左眼为日，右眼为月"（《五运历年记》）。比较二者，就更明白：它们跟婆罗

图 16　现代民俗艺术里"龙"的蟹状凸睛

（湖南新化的舞蹈、戏剧演出里的"龙面"，摄于民间舞队；左下是傩戏里的"龙三"面具）

　　中国"龙灯"等民间龙王（龙造型）里龙睛多作蟹眼式的"柱状"，并且尽量使其活动，以增加可观赏性。"龙三"面具有角，似"三只眼"，火焰眉，眼睛是能转动的似铃铛的椭圆形球体。

门教创造大神，被看作"太阳制造者"和"世界的眼睛"一致①。

六　烛龙：烛阴

　　直目正乘。其瞑乃晦，其视乃明。……风雨是谒。（《大荒北经》）

---

①　参见萧兵、叶舒宪著《老子的文化解读：性与神话学之研究》，湖北人民出版社，1994。

图 17　眼睛（纹）：与太阳形样的契合

（奥尔梅克与玛雅文化，右为易洛魁人面具）

说明：烛龙，乃至三星堆青铜人面的"筒睛"，都很可能是一种"太阳神眼"，能够辟逐邪恶，烛照幽微。古今印第安人的"太阳神眼"面具是理想的参照系——中间的"十"字与太阳轮同样，往往表示"日光"。

视为昼，暝为夜……息为风。（《海外北经》）

［附：石首］左目为日，右目为月；开左目为昼，闭目为夜。（《云中记》）
盘古

气为风，声为雷，目瞳为电。……喜为晴，怒为阴。（《述异记》）

龙首蛇身，嘘为风雨，吹为雷电；开目为昼，闭目为夜。（《广博物志》卷9引《五连历年记》）

可见这本是一条"太阳龙"。如果"筒睛人面"确属"烛龙：蜀龙：蚕龙"之形象构成的话，那么它的"筒状目睛"就也是"太阳眼"——其所以为"筒形"，是为了使光芒集中。它与龙头"尺木"一样，价值指向是天空。

蚕的眼睛最微细，那么，就必须让它对转，分外的加长——神话的一大修辞策略就是夸张——就好像蚕体娇嫩，那就使它长满鳞甲，更其似龙。下文就可以看到，龙或龙王的"蟹目"，正是筒状的。太阳一般的"佳目"固然威灵煊赫，但可能消耗过度，甚至损坏，那么就需要像螃蟹眼睛那样可以更换或再生（参后）。

彝族的凸目大面具，也可以提供一些启发。例如禄丰彝乡傩仪的黑脸嘎英，眼睛凸出，额上有"纵目"（与后世蓝脸蚕丛造像及烛龙"直目正乘"一致），开光点鸡血后便成为不可触犯的神灵。毕摩祝咒曰：

> 左点是太阳，右点是太阴。点眼睛，眼看八方；点耳朵，耳听四路；点鼻子，鼻闻思香；点嘴，嘴吃猪羊。①

"正乘"额中的"直目"专门威慑"看不见的鬼魔"。

邱登成援引《任子》（《太平御览》卷3引）的话，"日、月为天下耳目"，除了论证"烛龙：祝融"具有太阳神格之外，着重证明"高悬空中的日月就是太阳的眼睛，以昭显天地之光明"②。

图18　大耳凸目的龙王

（康提面具舞，斯里兰卡）

说明：东南亚属于印度教系统的龙（Naga）或龙王，多具凸出的蟹眼，有时还有"神圣的大耳朵"。或说与日本的凸睛龙王或"陵王"有亲缘关系。它们可供三星堆"蟹睛大耳"人面参照。

巫鸿特别重视这种"筒目"集中眼光时的效果。三星堆人面筒目，

---

① 唐楚臣：《从图腾到图案——彝族文化新论》，德宏民族出版社，1986，第117~118页。
② 邱登成：《三星堆文化太阳神崇拜传说》，《四川文物》2009年第2期，第18页。

"其管状的突出部分只夸大了瞳仁，凝视（gaze）的目光成了一种有形的雕塑的实体，向观者突射出来，以其纯粹的物质形体对观念施加影响"①。这种能量集中、灵力优异的特型佳目，会引起强烈的"视觉反应"（Visual response），让被看者觉得好像已为其所"控制"，而不知所措。

贡布里希（或译冈布里奇）曾说，昆虫的"假眼"不但是"伪装"，还有"震慑"的作用。有一种毛毛虫（有些像蠋）有假眼，"这两双眼睛合起来便成了一只恐吓性的头"②，用来吓唬捕食者。"远在艺术发现引出这种反应手法之前，自然就已经通过随机变化和自然选择发现了它。"③

图 19　"类柱睛"面具

（女性的大鬼和小鬼，民间面具，四川平武）

说明：同样出现在蜀地的"类筒睛"鬼面，值得注意。但是，"凸"得不够"出"，只是勉强可说成"短柱"。更要紧的，"意义"不明。

与一般饕餮圆睁的大目一样，"筒睛"也是一种"佳目"（good eyes），

---

① 〔美〕巫鸿：《眼睛就是一切——三星堆艺术与芝加哥石人像》，《礼仪中的美术：巫鸿中国古代美术史文编》，郑岩等译，生活·读书·新知三联书店，2005，第80页。

② 范景中编选《艺术与人文科学贡布里希文选》，浙江摄影出版社，1989，第342～343页。

③ 范景中编选《艺术与人文科学贡布里希文选》，第342～343页。

它不但能够厌胜"邪眼"（evil eyes）①，而且能够烛照四方（参见图 17），使暗魅无所遁形②。"妖魔鬼怪是无法看见的"，需要特别大的神奇眼睛来"看它，打它"③。变形或夸饰的"图式化的眼睛"，更"可以用来恐吓邪恶的鬼怪"④。有人将"筒睛人面"与"瞿"（瞿上）联系起来，"矍：矍铄"就是目光炯炯，如《周易·震卦》之有"目矍矍"。三星堆和金沙遗址出土多种大小不同的"眼睛形器"，考古学家认为跟太阳（神）确实"有一定关系"⑤。

在亚洲以外发现的"筒状（凸起）"的眼睛（参见图 9、图 13、图 14、图 24），除了前引《面具的奥秘》所举以外，印第安夸扣特人"丑角舞蹈者"戴用一种"筒目"面具（参见图 10），或说是在模仿"普照大地的神"⑥，那不是"太阳神眼"又是什么呢？

六　蟹睛的再生功能

巴纳德说，中国的"凸睛"造型主要见于楚，例如镇墓兽和《楚帛书》里的某些形象（参见图 20）。"三星堆头像的柱状凸眼可能就是将这种凸状眼珠向外延伸成圆柱状，以强调对眼睛（或眼球）的夸张。"我们觉得，目前所获得凸睛（包括短筒式眼球）的造型或面具，主要是动物，特别是龙的眼珠——民间传说，龙生有"蟹眼"。筒柱或柱状目睛都有"所指"（signifie），而绝不仅仅是形式上的"夸张"。楚镇墓兽多虎身鹿角而"龙首"，长着凸睛以表现其狞猛可怖，与"龙目"有牵连，不足为奇（中国民俗里的鬼怪也多半鼓着铜铃般的怪眼）。

---

① 参见闻宥《商代象形文字中目纹之研究》，《燕京学报》第 11 期，1932 年，第 2361 ~ 2363 页。
② 参见萧兵《面具眼睛的辟邪御敌功能》，《淮阴师专学报》1994 年第 4 期，第 40 页。
③ 《孙作云文集·神话卷·饕餮考》，河南大学出版社，2003，第 385 页。
④ 〔英〕冈布里奇：《艺术与幻觉》，周彦译，湖南人民出版社，1987，第 108 页。
⑤ 高大伦：《成都金沙商周遗址出土"玉眼形器"的初步研究》，《四川文物》2002 年第 2 期，第 24 页。
⑥ 〔美〕弗朗兹·博厄斯：《原始艺术》，金辉译，上海文艺出版社，1989，第 256 页。

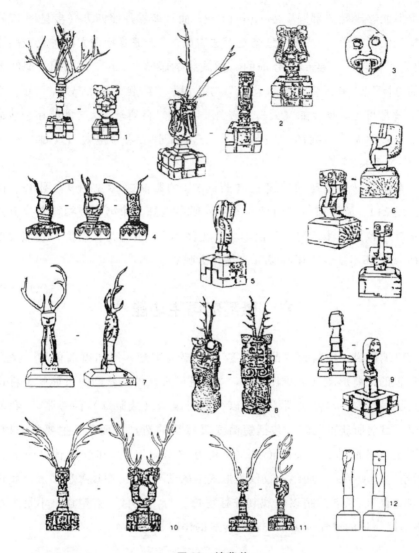

图 20　镇墓兽

（大部属春秋战国时期楚墓出土，少数为传世品）

　　说明：镇墓兽的主要功能是辟除邪魅毒物，以免对亡魂或死体造成危害，影响其"再生"。它往往有凸起的双睛（还不足称为"筒目"）。有些学者认为其与三星堆青铜人面至为相似。其实异处更多。值得注意的是，镇墓兽多为"虎化的龙躯"，多插鹿角。

　　而龙采用蟹目，是与其器官组成——再生功能整体结构相一致的：蛇的蜕皮，鱼的换鳞，马的易齿，鹿（或羚羊）的脱角，鸡的更爪……都意味着生命形态的转换；如蔡大成等所说，是"复活"或"再生"的体现，不朽生命力之证明。①

遗憾的是，我们做了一些浏览和搜寻工作，囿于主客观条件，至今还没有发现中国"面具"里有一模一样的直筒状的目睛（一般"凸出"者不足为奇）。"一模一样"，或者能够直接诠释"筒睛"的文物，是很难找的，目前不能存此奢望，而只能使用间接证据。

《中国面具史》作者顾朴光、川剧艺术专家戴德源、《中国面具文化》作者郭净等，都不吝惠赠了一些照片和资料（参见图21），主要是龙神或龙王的面具，给我们无穷的启发；而龙在民间艺术里多像螃蟹那样长着短棍似的"纵目"，这绝不是无缘无故的，这种脱落以后能够再生的蟹目，体现着生命力的更新与恒久。而且，它能够转动、"伸缩"，可以"观照四方"，具有广阔的视域。那么，是否可以由龙的"蟹状筒目"反证三星堆

图 21　柱状蟹目龙王

（左：贵州安顺地戏面具，戴德源供稿；中：仡佬族傩戏面具，顾朴光供稿；右"巴龙神"面具，印度尼西亚巴厘岛）

说明：目前在中国民间很难见到像三星堆青铜人面那样"筒状目睛"的面部造型。我们所见的多属"龙王"或"龙神"面具，民间传言，龙长着像螃蟹那样短圆柱形的眼睛，可供参考。也许应该注意它的"再生"功能：蟹眼脱落以后会长出来。而龙的主要器官，如马齿、鱼鳞、鹿角、鸡距，都是能够"再生"的——所以，龙是生命或生命力的意象。

---

① 参见萧兵《蚕马女象征叙事的解读》，《文化与文本》，中央编译出版社，1998，第177页。

"筒睛人面"，尤其是嵌有"尺木"的筒睛人面，都是龙首的意象，或者是"龙蚕"或"蚕龙"的意象，甚至确是兼为太阳神的"蜀龙：烛龙"的头部造型。它们之间可以互证。

古代民间也有关于螃蟹的信仰。例如"巨蟹千里"之类。

"筒睛"之为"蟹眼"，有些文章已经提到①，可惜缺乏论证。必须注意，螃蟹也不是与龙一点关系没有。例如浙江莼湖区下泊所村，崇拜"十爪金龙"，形状却如"石蟹"。特别是吉畸乡洪溪村崇拜"独眼龙王"，是"一只眼的大青蟹"②。可见蟹目也颇神秘。

目前我们所见的中国民间"筒形"或"蟹状"目睛的面具，主要是"龙"或"龙王"（参见图21）。

邻近国家，或属丁印度教－佛教系统的筒形目睛面具：

印度尼西亚（尤其爪哇岛）龙王（或狮子）（参见图21，右）

日本"陵王"等"龙面具"（参见图22）、斯里兰卡"蛇王"（参见图23）——也基本上是"龙蛇"（准确地说是Naga龙王）。

图 22　日本"陵王"的凸目

（《陵王》，日本古代面具；或说即"龙王"或说即唐代的"兰陵王"）

说明：日本龙或龙王的目睛，也颇见柱状者，只是不很凸出。

---

① 参见肖平《从三星堆遗存看巴蜀文化中的祭祀巫术》，《文物考古研究》，成都出版社，1993，第115页；管维良：《鱼凫族探源与三星堆断想》，《三星堆与巴蜀文化》，巴蜀书社，1993，第46页。

② 参见应长裕《奉化龙俗调查》，《民间文艺季刊》1990年第3期。

图 23　蛇发"凸睛"双面蛇神面具（斯里兰卡）

说明：这幅"蛇神"或 Naga 龙神面具，可说的东西太多了。它头上是墨杜萨（一般由"眼镜蛇"组成的头发），口中有獠牙并且吐舌，但对本题最重要的是它的"筒状目睛"——也许那也是可以"再生"的蟹目。

图 24　科维晶人的斯瓦赫韦面具

（美国印第安人博物馆藏品，海伊基金会）

说明：这是"兼体造型"神像。角是两只鸟，鼻子变成鸟。它的眼睛是标准"柱"状，前端不开口，用途不明。

这些似乎可以作为辅证，说明：三星堆筒睛面具也属于龙神。尤其是，那额鼻上有"卷云状"长形物，作为龙的徽识，那极可能便是无此不能登天的"尺木"——正是龙首的形象。蟹状筒睛，很可能是南方某种龙形的特征。由于烛龙"人面龙身"，或者长角被人格化，所以其头部呈现为"人面"。

三星堆的"爬龙"形青铜杆形物，其眼珠也是蟹状的，与前举龙目十分相似。这个"蟹状龙睛"的假设值得进一步论证。

《粤风续九》在清初的侧议

郭正宜[*]

摘要：《粤风续九》作为清朝初年最早一部收录粤地汉、瑶、俍、壮等民族民间情歌的一部歌谣总集，其内容丰富、风格多元、形式多样、歌词直率朴实。王士祯将其定位与评价为"乐府清商《子夜》、《读曲》之遗"，因王氏不录吴淇《粤风续九》中的《师童歌》，使得吴淇原有的"续九"之意，不复彰显。这一情况也反映了传统诗学以回归经典为定位、评价的最高原则及其中所蕴藏的核心与边缘的夷夏之辨。本文在"好奇"与"求全"两个向度之下，讨论了清初文人陆次云、朱彝尊及屈大均等人的看法。

关键词：《粤风续九》　歌谣　少数民族　粤风

一　《粤风续九》其人其书

《粤风续九》，吴淇（1615~1675）等编，今存清康熙二年（1663）刻本，齐鲁书社 2000 年《四库全书存目丛书补编》，第 79 册影印，原书藏于中国浙江省杭州市图书馆。①

与大多数民歌收集情形类似，《粤风续九》的编纂成书也是集体合作的结果。除了总辑吴淇外，对民歌进行收集、整理的尚有修和、赵龙文、彭楚伯、黄道等多人；对歌谣加以评解、注释的有沈铸、袁炯、何絜、程

---

* 郭正宜，台湾高苑科技大学资讯传播系副教授，研究方向为越南瑶族宗教文化、文学理论、道教道家思想研究。

① 其书详细内容，参见王长香《〈粤风续九〉研究》，扬州大学硕士学位论文，2011，第 11~12 页。

世英、吴代、谈允谦、潘镠、楚僧本符等。①

《粤风续九》卷首有吴淇的《总序》，卷末分别是李洁与吴淇所作的《题五溪峒女诗并序跋〈粤风续九〉后》和《自跋〈粤风续九〉后》。另各卷前分别有辑录者所作小序。除此之外，首卷《粤风》之前还分别收录江州李洁、歙县吴雯清、古淮阴陈丹三人所作《百粤蛮风诗》各三十首，与京江何絜、黄山程世英二人所撰《题粤风四种诗》各十首，以及上谷孙芳桂撰、雪园彭楚伯笺注的《歌仙刘三妹传》，怀城曾光国述、南徐罗汉章阅《始造歌者刘三妹遗迹》等。但是，此书在长期的流传过程中，已有所破损：首页《总序》有半页已残缺，陈丹《百粤蛮风诗》与孙芳桂《歌仙刘三妹传》之间的第五页也已遗失。这使得我们今天不能够窥其全貌，诚为可惜。

吴淇认为《粤风续九》所收集的粤地民歌是对古代楚文化的继承："岳西轸翼荆州之野，楚之余也。虽僻处南陲，然而江山所钟，流风所激，岂无有猎其美秭，拾其芳草者乎?"② 粤地，吴淇认为在地理上承接楚地，并认为在中原文化的影响下，沾溉了屈原、宋玉的遗风。吴淇又说："或曰：'以《骚》继《诗》是已，乃以区区峒、岷之歌继《骚》也，能免续貂之讥乎?'曰：'楚国，天下莫大焉。北起江汉，其首也；南不尽诸粤，其尾也。《诗》虽无楚风，然《汉广》、《江有泛》见于二《南》，实居十五国风之首。夫楚之首既足首列风，而楚之尾又何不可尾《九歌》乎?'"③ 故"《骚》者，楚风之余也"④，直接风、骚的余绪。从吴淇的角度看来，《楚辞》是补十五国风之缺，是《诗经》的延续。就地理位置而言，粤地与楚相接，粤西即楚之余，因此，粤风可为楚骚之尾，虽"其词淫、其词荡，其语乃古艳，与乐府歌词差近"⑤，因即用中国广西浔州（今

① 以上诸人生平，参见王长香《〈粤风续九〉研究》，第 17 ~ 20 页。
② （清）吴淇：《粤风续九·总序》，《粤风续九》卷首，《四库全书存目丛书补编》第 79 册，齐鲁书社，2000，第 370 页。
③ （清）吴淇：《粤风续九·总序》，《粤风续九》卷首，《四库全书存目丛书补编》第 79 册，第 371 页。
④ （清）李调元：《粤风·序》，转引自商璧《粤风考释》，广西民族出版社，1985，第 1 页。
⑤ （清）陆次云：《峒溪纤志·志余》，《昭代丛书》丙集，卷二七，上海古籍出版社，1990，第 450 页。

桂平市）一带的民族语言来歌唱当地的民间口头歌谣。

而《粤风续九》之续九的意义，吴淇解释说："其云'续九'者，屈原有《九章》、《九歌》，拟以此续之也。"① 观《粤风续九》之《杂歌》卷中之《师童歌》等巫觋之歌曲可知一斑，其解题曰：

> 师童歌者，巫觋乐神之词也。粤人信巫，称巫为师童，其迎神送神皆有歌，而乐神之歌多情语。按之楚三闾大夫作《九歌》，亦本楚巫之词，而满堂美人，含睇宜笑，情语居半。盖以阴阳道殊，须假灵修之理以接之，非亵也。②

此处引文说明了，以《师童歌》为代表的粤地民歌从渊源上来讲，是上古楚文化的继承与延续，无论是从创作内容的表现方式而言还是在演唱中展现的巫觋愉神模式而言，都与屈原"楚辞"体歌谣有相当高的神似。因此，《粤风续九》的命名，不仅基于地理位置上粤地与楚地毗邻，更是从文化传承的内在理路出发，粤歌也是上古楚文化的支脉。如此一来，《粤风续九》一书的书名，才显得意蕴充实且必要。

但后世的学者未能亲见《粤风续九》其书，再加上由于不解"续九"的含义，以讹传讹，而有将书名误为《粤风续》等。如清王初桐所著的《奁史》，在引用相关资料后，就将书名误录为《粤风续》。甚至今人所编《四库全书系列丛书索引·目录》在编定索引目录时，也发生相同的错误，以致产生种种误解，掩盖了《粤风续九》书名的原始意涵。

二 《粤风续九》与王士禛

《粤风续九》成书之后，主要通过文人之间的相互传诵、转抄等形式流传于世。首先，宋荦（1634~1714）在康熙十七年到康熙二十二年（1678~1683）期间得到《粤风续九》一卷，并把它赠送给王士禛。③ 王

---

① （清）纪昀等：《四库全书总目·粤风续九》卷二百，中华书局，1997，第2819页。
② （清）修和：《杂歌·师童歌解题》，《粤风续九》卷五，第413页。
③ 参见（清）陆次云《峒溪纤志·志余》，《昭代丛书》，上海古籍出版社，1990，丙集，卷二七，第450页。

士祯在获得《粤风续九》后，编写了一条"粤风续九"的笔记。这条札记于康熙三十年（1691）收录于《池北偶谈》之中：

> 粤西风淫佚，其地有民歌、猺歌、狼歌、獞歌、蛋〔疍〕人歌、狼人扇歌、獞人舞桃叶等歌，种种不一，大抵皆男女相谑之词。……同年睢阳吴冉渠（淇）为浔州推官，采录其歌为《粤风续九》。虽侏离之音，时与乐府《子夜》、《读曲》相近。……又有师童歌者，巫觋乐神之曲词，不录。①

在这条笔记中，王士祯采录了《粤风续九》中粤西汉族歌谣七首，瑶歌完整三首及一首之片段，壮歌一首，蛋〔疍〕歌三首，还录有俍歌六首之片段及俍人扇歌、担歌以及布刀歌的简介等。王氏以为《粤风续九》之《师童歌》为巫觋乐神之曲词，故不录。并有"虽侏离之音，时与乐府《子夜》、《读曲》相近"的赞语。另外，王氏于康熙四十三年至康熙四十九年（1704～1710）罢官居家时所撰的《渔洋诗话》，撰写一条诗话，其言曰：

> 西粤风俗淫佚，男女婚媾，皆以歌词相酬和。同年吴冉渠（淇）尝撰《粤风续九》一卷，凡民歌、猺、獞、狼、蜑、布刀、扇歌，皆具。其词虽侏离，而颇有乐府清商《子夜》、《读曲》之遗。……，余獞、狼诸歌，则非译不能通晓矣。②

此则诗话录有粤地民歌五首歌谣中的各两句，及完整一首，瑶（猺）歌一首片段、疍歌一首。然其所录的歌谣范畴，并未超出《池北偶谈》的范畴。同时，在这则诗话中，并未谈及刘三妹的传奇故事，也未谈及《师童歌》种种。笔者认为王士祯的《池北偶谈》在属性上属于笔记性质，因此传奇志怪，其中描绘造歌者刘三妹的传奇故事，依然是笔记当行本色；但《渔洋诗话》属于诗话，不录刘三妹故事，王氏自有所取舍。

---

① （清）王士祯：《池北偶谈》卷十六，第7、8、9页。收于《山东文献集成》第三辑，第二十二册，山东大学出版社，2009，第22～173、22～174页。山东省图书馆藏清康熙三十九年王廷抡汀州府署刻本。
② （清）王士祯：《渔洋诗话》，台湾，广文书局，1982，卷下，第17页。

王士禛之《池北偶谈》与《渔洋诗话》二者，均评价吴淇所编纂的《粤风续九》为："其词虽侏离，而颇有乐府清商《子夜》、《读曲》之遗。"其意义为何？首先，须理解何为"侏离"之音。"侏离"之音，根据古书的记载，可为"西夷之乐"，也可为"东夷之乐"①。若就《粤风续九》所选的歌谣之地理位置而言，王士禛之"侏离"之音，指涉应是"西南夷之乐"，即中国古代西南方少数民族的歌谣。王氏所言"其词虽侏离，而颇有乐府清商《子夜》、《读曲》之遗"在此处的点评，王氏运用以类相比的方式，将《粤风续九》中的歌谣比拟为"乐府清商《子夜》、《读曲》之遗"，使读者可以理解《粤风续九》的风格形式与内容。《子夜》、《读曲》属于南北朝的吴歌之一部分。吴歌是江南的民间歌谣，出自长江下游之建业及周围地区，现存340多首，主要曲调有《子夜歌》《子夜四时歌》《读曲歌》《懊侬歌》《华山畿》《神弦歌》，内容是热情的恋歌。在修辞手法上大量运用双关隐语，如谐音字和一字多义等。观察王士禛在《池北偶谈》与《渔洋诗话》中的选诗上，也可发现其中多为男女情歌，在修辞手法也往往运用谐音双关、一字多义等，也无怪乎王氏会将它们比拟为"乐府清商《子夜》、《读曲》之遗"。就王士禛的诗学见解而言，将《粤风续九》定位与评价为"乐府清商《子夜》、《读曲》之遗"，实能掌握《粤风续九》所选歌谣的风格、内容与修辞手法，不愧为的评。但王氏运用类比的方式来点评《粤风续九》，其深沉意涵，不乏古时传统诗教教化的意味，且含有化蛮夷为华夏的意味。

因为王氏将《粤风续九》定位与评价为"乐府清商《子夜》、《读曲》

---

① 《辞源》，台湾远流出版公司，1996，第113页，"侏离"语条解释：古代我国边区少数民族的音乐。《周礼·春官》：鞮鞻氏"掌四夷之乐"，疏引《孝经纬·钩命决》："西夷之乐曰侏离，持钺助时杀。"又引《虞（翻）传》："东夷之乐亦名侏离。"钟琛《先秦两汉及魏晋南北朝音乐传播概论》，台北：龙视界出版社，2014。孔德在《外族音乐流传中国史》中说道：郑注四夷之乐："东方曰韎，南方曰任，西方曰侏，北方曰禁。"…有《白虎通》引《乐元语》曰："故东夷之乐曰朝离，南夷之乐曰南，西夷之乐曰味，北夷之乐曰禁。"何休《公羊传》注："东夷之乐曰侏离，南夷之乐曰任，西夷之乐曰禁，北夷之乐曰味。"刘向《五经通义》曰："东夷之乐曰侏离，南夷之乐曰任，西夷之乐曰禁，北夷之乐曰味。"（第34～35页）由以上所知，各书对于四夷之乐的名称说法有所不同。所以，"侏离"所指涉的可以是"东夷之乐"，也可以是"西夷之乐"。不过就《粤风续九》所指涉的，应是西南夷之乐。

之遗"，有两个层面须先理解。首先，仅就人类认知层面而言，人类在认知新的事物之过程，不免连类取譬，运用以类相比的方式，以已认知的事物来类比未知的新事物，进而达到认知新事物的结果。以类相从，基本上是人类认知过程的常态。因此，王氏在介绍《粤风续九》的歌谣，通过以类相比的方式，拉近读者与《粤风续九》歌谣的认知距离，让读者能够理解《粤风续九》所选歌谣的内容、形式与美学风格等。其次，王氏定位与评价"其词虽侏离，而颇有乐府清商《子夜》、《读曲》之遗"，其背后隐藏的深层义理结构，仍有化蛮夷为华夏的深层心理。也许是受到当时时代的见解局限，王士祯有意无意地将《粤风续九》纳编为传统诗学谱系的一部分。在当时的诗学见解之下，也唯有纳编、定位到传统诗学的范畴与谱系之中，方能显现《粤风续九》中所选的歌谣之价值与地位。人类均是生存在特定时间与空间之下的产物，无所逃于天地之间，因此"笃于时""拘于墟"（庄子语），所以不能以此来苛责王士祯的诗学见解，因为王氏毕竟受到当时传统诗学的束缚，无法跳脱时代的限制。

《池北偶谈》与《渔洋诗话》均不录《粤风续九》之《师童歌》，其拣择取舍，有所不同于吴淇。吴淇之录《师童歌》有其深切且重要的意涵，即"'续九'者，屈原有《九章》、《九歌》，拟以此续之也"，这是王士祯与吴淇的相异处。由于王士祯不录《师童歌》，说明了王氏不尽然同意吴淇《粤风续九》之"续九"，自有拣择取舍，这也使吴淇《粤风续九》的"续九"之意，不再彰显。王士祯身为一代词宗，其诗学影响力自然大于其同年吴淇，因此王氏的取择与点评，自然也影响到朱彝尊、屈大均、陆次云等人的想法。

其次，笔者想进一步探讨关于文化知识的霸权之反思的问题。学者王明珂曾提出他的想法，认为类比法是人类知识产生的重要法则之一；许多知识的产生，无论在过去、现在还是未来，都依赖类比法。但类比法仍然有其知识霸权之危机，王氏继续说明，在寻找、判断事物间的"相似性"或"相关性"的知识理性活动中，我们常陷于自身所处社会文化的迷障里。也就是说，我们的知识理性深受社会文化影响，特别是受到与自身各种"身份认同"有关之社会文化影响。在这样的知识理性活动中，我们定义、寻找何者是"相似的"、"相关的"与"合理的"，以此建构一个我们所熟悉的知识体系。这样的知识体系，合理化我们各层次的社会认同——让核心成为核心，边缘永居于边缘。同时在此理性活动过程中，以及在此过程所涉及的知识霸权中，我们可能忽略身边一些不寻常的、特异的现象。① 如上述所说，不论是吴淇还是王士禛，均欲纳编《粤风续九》所编选的诗歌为传统诗学谱系的一部分，不论是楚辞之后，还是"乐府清商《子夜》、《读曲》之遗"，吴氏录《师童歌》企欲"续九"，而王氏忽略了"不寻常、特异的"之《师童歌》纳编为"乐府清商《子夜》、《读曲》之遗"。二者不免陷于"笃于时""拘于墟"的时空下之传统诗学的见解。在此理性活动的过程中，传统文人企图纳编少数民族民歌集《粤风续九》于传统诗学谱系中，忽略了《粤风续九》的少数民族民歌的独特性，通过忽略"不寻常、特异的"部分，企图去寻找、追求其与传统诗学"相似性"与"相关性"，进而凸显了核心与边缘的对立。

三 陆次云、朱彝尊与屈大均的看法

陆次云，字云士，号北墅，浙江钱塘人，生卒年不详，约康熙年间人。陆氏与王士禛本有往来，陆氏《纤志志余》曾说明《粤风续九》得之于王士禛：

> 溪峒歌谣数种，约数百篇，兹各取其一二，以概其余，次云得之王大司成阮亭先生者。……禛顷宋牧仲郎中贻《粤风续九》一卷，凡粤西及狼獞猺人之歌悉备。其词淫，其思荡，其语乃古艳，与乐府歌词差近，亦删诗不废郑卫之意。此书为浔州司理睢阳吴淇（应为淇）冉渠所辑，其云修和惟克甫者，托名子虚也。先生之言如此。噫！微先生好奇领异，云何以得全《纤志》一书。谨志其缘，俾天下间所未闻者知所自也。②

---

① 王明珂：《反思史学与史学反思——文本与表征分析》，台湾，允晨文化，2015，第47页。

② 陆次云：《纤志志余》，收入《四库全书存目丛书》，台湾，庄严文化事业公司，1996，史部256册，第145页。

陆次云误将"吴淇"为"吴湛"。陆氏将王士祯对《粤风续九》的评价，及自己如何得到《粤风续九》的过程并摘录的缘由，说明得很清楚。同时，陆氏也很感谢王士祯能够提供《粤风续九》，使得他能"得全《纤志》一书"，因此他说："微先生好奇领异，云何以得全《纤志》一书。"其中"与乐府歌词差近，亦删诗不废郑卫之意"，可以在王士祯的《池北偶谈》与《渔洋诗话》看到相似的意思，如"其词淫，其思荡，其语乃古艳"这三句，学者胡晓真认为，"这三句话指向两个重要的概念，亦即情感（淫、荡）与音声（语）。因为人们多半相信人类情感具有普遍性，所以使得吴淇、王士祯、陆次云在不同的时间点，受到感动而进行搜集、评价、摘录的工作"①。

同时，在"微先生好奇领异，云何以得全《纤志》一书"这段话，有两个重要向度，一是陆次云与王士祯的"好奇领异"。由于晚明时期在西洋地理知识的影响之下，中国人的观念世界已然从"天下"转向"万国"，改变了传统由中心向边缘次第等降的文明空间观，因此"地理知识与异国或异族文化仍令人津津乐道，即使往往成为出版市场的娱乐卖点与跨阶层的实用或消闲读物（例如日用类书），但这种'好奇'之心，仍应视为一种向外开放的心态"②。学者胡晓真观察陆次云编著的著作，认为陆氏有"这种眼光向外的好奇意志，最终将晚明以来的新兴地理知识与对渺远异域的想象交错呈现为一好奇领异的世界"③。并认为"（陆次云）《峒溪纤志》则一方面披载着知识传承与文明教化的外衣，一方面传递幻奇与想象的娱乐趣味"④。由此可见，陆氏本身就有"好奇领异"的娱乐趣味取向。胡晓真进一步认为，"晚明的好奇之风在清代未曾断绝，而且仍牵动文化视野的开放性。与此同时，我们也观察到陆次云以及一些同时期的文人，喜于地理及文化上与王朝中央有距离之处，探索人们的情意内涵及其表达方式，并与自己的情感做连结"⑤。学者胡晓真认为，吴淇编纂《粤风续

---

① 胡晓真：《明清文学中的西南叙事》，台湾，"国立"台湾大学出版中心，2017，第70页。
② 胡晓真：《明清文学中的西南叙事》，第9页。
③ 胡晓真：《明清文学中的西南叙事》，第9页。
④ 胡晓真：《明清文学中的西南叙事》，第50页。
⑤ 胡晓真：《明清文学中的西南叙事》，第9页。

九》，背后的动力除了"好奇"之外，尚相信情感具有普遍性，可以在不同的文化与民族间流动。①

笔者试着运用法国社会学家皮埃尔·布迪厄的"实践"理论中"习性"范畴来说明王士禛"好奇"的习性。皮埃尔·布迪厄在他的"实践"（practice）理论中如此勾勒"行动者"（agent）"习性"（habitus）的特征：特定的生存条件形成制约，生成习性，那是持久的、固执的行为倾向（dispositions），被模铸（structured）而又起着模铸作用（structuring）的结构（structures）。② 而王氏本就有"好奇领异"之趣味，如王氏本身的《池北偶谈》，其在自序中说：

> 总次第为一书，区其条目：曰谈故，曰谈献，曰谈艺，曰谈异；其无所附丽者，稍稍以类相从，凡二十六卷。③

又如王氏的《池北偶谈》卷二十二有《峒溪物产》一则，便是引自陆次云的《峒溪纤志》的下卷。王士禛说："陆次云《峒溪纤志》所载物产有绝奇者，略记于此。"④ "其后引录的'物产'包括风鬼、夜叉、木客、野婆、黄丈鬼、潜牛、肉翅虎，恰恰多是上文中笔者（指学者胡晓真）讨论的几种异物。对王士禛来说，古籍典故与西南书写的结合，产生一种奇绝的阅读趣味，值得转录流传。"⑤ 从以上《池北偶谈》的两则引文，我们可以窥见王士禛的"好奇领异"的"习性"。由此可知，陆次云、吴淇、王士禛这些清初的文人，也是明人炫博好奇的流风遗绪。

二是"云何以得全《纤志》一书"这句话，显示出清初文人"好奇"的知识向度。如学者胡晓真说："对'奇'的追求还经常表现在其他层面。在文人的西南叙事中，除了民族习俗，还有异于眼目所习见的山水景物，以及外于中原王朝的历史传说，都是'奇'的来源，而且，两者都更容易

---

① 胡晓真：《明清文学中的西南叙事》，第 10 页。
② Pierre Bourdieu, *The Logic of Practice*, tran. Richard Nice, Stanford, C. A. : Stanford University Press, 1990, p. 53. 中文译本可参布迪厄著《实践感》，蒋梓骅译，译林出版社，2003。
③ （清）王士禛：《池北偶谈》，台湾，汉京文化事业出版社，1984，第 6 页。
④ （清）王士禛：《池北偶谈》，第 542 页。
⑤ 胡晓真：《明清文学中的西南叙事》，第 59 页。

激起文人个人的情感寄托与知识追求。"① 胡氏在此处，点出清初文人"好奇"的知识向度，而清初文人的"好奇"的知识向度，似可说为文人学问的追寻与周全。胡晓真继续说明，"吾人往往轻忽了'好奇'的能量，甚至予以贬抑，以为这只是一种轻浮的、琐屑的、无聊的文人游戏情调。若放在边域与异文化的脉络中，则文人的'好奇'恐更要被当代的我们批判为具有文化偏见的'猎奇'。然而我以为，文人之'好奇'，具有非常积极的意义。好奇表示能够开放自我，尝试与他者的接触与对话，唯其如此，才能不断形塑新的自我，而对清代文人来说，更是学问的追寻与展现"②。因此，我们可以从陆次云的话语中，拈出一个"全"字，来诠解清初文人的"好奇"的能量与追求知识的向度。

以"好奇"与"求全"为能量来源与追求学问的知识向度而言，姑不论其知识真伪或幻奇，陆次云的《峒溪纤志》实当之无愧。由以上可以得知，清初文人不免沾染明人"炫博好奇"的流风遗绪，但我们仍不能忘记"好奇"的能量与知识向度。回到上一节所述的王士禛的部分，笔者曾述及王氏"好奇"的趣味取向，并以"求全"的视角，进一步探讨王士禛选录《粤风续九》的知识向度。首先，我们可以从王士禛门人俞兆晟引用王氏晚年的夫子自道，说自己论诗凡数变，"少年初筮仕时，唯务博综该洽，以求兼长"③。这一段话，可以进一步印证王氏在扬州时，对唐宋诗歌传统，不以时代作取舍的判准，虽说其为论诗之言，但以之论王氏追寻学问的知识向度，也不为过。另一学者黄景进也曾指出王氏有喜读书之癖④，可为旁证。又如学者李孝悌研究王士禛在扬州的官宦、交游、诗文唱酬经历之后，说明了："王士禛却是一个最能打破对立，超越藩篱、疆界的浪漫诗人和风流名士。对诗文、酬唱、宴饮、游览的喜好，让他可以超越政治认同，以及朝代、地域、阶层、年龄、城乡、贵贱和性向的差异，……"⑤，由此可见王士禛是一个"打破对立，超越藩篱、疆界的浪漫

---

① 胡晓真：《明清文学中的西南叙事》，第60页。
② 胡晓真：《明清文学中的西南叙事》，第60页。
③ （清）王士禛：《王渔洋诗话》，〈序〉，第1页。
④ 黄景进：《王渔洋诗论之研究》，台湾，文史哲出版社，1980，第39～40页。
⑤ 李孝悌：《士大夫的逸乐：王士禛在扬州（1660～1665）》，收于《昨日到城市：近世中国的逸乐与宗教》台湾，联经出版事业股份有限公司，2008，第192页。

诗人和风流名士",他选录点评其同年吴淇的《粤风续九》,不全是"好奇",仍有"打破对立,超越藩篱、疆界"之学问"求全"的知识向度。

朱彝尊(1629~1709),清代词人、学者、藏书家。字锡鬯,号竹垞。其《明诗综》卷九十六,录浔州士女《相思曲》二首:

> 妹相思,不做风流待几时,只见风吹花落地,不见风吹花上枝。
> 妹相思(怅无唱),蜘蛛结网恨(怅)无丝,花不年年长在树(在树上),娘不年年伴(作)女儿。①

《静志居诗话》:"此曲载吴洪(淇)《粤风续九》,是浔州士女所歌,而《广东新语》亦有之。王贻上云:虽侏离之音,与乐府《子夜》、《读曲》相近。"② 朱彝尊《明诗综》之所由出,根据四库全书《明诗综·提要》言:"钱谦益《列朝诗集》,出以记丑言伪之才,济以党同伐异之见,逞其恩怨,颠倒是非,黑白混淆,无复公论,彝尊因众情之弗协,乃编纂此书,以纠其谬。"此说诚为洵然。如果说朱彝尊在编纂《明诗综》时,难道没有学问追寻之"求全"的知识向度吗?考诸赵慎畛为《静志居诗话》写序时之语:

> 诗与史,相为终始者也。记载为史,而词咏亦为史。……然则朱先生之为是书,诗话乎?史乎?余且以为史耳。……晚年乃辑《明诗综》一百卷,一切以史法行之。…于是首十帝,本纪也;次宗璜,重本支也;次乐章,祀郊庙以告成功也;次为诸臣,曰家数,列传之体也;中为党锢,为节义,为隐逸之士,书独行也;次属国,大无外之规也;次宫闱,理阴教也;又其次为释子,为道流,为工、为贾、为青衣,杂流也;而以神怪、杂歌、谣辞终焉,志五行也。③

观察赵氏《静志居诗话》之序,以诗话为史的观念来概括朱彝尊《明诗综》的想法,虽说朱氏不一定会同意赵氏的说法,但我们观察朱彝尊在编纂《明诗综》时,何尝未有包罗明一代之诗的想法。也许吾人亦可以推

① 引文中括号中之字,是笔者根据《粤风续九》校对所补。
② (清)朱彝尊:《静志居诗话》卷二十四,人民文学出版社,1998,第798页。
③ (清)朱彝尊:《静志居诗话》卷二十四,人民文学出版社,1998,第1页。

测朱彝尊选录《粤风续九》二首《相思曲》，不尽然出于“好奇”的动机，但应该有追寻“求全”之知识向度。再说，朱彝尊引《王渔洋诗话》语，对两首《相思曲》在传统诗学的定位与评价，乃步踵于王渔洋，未稍更动。

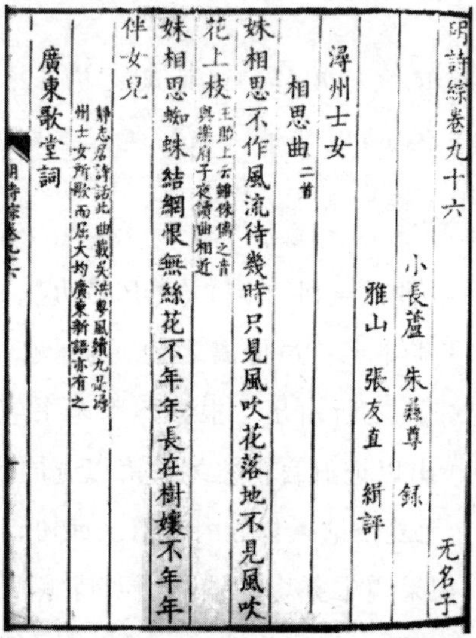

明詩綜卷九十六

小長蘆 朱彜尊 録　无名子

雅山 張友直 緝評

潯州士女

相思曲 二首

妹相思不作風流待幾時只見風吹花落地不見風吹花上枝 王貽上云鞮侏僸之音與樂府子夜讀曲相近

妹相思蜘蛛結網恨無絲花不年年長在樹孃不年年伴女兒 靜志居詩話此曲載吳淇粵風續九是潯州士女所歌而屈大均廣東新語亦有之

廣東歌堂詞

图 1　朱彝尊《明诗综》卷九十六，日本早稻田大学图书馆

资料来源：http：//www.wul.waseda.ac.jp/kotenseki/html/he18/he18_04892/index.html。

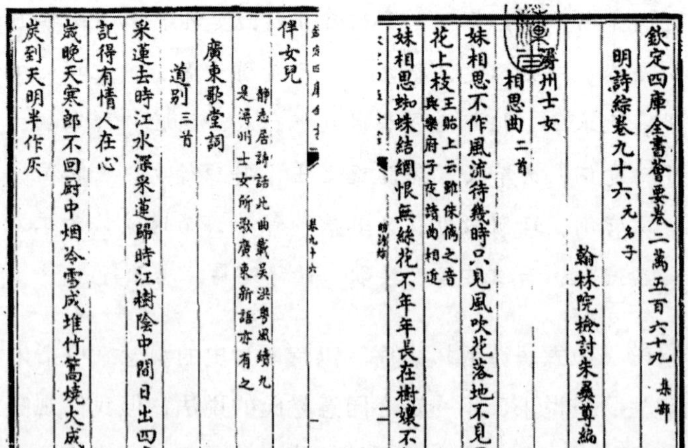

欽定四庫全書薈要卷二萬五百六十九　集部

明詩綜卷九十六　无名子

翰林院檢討朱彝尊編

潯州士女

相思曲 二首

妹相思不作風流待幾時只見風吹花落地不見風吹花上枝 王貽上云鞮侏僸之音與樂府子夜讀曲相近

妹相思蜘蛛結網恨無絲花不年年長在樹孃不年年伴女兒 靜志居詩話此曲載吳淇粵風續九是潯州士女所歌廣東新語亦有之

廣東歌堂詞

道别 三首

采蓮去時江水深采蓮歸時江樹陰中間日出四邊雨記得有情人在心

歲晚天寒郎不回廚中烟冷雪成堆竹篙燒火成長炭炭到天明半作灰

图 2　朱彝尊《明诗综》卷九十六，影印古籍资料－明诗综网站

资料来源：http：//archive.org/stream/06074999.cn#page/n0/mode/2up。

接续上面所言，学者胡晓真对陆次云对吴淇的注释与翻译非常佩服："元（玄）之又元之语，能为详译而出，修和惟克，其公冶长、李太白乎？真奇人也！"陆氏将吴淇比作公冶长与李白，等于将西南民族的语言比为异类（鸟语）及外国语（渤海国语），诚然泄露了陆次云的华夏中心的心态。① 但胡氏认为陆次云抄录《粤风续九》，以汉字记录广西民族歌谣的音声，并翻译为可解的汉文，传达歌谣中超越地域、民族、文化的普遍情感要求，寻求汉文读者的共感交流。② 但朱彝尊的《明诗综》不似陆次云摘录《粤风续九》两首，题为浔州士女所作，而这两首俱在《粤风续九》卷一《粤风》之中，其选录标准不同于王士祯、陆次云与屈大均等。朱氏似乎更保守，他选录的两首是当地民歌，不摘录其他少数民族的民歌。如此的选录标准，似乎泄露朱彝尊的诗学观念，或以朱氏为明遗民心态，以紫能乱朱之故，不欲少数夷狄侏离之音，混入明朝诗歌之中。由此可见，朱氏的华夏中心与遗民心态的态度，其保守态度远甚王士祯、陆次云及屈大均等人。

但朱彝尊《明诗综》所录浔州士女《相思曲》二首，如上文所引，出现异字，是讹误，还是经朱氏删改？学者蒋寅曾指出朱氏《明诗综》之文献工作受后人指责地方有三点：一是擅自删改前人文字；二是记载偶有疏误；三是书后附载高丽人诗，有入选标准不明确、人名及时代混乱、诗题与文字多误、主题狭隘等问题。③ 姑不论二、三点，谨就擅自删改文字而言，蒋寅引用张为儒《虫获轩笔记》指出：

> 朱竹垞先生选《明诗综》，喜删改前人之句，然有大失作者之旨者。…竹垞选此书，意欲备一代文献，宜其持择矜慎。④

容庚先生更举出王璲《和高季迪将进酒》《题采菱图》，李东阳《淮阴叹》，萧镃《乐隐为尹克俊赋》，薛瑄《游君山诗》，万表《闵黎吟》诸

---

① 胡晓真：《明清文学中的西南叙事》，第73～74页。
② 胡晓真：《明清文学中的西南叙事》，第78页。
③ 蒋寅：《朱彝尊的明诗研究》，《北京大学学报》（哲学社会科学版）2008年第5期。
④ （清）吴骞：《拜经楼藏书题跋记》卷五引，嘉庆刊本。

例，说明朱彝尊编纂中随意改窜、挪移前人文字。①

由上文可见，朱彝尊编纂《明诗综》时，除了上段引文所言有删改前人之句的习惯外，又如赵慎畛所言，朱氏编诗有如撰史，有着史家的春秋大义，往往出现编删、挪移、改字等种种问题。如图1、图2所见，朱氏"娘不年年伴（作）女儿"，"作"改为"伴"，已将整首诗抽换、改置了感情面向。如"娘不年年作女儿"（《粤风续九》语），其情感面向是形容女儿青春易逝、韶光易老、年华不再，希望情郎能够赶快追求爱情。但"娘不年年伴女儿"（《明诗综》语），整首诗的感情面向，已转为慈母疼惜女儿，叹息慈母不能长长陪伴女儿，孺慕情深。本来是一首令闻者低回欲动的情歌，被朱彝尊更改一字，转变为慈母疼惜女儿的慈母歌。朱氏不惜运用改字，来抽换、改置诗歌的情感面向，进而凸显教化的价值。综合上述所言，就改诗而言，可看出朱氏的保守心态；另就不摘录少数民族情歌而言，不欲其少数民族的情歌，恐以紫之乱朱，编入朱彝尊苦心孤诣所编选的《明诗综》之中，而选录二首浔州士女的（相思曲），进而保持《明诗综》的华夏中心之纯粹性。由此可见，朱彝尊之华夏中心的心态，应该更远甚王士祯、陆次云、屈大均等人。②

屈大均（1630~1696），字翁山、介子，号莱圃，广东番禺人，编纂有《广东新语》一书，其中有选录《粤风续九》的内容，包括《刘三妹》《粤歌》二则。

《广东新语》一书所引，大抵是屈大均引用或化用《粤风续九》的内容，可见诸《猺歌序》、《狼歌序》、《狼人扇歌》小序、《狼人担歌》小序、《猺人布刀歌》小序及《自跋粤风续九后》等。同时，屈大均亦有"大抵粤音柔而直，颇近吴越……则绝类离骚也。粤固楚之南裔，岂屈宋之流风，多洽于妇人女子欤？"③之说，颇类吴淇"续九"之说。若说朱彝尊选录《粤风续九》《相思曲》二首，为了求有明一代之诗歌的完整性，

---

① 蒋寅：《朱彝尊的明诗研究》，《北京大学学报》（哲学社会科学版）2008年第5期。
② 关于朱彝尊不选录少数民族的情歌进入《明诗综》之中，除了华夏中心心态之外，或与其明遗民的心态有关，可待以后再进行探讨。
③ （明）屈大均：《广东新语》，卷十二《诗语》，收于《中国风土志丛刊》（第59册），第756~763页。

其"求全"的成分远远大于"好奇"的成分，但观诸屈大均的《广东新语》，则"好奇"与"求全"二者的成分应该均半。我们先看一下屈大均《广东新语》的自序：

> 《广东新语》一书何为而作也？……新语。国语为春秋外传；世说为晋书外史。是书则广东之外志也，不出乎广东之内，而有见夫广东之外。虽广东之外志，而广大精微可以范围天下而不过。知言之君子，必不徒以为可补交、广，春秋与南裔异物志之阙也。书成，自天语至于怪语，凡为二十八卷，中间未尽雅驯，则嗜奇尚异之失，予之过也。①

如引文中所言："是书则广东之外志也，不出乎广东之内，而有见夫广东之外。虽广东之外志，而广大精微可以范围天下而不过。知言之君子，必不徒以为可补交、广，春秋与南裔异物志之阙也。"由此可见，《广东新语》之"求全"的追求学问之知识向度。又如屈氏自言，"自天语至于怪语，凡为二十八卷，中间未尽雅驯，则嗜奇尚异之失，予之过也"。也不否认自己所编纂的《广东新语》亦有"好奇领异"之失。综合言之，屈大均对《粤风续九》的选录，亦有"好奇"与"求全"的向度。

综合本节所言，关于王士禛、陆次云、朱彝尊与屈大均对《粤风续九》的选录，应该有"好奇"与"求全"的两个向度。"好奇"的向度，应该以陆次云最高，其次是屈大均、王士禛、朱彝尊。但在"求全"的知识向度，应该说各个自有自我"求全"的目标，如朱氏追求的是有明一代之诗歌的完整性；王氏以一代诗宗，追求的是诗学体系的完整性；屈氏追求的是广东之知识体系的完整。若说陆次云所追求的也许是自我幻奇体系的完整。

此外，考察陆次云、朱彝尊与屈大均三者所摘录自《粤风续九》的歌谣与评价，并未超越王士禛的选诗范畴，可见王氏在诗学领域，独领风骚

---

① （明）屈大均：《广东新语》，《自序》，收于《中国风土志丛刊》（第58册），第13~14页。

一般。^① 但王氏不收《师童歌》，在其影响之下，《粤风续九》的 "续九"
之意，也渐渐湮没了。

四　结语

首先，典范人物的定位与评价，影响了《粤风续九》后续评价的发
展。如王士祯为当时一代词宗、诗坛领袖，点评了吴淇《粤风续九》，为
"乐府清商《子夜》、《读曲》之遗"，不录《师童歌》，使得吴淇《粤风续
九》之 "续九" 的意涵湮没了，之后的学者文人亦步趋于后，"续九" 之
意，不复彰显。

其次，清初的 "好奇领异" 的学术风尚，承续明代之流风遗绪，使得
清朝文人特别注意到吴淇的《粤风续九》，使之流传，并拓展它的影响范
围。但这种 "好奇领异" 的取向，不单单是文化 "猎奇"，仍有追寻学问
之 "求全" 的积极向度。但仔细观察他们对学问 "求全" 之对象或范畴，
也有些差异，如朱彝尊是求明诗之全，屈大均是求粤地事物之全，陆次
云，也许可以说是求他所求的奇幻事物之全，王士祯位居诗坛领袖，要求
于诗之内，一事无不知之全。

学者王明珂，曾引用 *The Life of Pi* 中一段 Pi 与日本海事官员的对话，
王氏认为，我们的思考方式以及我们的语言、文字表述都被当代社会文化
所建构，因此我们难以正确无误地认识与表达 "真正发生的事"，无论是
当前还是过去发生的事。^② 就时间与空间的社会大范围而言，清代的文人
对吴淇《粤风续九》的理解与叙述，由于 "笃于时" "拘于墟" 及传统学
术的范畴限制，仍然试图回归到传统诗学的评价体系，如他们均企图将
《粤风续九》回归到诗学的最高典范——《诗经》上面。就吴淇《粤风续
九》而言，虽说他绕着圈子说，企图接续楚辞传统而 "续九"，但根据其
序言所言，楚风仍是《诗经》之遗风，所以还是回归到《诗经》这个传统
上面。朱彝尊的《明诗综》甚至以删改诗字的方法，企图抽换诗歌的价值

---

① 另外，清初褚人获的《坚瓠集·辛集》，亦有所征引《粤风续九》之歌谣及风俗，仍不
出四位之范畴。
② 王明珂：《反思史学与史学反思：文本与表征分析》，台湾，允晨文化，2015，第29页。

与情感面向，纳编教化价值与伦理价值。而在这种将少数民族诗歌纳入中原传统诗学谱系的企图之中，似乎也凸显着核心与边缘的夷夏之辨；在这种夷夏之辨的心态下，未能正视少数民族诗歌独特的价值及其差异性。这是身在当代的我们，值得深思与警惕的。

南洋《叻报》：早期流散传媒的话语特征及华族的身份构建

蓝　峰[*]

摘要：早期南洋华人的身份构建呈现出一种与其处于文化和地缘政治夹缝中的地位相适应的中间性主体意识，《叻报》的新闻实践则体现了这种中间性主体的立场。《叻报》发展出了一套成熟的中间性主体的传媒话语，为海峡殖民地的华商阶层和华裔大众两大群体代言。《叻报》的这套中间性主体话语，对早期流散华裔的意识形态发展起到了不可或缺的作用。首先，它饱含了流散华裔的情感和经验，是他们用以自我表达的最早的话语形式，也是他们构建自我身份的媒介。其次，这套话语成为当时"海外中国民族主义"的舆论先导。再者，这套话语打造了一个海外华人的公共领域，让很多东南亚华人通过信息交流培养了一种共同认可的族群意识。最为重要的是，这套话语是当时海峡殖民地的华商阶级维护其经济利益、维系其所需的政治秩序的重要工具。

关键词：《叻报》　流散传媒　话语分析　中间性主体

一

在早期南洋华人族群发展和身份构建的进程中，19 世纪末 20 世纪初当地出现的华文报刊，如《叻报》《星报》《天南新报》等，无疑发挥了很大的作用。但有一个值得注意的问题是：尽管史家和学者通常对这些报纸的历史作用也给予不同程度的肯定，可是却大都认为它们的思想内容

---

* 蓝峰，文学博士，美国佛罗里达州立大学中文教授、四川大学中国多民族文化凝聚与国家认同协同创新中心特聘专家。主要研究方向为中美文学关系、华裔流散文化、媒体研究和翻译学。

"保守""落后"，对它们的意识形态立场和价值观持非常负面的评价。①
这种标签化的批评失之简单，无助于揭示这些流散媒体的运作规律。这种
批评囿于机械的二元对立观，往往将研究对象置于非此即彼的孤立范畴
中，要么视为"进步"，要么贬为"保守"，忽视了造成流散华裔文化的复
杂矛盾性的客观历史条件。并且，这类批评不是从流散华裔文化生产的本
地语境出发，而是从中国历史发展的单一视角来考察流散华裔的文化实
践，所以不能把握这些早期华文媒体的历史意义及其话语性质。

　　无论是作为生命形态还是作为社会组织形式，流散族群之所以是一个
矛盾的集合体，主要是由于其赖以生存的领域，是一种在多重相互冲突的
矛盾挤压中形成的缝隙空间；这些矛盾包括：流动与驻留、祖籍国与定居
国、个人与民族、异化与归化、边缘与中心、落后与先进、东方与西方
等。霍米·巴巴将这种空间称为"中间性空间"（in - between space）。他
认为这种空间为一些个体或群体构建新的自我身份提供了可能，造就了一
种具有中间性意识的主体，而这种中间性主体（inter - subject）的出现使
我们不得不对民族、国家、文化传统等概念重新加以界定。② 中间性主体
的自我意识具有内在的矛盾性，也就是霍尔所说的"混杂性"。③ 吉尔罗伊
把这种意识称为"双重意识"，④ 因为这里自我面对的不是一个他者，而是
两个相互冲突的他者。南洋流散华裔充满矛盾的中间性主体意识不仅表现
在他们的文化身份中，更突出地表现在他们的政治身份上。在英语里，表

---

　　① David L. Kenley, *New Culture in a New World: The May Fourth Movement and the Chinese Diaspora in Singapore, 1919 - 1932*, New York and London: Routledge, 2003, p. 82；林金枝：《近代福建华侨与新加坡、马来亚的华文报》，《华侨大学学报》（哲学社会科学版）1988 年第 2 期，第 9 页；丘建章：《清代海外华文报刊的社会功能及特点》，《河南大学学报》（社会科学版）2007 年第 5 期，第 123 页；Carl A. Trocki, *Singapore: Wealth, Power and the Culture of Control*, London and New York: Routledge, 2006, p.60；王士谷：《海外华文新闻史研究》，新华出版社，1998，第 9 页；吴庆棠：《新加坡华文报业与中国》，上海社会科学院出版社，1997，第 24 页；周中坚：《从华侨喉舌到华人桥梁——东南亚华文报刊的世纪历程》，张存武、汤熙勇主编《海外华族研究论集》第三卷，台北：华侨协会总会，2002，第 221 页。

　　② Homi K. Bhabha, *The Location of Culture*, London and New York: Routledge, 1994, pp. 1 - 2, 38 - 39.

　　③ Stuart Hall, "Cultural Identify and Diaspora," *Diaspora and Visual Culture: Representing Africans and Jews.* ed. Nicholas Mirzoeff. London: Routledge, 2000, p. 31.

　　④ Paul Gilroy, *The Black Atlantic: Modernity and Double Consciousness*, Cambridge: Harvard University Press, 1993, p. 127.

示主体的词是"subject"，而这个词还有另一个意思，即"臣民"。19世纪末20世纪初居住在英殖民地的南洋华族，既必须对大英帝国在南洋的殖民政府效忠，同时又无法摒弃对大清帝国的忠诚。这种割裂的政治身份对他们社会生活的各个方面都产生了深刻影响。上述华文报纸就如实记录下了在这种影响下的南洋华族的生活，同时，这些报纸的运作方式也受到这种影响的制约。

在这些报纸中，新加坡的《叻报》是早期海外华人新闻实践当之无愧的代表。本文将聚焦于《叻报》从19世纪末到1911年这段时期的传媒活动，通过考察这些活动，揭示它作为流散媒体的以下特点和操作规律。《叻报》的日常内容，包括它的新闻报道、时政评论、信息传递，甚至广告营销等，都始终地体现了上文分析的那种中间性主体的立场，可简称为"中间性立场"。这种立场服务于中间性主体，反映了该主体在特定的阶级、族群及国家等层面的诉求，并力图使处于两大主导势力冲突之中的该弱势主体的利益能获得最大限度的保障。在这一立场的基础上，《叻报》发展出了一套成熟的中间性主体的传媒话语，为海峡殖民地的华裔大众和华商阶层两大群体代言，而为后者的政治经济诉求服务则是《叻报》的最高宗旨。《叻报》的这套中间性主体话语，对早期流散华裔的意识形态发展起到了几种不可或缺的作用。首先，它饱含了流散华裔的情感和经验，既是他们最早的表达自我的形式，也是他们构建自我身份的渠道。其次，这套话语成为当时"海外中国民族主义"的舆论先导。再者，这套话语营造出一个海外华人的公共领域，使得很多东南亚华人在此通过信息交流而培养了一种共同认可的族群意识。最后，尤其重要的是，这套话语是当时海峡殖民地的华商阶级维护其经济利益、维系其所需的政治秩序的重要工具。

二

《叻报》是东南亚首家华文日报，在早期海外华文报业中经营时间最长（1881~1932年）。它的创办人薛有礼出身于新加坡华裔富商家庭。从1881年《叻报》开业到他1906年去世，薛有礼作为老板一直参与该报的管理。与大多数新加坡出生的富家华人子弟一样，薛有礼接受的是英式教育。但是，或许是因为薛家在厦门有生意的缘故，薛有礼也"接受过一些华语教育并到过中国"。① 在创立《叻报》之前，薛有礼在香港汇丰银行工作过。薛有礼聘请了叶季允做《叻报》的首任"主笔"（即现在的"主编"）。叶季允生于安徽，私塾出身，来《叻报》之前在香港《中外新报》当过编辑。叶季允任《叻报》主笔直至 1921 年去世。《叻报》这两个主要的管理者，一个是对中国怀有极大兴趣的新加坡华商，一个是在中国长大的华侨知识分子。他们的各自的社会背景和共同的中国情结必然会对《叻报》的经营策略和发展方向有决定性影响。

作为当时新加坡最大的华文媒体，《叻报》是为本地及周边地区能读书识字的华人提供社会财经信息的主要来源。这些读者有商人、小业主、店老板、助理、公务员等。他们有的来自华族上层阶级，更多的属于中产阶级，是本地华人中产阶级的中坚力量。② 从《叻报》的广告业务来看，这些读者中对它最为重要的人是那些从事进出口贸易的华商，包括买办。《叻报》每日印张有八个版面，而广告就占了四个甚至五个版面。这些广告可分为三种。第一种是本地个体商家或店主的广告，第二种是华人社团组织的通知或当地政府的公告。这两种广告属分类广告，一般每天总共只占一个或一个半版面。第三种是展示广告，有半栏的，但常常是通栏，甚至跨版，一个广告占到两个或三个版面。这些都是欧美公司和华裔大商家投放的广告，销售的商品从机器到日常用品都有。这种展示广告中还有英文广告。这说明《叻报》读者中有双语读者，是华裔上层中受过良好教育的人。可见，《叻报》的确发挥了沟通欧美卖家和南洋华裔买家的中介作用。这些大商家或跨国公司是《叻报》的重要客户，他们常年定期在这里投放的广告成为该报最主要的营业收入，因此他们的需求自然也会对该报的编辑方针产生很大影响。

---

① Mong Hock Chen, *The Early Chinese Newspapers of Singapore 1881 – 1912*, Singapore: University of Malaya Press, 1967, p. 27.

② Mong Hock Chen, *The Early Chinese Newspapers of Singapore 1881 – 1912*, pp. 14 – 16; Carl A. Trocki, *Singapore: Wealth, Power and the Culture of Control*, London and New York: Routledge, 2006, p. 60.

　　《叻报》的诞生及之后的迅速发展也离不开它所处的社会历史环境。从 19 世纪末期到 20 世纪初，新加坡华社中出现了重振中国传统文化的热潮。许多华人开始强调遵循中国习俗，过中国传统节日。有人组织了中国文学社，传播中国文化，还有人在华裔青年中发起"讲中国话运动"。① 所有这类活动中最引人注目的则是当时的尊孔运动。史学家颜清湟把这些现象都归于"海外中国民族主义"的表现。② 中国传统文化在南洋复兴的一个主要原因是大批来自中国的新移民，他们是倡导中国传统文化的主力。另一个主要原因是，华裔精英阶层，包括商人和知识分子，感到有两种趋势对华社发展不利。一种趋势是越来越多的华裔下一代上英语学校，全面西化，另一种趋势是越来越多的华人男子跟当地马来妇女结婚，以至完全本地化，放弃了华人生活传统。对许多华裔精英而言，重振中国文化，重树中国传统，就是为了维系华人文化身份的延续性而采取的对这类不利趋势的反拨。正是在此意义上，《叻报》的崛起不仅跟海外中国民族主义运动的兴起不无关系，而且对这一运动起到积极的推动作用。

　　当然，《叻报》的民族主义诉求无论采取何种形式，仍然只能是通过它的中间性主体的立场加以表达，因为这一立场就是夹在英国殖民政府和中国之间的南洋华人群体的立场。这种立场被《叻报》以极富象征意味的方式直观地表现在它的时空观里。《叻报》头版报眼呈现两种纪年体系。一种是中国农历，并辅以大清当朝皇帝年号。另一种是《叻报》所谓的"大英"历，其实就是西历。在某种意义上，这两种纪年法暗示着不同的历史观：前者常跟前现代挂钩，而后者常被视为代表着现代。《叻报》同时采用这两种历法不啻于认可其居于两大价值体系之间的地位。另外，在地名使用上，《叻报》的惯常做法是称英国为"英"，称其政府为"英廷"，称中国为"华"，奉其政府为"我朝"；新加坡则被叫作"本坡"。身居英殖民地的华人作为"英廷"的海外臣民，自然不得不效忠于它在"本坡"的政府。同时，这些华人似乎又不愿放弃对"我朝"的认同，至

---

① Jürgen Rudolph, *Reconstructing Identities: A Social History of the Babas in Singapore.* Aldershot; Brookfield, VT: Ashgate, 1998, pp. 320 – 324.

② Ching – Hwang Yen, "Overseas Chinese Nationalism in Singapore and Malaya 1877 – 1912," *Modern Asian Studies* 16. 3 (1982), pp. 397 – 425.

少在精神上他们还自认是"我朝"的臣民。这三个地名的使用构成一个复杂的地缘政治权力关系，凸显出当时南洋华人作为中间性主体存在的矛盾身份和尴尬处境。

《叻报》所代表的中间性主体显然是一个弱势主体（minor subject）。这个主体只能通过周旋于两大主导势力之间获取自身利益。在社会实践中，这个弱势主体有时也设法将自己的弱势地位转化为有利地位。一方面，这个中间性主体对大清帝国的忠诚实际上只有象征意义。它之所以仍然承认跟"我朝"的臣属关系，主要是因为必须保持自己有别于他者的华人身份。而这一身份对于构建一个完整的自我不可或缺。另一方面，这个弱势主体非常清楚，只有顺从大英殖民地政府并与其合作，才能保证自身的生存发展。所以，在与这两大势力打交道时，这个中间性主体采取了非常策略的做法。对中国，它采取的是一种"策略性的保守"立场。一方面它要求保留中国的现存政治制度，另一方面它又主张以西方资本主义为模本改造中国的经济体制，力图通过这种主张来影响中国的社会政治进程。而对英殖民地政府，它采取的是一种"策略性的弹性"立场。这体现为：在一些非本质性的问题如经贸问题上，它会为了维护华商的利益与殖民地政府顽强抗争，然而一旦遇到政治、法律方面的敏感问题，它总是回避同该政府发生冲突。

《叻报》在意识形态上采取的这种中间性主体立场，与该报高层一贯宣扬的新闻"中立"是一致的。从"戊戌变法"失败到清廷覆亡之前的十来年间，来自中国的反满革命派和主张改良的保皇派之间的斗争也延烧到了南洋华社，两派都想赢得海外华人的支持。《叻报》在这场斗争中一直力图不选边站。这种自视中立的做法自然而然地遭到两派的强烈批评。在1909 年一篇社论中，叶季允将这些批评斥为"谬论"，并推崇他的中立："中天地而立，不偏不党，有大公至正义存焉。事而是，虽仇敌亦在所必褒。事而非，即至亲亦不容不贬。故非具有铁中铮铮，庸中佼佼之资格者，不能中立"。① 叶季允认为中立不仅是新闻工作的崇高原则，而且是儒家的美德，是稳定社会、规范个体的基石。《叻报》这一立场实际上表达

① 《辟总汇新报言中立者为废民之谬》，（新加坡）《叻报》1909 年 7 月 8 日。

了南洋华社资产阶级和小资产阶级在话语建设上的政治愿景。

三

《叻报》的中间性主体立场左右了它对新闻价值的判断以及对新闻事件的态度。而且，这一立场使得它在处理当地事件时经常表现出极为矛盾的两面性。作为新加坡的主要华文报，《叻报》首先是一家为华人服务的族裔媒体。它的使命是通过信息传播加强当地广大华人的凝聚力，推动当地华社的建设。而与此同时，《叻报》也是一个不折不扣的阶级喉舌。在这里，它还有着另一个更高的使命，那就是代表华社商贾阶层以及他们在华社的精英盟友的诉求，并在关键时候，尤其是在跟殖民地官方打交道时，采取适当手段来保护他们的利益。换言之，《叻报》在面对当地新闻事件时常表现出来的自相矛盾状态是由它的族裔、阶级双重性所决定的。

《叻报》作为一家族裔媒体的主要作用，就在于帮助当地华人社区培养一种族裔认同感。它通过三种方式来发挥这一作用。第一种是通过持之以恒地报道当地日常事件，打造一个族裔社区的共同文化。尽管这些事件单独看起来既琐碎又无趣，但把它们放在一起便构成了一幅生动的当地华社的生活画面，充满了自己的节奏和活力。第二种方式是充当华社各种活动的协调者。例如，《叻报》经常发布消息推动为各种目的而举办的慈善筹款活动，也通过发布政府公告或非政府组织通知协助相关活动。第三种方式则是通过时事评论来塑造中国移民的道德价值观，这一点对作为族裔媒体的《叻报》尤为重要。比如该报常发表诸如《销毁色情书籍的建议》（1889 年 7 月 27 日）或《过量饮酒的危害》（1896 年 7 月 27 日）之类的文章。这些文章常常能在华人社区引起重视，造成相当的影响。

《叻报》在对华人群体进行道德说教时，往往诉诸民族主义，将族缘、血缘视为华人共同的道德源头。19 世纪末，新加坡的许多中国移民来自中国南部沿海省份的不同方言地区。他们之间常常语言不通，难以交流。这些移民基本上是根据他们的家乡而不是国籍来确定自己的身份，并组成相应团体甚至帮派。在 19 世纪 90 年代，这些帮派之间经常发生暴力冲突，造成人员伤亡。1897 年，面对新加坡华社不断上升的谋杀案，《叻报》大声疾呼："同为中国子民，远沦异域，理宜相亲相敬，何得畛域过分。每见无知之辈，一言不合，动则各党其党，械斗成仇。同是天涯沦落人，尚且自相鱼肉，若此，亦何怪彼族之眈眈虎视者欺负华人也"。① 《叻报》希望通过唤醒当地华人的民族意识来解决问题，要他们放弃原有的狭隘的地区观念，以"中国子民"的身份重新定义自我。在发出这样的呼吁时，《叻报》显然是以全体南洋华人的共同利益的代言人自居的。

但《叻报》更多的时候是积极地为当地华社商界代言，这时它往往会将华商的利益跟华人的利益画等号。作为商界喉舌，《叻报》经常代表华商直接与殖民地政府对话，必要时甚至不惜站在殖民当局的对立面，维护华商的利益。比如在 1895 年，新加坡殖民地政府为满足大英帝国军费开支的需求并维持其自身的开支，打算提高进口货物的关税。这势必会严重打击专门从事进出口贸易的华商，导致一些商家破产，雇员失业。《叻报》这时公开站出来反对提高关税，不仅是在维护华商利益，也是在替华人雇员发声。

然而，当华商的利益与华人劳苦大众的利益不一致时，《叻报》会选择忠于前者，这时它的阶级倾向便异常清晰了。这一点从它对新加坡人力车夫的态度上就可看出。19 世纪 80 年代末，新加坡人力车行业发展迅速，成为城市公共交通的主要工具。人力车行业繁荣的很大原因是，大量涌入新加坡的中国新移民为该行业提供了充沛的劳动力，他们从车行老板那里租车，向乘客收取最低票价，赚取微薄收入。这时，人力车行业的兴盛让殖民地政府看到了一个收取税收的机会。1889 年 11 月，有市政府官员提议提高每辆人力车的运营许可费。《叻报》立即发表社论反对，并巧妙地以人力车夫的名义提出了一个有力的论点。该社论说，增收运营费会迫使车行老板提高租金，从而把负担转移到车夫身上。而后者却不能提高车费，因为那样会使他们失去乘客。于是，这些本地"最善良"而又"最艰难"的人最终将成为真正的受害者。②

可是当人力车夫们为了自己的生存展开激烈斗争，从而可能危及华社

① 《论近来叻中命案之多》，《叻报》1897 年 3 月 17 日。
② 《论工部局员请增东洋车税事》，《叻报》1889 年 11 月 26 日。

中上阶层的既得利益时，《叻报》对这些车夫的同情消失了。1897年1月8日，新加坡人力车夫举行了持续四天的罢工。罢工第一天就出现了暴力，有车夫和警察发生冲突，很多车夫被捕。事态的激化让《叻报》极为不安，开始公开站在政府一边。在对第一天的罢工进行报道时，《叻报》记者把事件归咎于"车夫闹事"。尽管报道也提到罢工车夫的诉苦，如指控政府官员对他们的虐待和勒索，可是报道最后却说这些指控"系道路传闻之言，未知然否"。① 在三天后的另一篇报道中，《叻报》坚称，罢工者应该通过正常的法律手段向政府表达他们的不满，而非采取错误的方式胁迫政府，挑战法律。②

《叻报》所忧虑的是现存制度的瓦解，而华社中上阶层一直是这个制度的受益者。这种忧虑在该报当年晚些时候的一篇社论中表露无遗。在分析殖民地政府和人力车夫之间的紧张局势时，该社论作者担心人力车夫们会被别有用心的犯罪分子利用从而使用暴力手段来达成目的，指出这种局势绝对不符合本地华人的真正利益。社论作者强调殖民政府迄今所采取的步骤都是为了稳定本地的社会秩序，而"非有意苛刻我华人"。社论认为，与爪哇的荷兰殖民政府或菲律宾的西班牙殖民政府相比，本地的英殖民政府事实上对华人相当不错，所以成千上万的华人才会把新加坡视为"乐土"前来谋生。社论还警告说，如果人力车夫们采取错误手段，激化矛盾，导致大英殖民政府改弦易辙，那么受害的将是构成华社大多数的"安分之华人"；而一旦情况真像所担心的那样改变，这些华人失去的不仅是有利的商业环境，还有特定的政治权利和安定的生活环境。③

四

走中间道路也是《叻报》追求中国民族主义时的原则，这体现在它关于中国的报道中。《叻报》在中国并无记者，其中国新闻往往源自其他报刊，如上海的《申报》、香港的《中外新报》、清廷的《京报》等，也有

---

① 《车夫闹事》，《叻报》1897年1月9日。
② 《车务闲评》，《叻报》1897年1月12日。
③ 《书本坡今日纷扰情形系之以论》，《叻报》1897年10月7日。

英文报纸如新加坡的《海峡时报》。另外，《叻报》也常登载一些来自中国的所谓朋友或读者来信，提供中国某些地方的小道消息。真正代表《叻报》自己对中国的看法的是它那些有关中国时政的社论文章。其中，除了很少部分是转载外，大部分文章出自《叻报》编辑之手。这些文章题材广泛，涉及中国的历史、文化、经济、教育、外交关系、社会政治等方方面面的问题。《叻报》正是通过这些文章在读者中宣扬中国民族主义。从1894 年甲午战争爆发始，《叻报》有关中国的时评文章大量增加，重点谈论中华民族面临的危机。《叻报》是最早为中国敲响"亡国论"警钟的华文新闻媒体之一。该报还常常拿其他同样面临亡国危机的文明古国——如土耳其——来警醒国人，说寄希望于西方列强的怜悯只能导致自我毁灭。同时，报纸也动员海外华人加入救国运动："我辈同人均亦国号华邦。虽做客外洋，岂忍就手旁观耶？"①

　　《叻报》主张的救国之路同样是它一贯标榜的中间道路。它既不赞成以激进革命手段推翻清廷，也不致力于维护满清皇室。《叻报》的救国方略包括三大内容：重振儒家传统、发展工商业、改革教育体制。在 20 世纪肇始的前后十数年间，《叻报》发表了很多有关儒家的文章，其主要论点有三。首先是坚信历史已证明儒家的命运与中华民族的命运息息相关。②其次，强调复兴儒家传统的核心是坚持儒家的人文精神，并按照时代变化的要求实践其价值观，而非拘泥于教条。③ 最后，《叻报》声称儒家思想构成了一个完整的精神信仰体系，为信仰者提供了有关生命意义的解答以及道德生活的准则。无怪乎《叻报》常有"孔教"一说，并将"中华之孔圣"比之于"泰西之耶稣"。④

　　《叻报》这种高调尊儒的姿态是它遭到后世史家诟病的主要原因。这里需要指出，如果《叻报》是一家中国本土报纸，那么，从中国当时的历史现状出发对其进行这样的批评，也并非不无道理。但这些批评家忽略了很重要的一点，即《叻报》是一份南洋华文报纸，其意识形态立场主要基

---

① 《论逆谋无益》，《叻报》1899 年 10 月 4 日。
② 《论历代儒学盛衰关乎国势强弱》，《叻报》1898 年 4 月 30 日。
③ 《论中国于孔子旧法并未泥守》，《叻报》1897 年 12 月 8 日。
④ 《因圣像被毁事有感而书》，《叻报》1898 年 6 月 10 日。

于当地流散华裔的社会政治需求。事实上，《叻报》为儒家传统造势是与当时南洋华社出现的尊孔运动相一致的。正如笔者在上文所指出，这个运动也是海外中国民族主义大趋势的组成部分。当时的南洋华族为了构建一个有别于西人（基督教）和本地人（伊斯兰教）的族裔身份，不得不重归儒家传统。尽管当时在中国本土反孔思潮日益高涨，但对这些流散在外的华人来说，儒家仍然是中国文化传统的代表，为他们提供了他们共同认可的价值观和信仰，有助于加强他们的民族归属感。因此，《叻报》重振儒家传统的主张是有其特定的历史原因的。

除了复兴儒教，《叻报》的救国方略非常重视改革中国的经济体制。它在19世纪与20世纪之交发表的许多这方面的文章，都反复论述中国的危机主要是落后的经济体制的危机，所以在面对西方资本主义的入侵时节节败退。《叻报》常举日本为例，说正是通过集中力量发展国民经济，日本这个不久前还被西方列强欺负的小国，目前已变成了一个富裕而强大的国家。《叻报》向中国当局提出的经济改革建议主要有：第一，建设一个以富民为宗旨的市场经济；第二，以西方发达国家的商法为模本，建立一套激励和保护资本经营的法制体系；第三，大力发展制造业和科学；第四，在发展国内贸易的同时鼓励发展对外贸易。《叻报》的改革主张并非空谈。作为南洋商界的代言人，《叻报》表达了华商们的真实想法和愿望。他们相信，这样的经济改革是民族复兴的唯一途径，更为重要的是，也只有在这样的改革中，他们这些商界及工业界的精英才有用武之地。

另外，《叻报》也认为中国的经济改革与教育改革是不可分的，因此呼吁推进中国教育制度的现代化。《叻报》希望大清当局学习西方国家，建立对满、汉等各族人民都免费的公立学校，并为学生提供各种实用学科的普通教育。学校的使命不仅是为国家培养合格的公务员和专业人才，而且更重要的是为社会输出合格的公民。有了大量这样的新型人才为国效力，国家才能真正实现攘外安内的宏图，"肇一代之中兴"。①

---

① 《疏陈要务事书后》，《叻报》1901年1月30日。

五

除了关注当地和中国的局势，《叻报》有关国际时事的新闻和评论在每日版面中也占了相当部分。《叻报》没有驻外记者，其国际新闻主要是转载本地英文报纸和上海及香港的中文报纸。关于国际时事的评论则是该报作者所撰。无论是新闻还是评论，《叻报》的国际报道清楚显示，它在国际形势上的聚焦点以及对国际关系的看法皆受其海外中国民族主义视角的影响。它的国际版基本集中在当时对中国有重大影响的几大列强，如英国、法国、德国、俄罗斯和日本。而且，关于这些国家的报道的主要内容也总是跟中国有这样那样的关系。只有英国例外，这也倒不奇怪。作为海峡殖民地的宗主国，大英帝国不仅每天稳居《叻报》国际版的新闻头条，而且占据了该版最多版面。另外，英国的特殊性还在于，即便与中国无关的英国新闻也会受到重视，如《叻报》在 1899 年到 1902 年间就对英国卷入的波尔战争进行了广泛报道。

《叻报》在国际政治中的立场仍然受制于它的中间性主体的身份，就是作为中英两大帝国的"中间性臣民"（inter-subject）的身份。这一立场说明了为什么《叻报》对某些西方国家采取批评态度，而同时又试图为中英拉线建立反俄联盟。该报对俄罗斯充满敌意，这种态度明显受到世纪之交中英两国主流观点的影响。众所周知，当时的中国朝野都认为俄罗斯对中国资源和领土怀有野心，完全不可信赖。当时的英国公民也普遍认为俄罗斯对其在印度和中亚的利益构成了前所未有的威胁。在 19 世纪 90 年代的最后几年里，《叻报》经常发表文章抨击沙俄，甚至将其描写成一头危及人类世界的凶猛野兽。[1] 该报还批评法国和德国，认为这两个国家帮助俄罗斯虐待和伤害弱国，特别是中国，极不道德。[2] 与此同时，《叻报》认为英国是唯一能够帮助而且应该帮助中国的西方国家。《叻报》当时发表的许多文章都旨在说明英国帮助中国的必要性和紧迫性。例如其中一篇文

---

[1] 《速祸说》，《叻报》1898 年 5 月 11 日。

[2] 《论德法助俄以害欧亚》，《叻报》1898 年 4 月 27 日。

章认为，英国是西方大国中从中国获益最多的国家，一个稳定繁荣的中国将继续给英国带来好处，而一个弱小贫穷的中国只会损害英国的利益。因此，文章坚称英国应该尽力保护中国。①

作为一家主要的海外华文媒体，《叻报》也极力通过影响公众舆论来维护世界各地流散华人的利益。例如，1896年3月，《叻报》报道了在法属印度支那经商的华人遭受歧视的情况，公开批评法国殖民地政府的种族主义政策。② 19世纪末以来，世界各地剥削甚至迫害中国海外劳工的现象日益增多。在面对这类事件时，除了上文提到的新加坡人力车夫罢工事件以外，《叻报》总是能站在受欺压的穷苦中国移民一边，替他们大声疾呼。1899年1月底，在一份分两期发表的长篇报告中，《叻报》详尽地披露了中国劳工在非洲的欧属殖民地受到的非人待遇，并说，中国劳工在这些地方的生活比受奴役的非洲土人更为悲惨，因为欧洲殖民者至少还"待土人如奴隶"，但却"待华人如牛马"。③ 1903年初，《叻报》又揭露了德属新几内亚种植园主虐待中国劳工的事件，哀叹中国劳工的悲惨境遇，谴责德国种植园主的野蛮行径甚至违背了基督教精神。

19世纪末20世纪初，由于美国自从国会1882年通过《排华法案》以来对华人移民实施愈益严苛的政策，禁止中国劳工进入美国，并剥夺了在美华人入籍归化的权利。这些举措引起了世界各地华人不断高涨的抗议。《叻报》这段时间发表了很多文章批判美国的种族主义移民政策，支持华人的合理诉求。另外，《叻报》还积极参加了1905年在中国发起并波及海外的抵制美货的运动。在这场运动中，《叻报》试图发挥一个积极的双重作用。一方面，作为海外一家能直接与海外华人沟通交流的族裔媒体，《叻报》扮演了华社舆论领导者的角色，大力鼓动南洋华人加入这一运动。1905年7月19日，《叻报》在头版报道了南洋华商决议抵制美货，在报道中除了强调采取集体行动的必要性，还特别呼吁："惟愿南洋之华人既已决议如此措施者，务必始终如一实力而行，且勿终为利欲所蒙而置大局于

---

① 《论英宜力护中国》，《叻报》1898年4月2日。
② 《法妒华裔》，《叻报》1896年3月19日。
③ 《续客述旅非洲华人近状》，《叻报》1899年1月26日。

不顾"。① 另一方面，《叻报》将自己定位为代表中国与外部世界对话的发言人。《叻报》正是以这样的身份在 1906 年给美国总统写了一封长信，分四期发表在该报专栏。② 在信中，作者指出了美国移民法对华人的多种歧视之处，并敦促美国总统废除这种不公正的法律，以维护美国作为一个先进的文明国家的形象。

综上所述，我们不难总结出，《叻报》始终清楚地意识到自己作为一家流散华裔媒体的本质，并且，在现实的具体需要和制约下，总是忠实而又不失策略地履行自己的职责。《叻报》首先是一家海外代表着特定阶级意志的区域性族裔媒体。在此意义上，它的首要任务是通过传递财经信息和表达华社中上阶层——尤其是华商——的政治经济诉求，为本地华社服务。同时，作为当时南洋华文新闻界的领头羊，《叻报》自认代表了当地华社的主流观点。基于这样的自我定位，该报在其新闻活动中一直扮演着南洋华族的文化卫士、道德教师和政治代言人的角色。此外，《叻报》也试图发挥中国民族主义媒介工具的作用，通过将海外华人的观点与中国的社会问题联系起来，并在中国和西方列强之间进行斡旋，以此介入中国本土的社会政治进程。《叻报》之所以希望参与中国的社会活动，是因为其坚信海外华人的命运同中华民族的命运是分不开的。《叻报》作为华人的族裔媒体的最重要的历史意义，在于通过数十年日复一日地记录南洋华人的生活、行为和情感，书写了一部真实的南洋华族的社会史和文化史。正是这样的历史构成了南洋华人寻求自我身份的坚实的话语基础。从这个意义上来说，《叻报》并不仅仅是记录了南洋流散华裔的历史存在，而是通过它的话语叙述才使这个群体得以存在。

① 《白蜡华人筹沮美约专电》，《叻报》1905 年 7 月 19 日。
② 《致美总统论禁例书》，《叻报》1906 年 4 月 2、3、5、7 日。

图述中国：法国入华科学传教使团的地理表述*

佘振华**

摘要： 启蒙运动前后，法语世界开始不断表述中国。从形态上看，这些"中国表述"可分为文字型的文学哲学表述和地图型的地理表述两种类型。前者早已经吸引了中国学界的关注，而对后者，中国学界却鲜有研究。从过程上看，17、18世纪法国地理学的"中国表述"可分为两个阶段。第一阶段以译介为主，尤其是译自明末清初的意大利传教士卫匡国。他的《中国新图志》在当时的法国地理学界留下了重要印记。第二阶段以实测为主。17世纪末，法国科学传教使团入华。在康熙、雍正和乾隆皇帝支持下，他们在中国进行了史无前例的地理测绘，并把绘制的中国地图带回法国，向法语乃至西方世界讲述中国地理。

关键词： 法国传教士　地图测绘　地理表述　中国地图

19世纪以前，法国虽有地理学研究，但是作为学科的地理学却并不存在。因此，17、18世纪法国已有许多汉学家，但是从地理学知识角度关注甚至专注中国的学者非常少。目前，对于该时期中国哲学、文学乃至史学在法国译介和影响研究已经非常充分。然而，对该时期法国人有关中国地理的表述却少有研究。在笔者看来，近代以前法国地理研究对中国的表述非常重要。它不仅为近现代法国地理学研究中国奠定基础和提供了指南，而且极大地激发了19世纪法国地理学家和地理学爱好者们研究中国的兴

---

* 本文系国家社科一般项目"近代法语期刊与'中国西南表述'研究（1800—1940）"（项目编号：18BWW019）阶段性成果。

** 佘振华，文学博士，四川师范大学外国语学院副教授，研究方向为文学人类学、比较文学、法国文学。

趣，促使他们运用作为科学的地理学方法去中国实地考察、测量和记录。从形态上来看，它们既有地图和图像，也有文字记录与描写。

在现代地理学学科建立之前，法国地理研究长于地图绘制。总体而言，这一时期绘制中国地图的人员基本是来华传教士，尤其是法国耶稣会会士（Compagnie de Jésus），如耶稣会会士洪若翰（Fontaney）所言：

> 当时在法国，人们正根据国王的诏令，为改造地理学而工作。皇家科学院的先生们奉命负责此事，他们派遣了其团队中最精明能干的人赴大西洋和地中海各港口，英国、丹麦、非洲和美洲诸岛屿，在那里从事必要的考察。大家对遴选将被派往印度和中国的人员感到最为棘手，因为这些地区在法国较少被人知，且科学院的先生们还认为，在那里可能会有不受欢迎以及执行计划的外国人感到不安的危险。因此，人们把目光转向了耶稣会士们[①]。

在地图绘制方面，其中比较重要的耶稣会会士有卫匡国（意大利人）、杜赫德、路易十四传教使团（其中包括洪若翰、白晋、张诚、刘应、李明等五人）、杜德美、雷孝思、巴多明、蒋友仁等。丹维尔根据传入法国的《康熙皇舆全览图》编制了《中国、鞑靼和西藏新地图集》（*Nouvel Atlas de la Chine, de la Tartarie Chinoise et du Thibet*, 1734）。

一　从译介开始：17 世纪法语世界里的中国地图

17 世纪，西方绘图术，尤其是西方绘制中国地图的中心逐渐从葡萄牙、荷兰等国转移至法国。1655 年，卫匡国《中国新图志》在荷兰阿姆斯特丹出版。几乎与此同时，1656 年，法国地理学家、地图绘制师尼古拉斯·桑松（Nicolas Sanson）在《世界各地总图集，或者亚洲、非洲、欧洲和美洲各帝国、君主国家、共和国、主权国、民族总图集》（*Cartes générales de toutes les parties du monde, ou les empires, monarchies, républiques,*

---

① 〔法〕杜赫德编《耶稣会士中国书简集：中国回忆录》（上卷），郑德弟、吕一民、沈坚译，大象出版社，2001，第 251 页。

estats, peuples & c. de l'Asie, de l'Afrique, de l'Europe, & de l'Americque）中绘制了一幅"中华帝国"（La Chine Royaume）[①]。此时，卫匡国的《中国新图志》尚未译成法语，传入法国。因此，该图其实是法语世界里第一幅运用经纬法绘制的中国地图。图中相当准确地绘制了北方的长城、山脉、水系和两直隶十三布政司区域分界[②]。

此后，1666 年，卫匡国的《中国新图志》开始被译入法国。该地图集包含一幅中国总图、各省分图和日本地图。卫氏的中国总图也采用了经纬法，在总体形状上与桑松的中国地图大体相似[③]，因为二者都是出自葡萄牙耶稣会会士之手。而且，罗明坚、利玛窦和卫匡国三人在绘制中国地图方面也是一脉相承的。以卫氏为代表的意大利籍耶稣会会士们绘制的中国地图对后来法国耶稣会会士们的影响很大。据考证，法国传教士们在绘制《皇舆全览图》时曾把卫氏的《中国新图志》作为指导测绘的重要参考[④]。

然而，比较这两幅相差十年传入法国的中国地图，我们还是能发现一些细节上的差异。第一，在长城的走向上，二者之间有着明显不同，尤其是在辽东地区。桑松地图中该地区长城较长较曲折，深入腹地；卫匡国地图中该地区长城几乎为一条直线，直至辽宁半岛以西海边。第二，在长江和黄河的源头上二者也存在着明显的差异。在桑松地图中，长江与黄河在陕西以西的地方有交汇，而且共同源自一个大湖。在卫匡国地图中，长江与黄河并无交汇之处。虽然它们在地图中还是源自湖泊，但是二者的湖泊并不相同。第三，二者虽然都大致画出了中国的海岸线，但是在具体岛屿

---

① 在该地图右下角，桑松说明了这幅地图的来源。他是在法国奥尔良公爵处得到此图，奥尔良公爵则是从罗马获得此图。据桑松所言，此图最初由利玛窦所绘，后于 1590 年由罗明坚带回罗马。据当代学者考据，该图可能由罗明坚所绘。参见宋黎明《中国地图：罗明坚和利玛窦》，《北京行政学院学报》2013 年第 3 期。

② 关于桑松地图，请参见 Nicolas Sanson, *Cartes générales de toutes les parties du monde, ou les empires, monarchies, républiques, estats, peuples, & c. de l'Asie, de l'Afrique, de l'Europe, & de l'Americque, tant anciens que nouveaux, sont exactement remarqués, & distingués suivant leur estendue*, Paris: chez l'Auteur, 1656.

③ 关于卫匡国地图，请参见 Martino Martini, *Imperii Sinarum Nova Descriptio*, 1655, Source gallica. bnf. fr.

④ 参看徐文堪《卫匡国及其〈中国新地图集〉》，张西平主编《把中国介绍给世界：卫匡国研究》，华东师范大学出版社，2011，第 182 页。

分布、港口城市及主要河流出海口也存在许多差异。第四，关于两直隶十三布政司以西的中国疆域语焉不详，信息错误。桑松地图受巴尔布达地图影响，在西边上、中、下的方位分别标上沙漠（Deserto de Arena）、缅人（Bramas）和俄罗斯人（Gouros）。卫匡国地图西边自上而下分别是萨马罕鞑靼（Samahan Tartarie）、西藏王国（Tibet Regnum）、羌王国（Kiang Regnum）和乌斯藏王国（Usucang Regnum）。

这些差异一方面表现出桑松（如上文所述，源自罗明坚绘制的地图）和卫匡国虽然采用了欧洲当时流行的经纬法测量和绘制地图，但是二者都不够精确①，其原因在于他们并未前往整个中国进行实测，所获得的经纬参数也十分有限；另一方面，这些欠缺进一步激发了法国人乃至西方人对中国地理情况的好奇心。1684年9月，比利时汉学家、耶稣会士柏应理前往巴黎觐见法国国王路易十四，并劝说后者向中国派出传教使团。在此期间，法国皇家科学院向柏应理列出了一份关于中国的问题清单，其中有14个问题属于地理学的范畴，占总问题数（共计31个问题）的45%。有些问题直接反映了上述中国地图给法语世界带来的疑惑，如"尊敬的耶稣会士神父们是否对中国的经纬度做了某些具有相当规模的考察？……全国的幅员？……万里长城。……他们的港口、其秀美外貌和雄伟程度。……贵州和云南等省份以西的居民。……中国的陕西、山西、北京、辽东、山东、南京、浙江、福建、江西、广东、广西、贵州、云南、四川、湖广和河南等省份。澳门的地势，它是否与大陆相连接"②。可见，法国地理学界很早就为考察中国地理做准备了。1681年，巴黎天文台台长让-多米尼克·卡西尼呼吁组织一项大型科考项目，即"派遣一些聪明的数学家去中国当传教士"。他计划由耶稣会会士承担起这些科学使命。因此，卡西尼让一些耶稣会会士参与天文观测，以培养他们在该领域的知识和能力（如确定经纬度、测量磁偏角等）③。

① 在长城走向上，桑松地图更接近于明长城的实际走向，但是在水系绘制上卫匡国更胜一筹。
② 〔法〕维吉尔·毕诺：《中国对法国哲学思想形成的影响》，商务印书馆，2000，第502~504页。
③ Bernard Brizay, *La France en Chine du XVIIe siècle à nos jours*, Paris: Perrin, 2013, p.30.

二　实地调查：法国科学传教使团的中国地图

在传教事业、外交沟通、通商贸易和科学研究等多种因素的促使下，1685 年 3 月 3 日，被任命为"国王数学家"的 6 位法国耶稣会会士①踏上了前往中国的征途。据洪若翰所言，17 世纪 80 年代初，他曾与时任法国海军总监和手工业、艺术和科学总管的柯尔伯（Colbert）有过一次会晤，后者鼓励洪若翰道："我希望，诸神父们能利用这一机会，在传播福音之暇在当地进行种种观测，使我们能够完善多种科学与技术。"② 在离开巴黎前几日，除了李明之外，其他五人还被任命为法国皇家科学院通讯会员。1687 年 7 月 23 日，洪若翰、张诚、白晋、李明和刘应等 5 人到达宁波。经历了一系列挫折之后，在南怀仁神父的帮助下，1688 年 2 月 6 日，"国王数学家"们到达北京。同年 3 月 21 日，他们终于得到了康熙皇帝的接见，并向其递交了法国国王路易十四的亲笔信。之后，白晋和张诚被留在了京城，李明前往西安传教，洪若翰、刘应前往南京传教。"在各省行走时，这些耶稣会士不忘必要的测量，以确定他们所经之处的地理坐标，其中有十二座城市（宁波、南京、上海、西安、南昌、潮州、广州、北京和银川等等）"③。此外，洪若翰在经过山西绛州时测定其方位，发现卫匡国的地图有误差，其真正经度应该是 $35°36'10''$④。

在中国进行大规模地理测量的首功应归于 1698 年抵达中国的法国耶稣会会士巴多明神父（Parrenin Dominique）。"有一次，康熙皇帝弄错了沈阳的位置，以为沈阳和北京处于同一纬度。然而，沈阳坐落在长城以北。巴多明神父向皇帝指出了这一错误。"⑤ 借此机会，两位神父（张诚和巴多

① 分别是洪若翰（Jean de Fontaney）、张诚（Jean - François Gerbillon）、白晋（Joachim Bouvet）、李明（Louis Le Comte）、刘应（Claude de Visdelou）和塔查尔（Guy Tachard）。其中，塔查尔至暹罗后，受暹罗国王委托回到法国，寻找前往暹罗的数学家耶稣会士。因此，实际到达中国的只有五位。

② 〔法〕杜赫德编《耶稣会士中国书简集：中国回忆录》（上卷），郑德弟、吕一民、沈坚译，第 251 页。

③ Bernard Brizay, *La France en Chine du XVIIe siècle à nos jours*, Paris：Perrin, 2013, p. 35.

④ 吕颖：《清代来华"皇家数学家"传教士洪若翰研究》，《清史研究》2012 年第 3 期。

⑤ Bernard Brizay, *La France en Chine du XVIIe siècle à nos jours*, Paris：Perrin, 2013, p. 69.

明）向康熙皇帝进言，由法国耶稣会会士来主持地理测量，绘制全中国地图。康熙皇帝最终决定由他们来重新绘制中国地图。1707年12月，全国测绘工作首先由巴多明在直隶地区拉开帷幕。除了张诚和巴多明外，先后有白晋、雷孝思（Jean Baptiste Régis）、安多（Antoine Thomas，比利时籍）、杜德美（Petrus Jartoux）、冯秉正（Joseph - Francois - Marie - Anne de Moyriac de Mailla）、汤尚贤（Pierre du Tartre）、费隐（Xavier Fridelli，奥地利籍）、山遥瞻（Fabre Bonjour）、麦大成（Joannes Fr. Cardoso，葡萄牙籍）、德玛诺（Rom. Hinderer）等十人参与了地理测量和地图绘制。耶稣会会士们分赴各省，各自绘制出分省地图，最后由杜德美汇总成全中国总图。整个地图绘制耗时十年，最终于1718年完成，取名为《皇舆全览图》（又名《康熙皇舆全览图》）。

在杜赫德编撰的《中华帝国全志》的"序言"中，雷孝思神父写道："对于这样一部地图巨著，我确信我们已经面面俱到了。我们亲自前往各省每个要地进行测量。"① 的确，这幅地图涵盖了北至贝加尔湖、西至里海、南至西藏的广大区域。与桑松和卫匡国等人的地图相比，《康熙皇舆全览图》不仅涵盖了关内十五省地图，还包含了此前从未有过的满洲和西藏②等地的地图，规模空前宏大；由于进行了全国631个重要点的经纬度控制测量，加上传教士们运用地球形体来确定尺度，该图在精度上也处于世界领先地位③。康熙时期，由于准噶尔部叛乱，因此，此次《皇舆全览图》的测量和绘制暂缺新疆地区的相关数据。至1756年，乾隆皇帝平定叛乱后，才派都御史何国宗带领传教士入新疆测量。1759年，再次派遣明安图入新疆复核测量结果。1760年，法国传教士蒋友仁在《康熙皇舆全览图》的基础上增加了在新疆、西藏等地的测量数据，绘制成《乾隆内府舆图》。清代学者邵懿辰曾言该图"南至琼海，北至俄罗斯北海，东至东海，西至地中海，西南至五印度南海，合为一图，纵横数丈，而剖分为十三排，合若干叶，每叶著明经纬度数，盖本康熙图，而制极其精，推极其

① Père du Halde, *Préface de la Description de la Chine*, p. XIV.
② 康熙皇帝指派曾经跟随法国传教士学习过数学和测绘的两位喇嘛入藏实地测绘，经雷孝思、杜德美审定后制成地图。
③ 卢良志：《清代实测经纬度地图集》，《国土资源》2008年第10期。

广，从古地图未有能及此者也"①。李约瑟也盛赞《康熙皇舆全览图》"不仅是亚洲当时所有地图中最好的一种，而且比当时所有欧洲地图都更好、更精确"②。

《康熙皇舆全览图》最早是手绘版本，完成于1718年。1720年改为木刻版本，第一种木刻本于1720年刊印，该版本共计总图1幅，分省和地区图28幅。1721年，由于增加了西藏和蒙古西部地图，《康熙皇舆全览图》第二次木刻刊印。后来，该木刻版本被耶稣会送回法国，成为杜赫德《中华帝国全志》第五卷所刊地图的底本③。关于何人将《康熙皇舆全览图》送回法国，国内学界有不同看法。有人认为是法国传教士雷孝思将1721年的木刻版送回法国④。另一些学者则认为是意大利传教士马国贤制作了铜刻版，并将其带回欧洲⑤。还有学者认为铜刻版的《皇舆全览图》是法国传教士宋君荣直接邮寄给法国版中国地图绘制者丹维尔（Jean - Baptiste Bourgignon d'Anville)⑥。笔者认为，可能二者都曾将《皇舆全览图》的不同版本带回欧洲⑦。但是，学界一致认为，法国神父杜赫德收到地图后即上呈法国国王审阅，并邀请当时法国最著名的地图绘制专家丹维尔绘制并刊印地图。丹维尔并没有完全照抄杜赫德转交的《康熙皇舆全览图》，而是对收到的地图进行了相应的修改和补充⑧。终于，1735年，杜赫德《中华帝国全志》出版，其中第五卷所载的《中国地图》（以下简称"杜赫德地图"）也得以呈现在法国读者的面前，其中包含中国全图1幅、中国关内全图1幅、鞑靼地区全图1幅、西藏全图1幅、中国关内分省图15幅，西藏分图9幅以及朝鲜图1幅。此外，在插图中还有7幅城市图，共计36

① 邵懿辰：《增订四库简明目录标注》，上海古籍出版社，1979，第278页。
② 〔英〕李约瑟：《中国科学技术史》第5卷，翻译小组译，科学出版社，1976，第235页。
③ 余定国：《中国地图学史》，姜道章译，北京大学出版社，2006，第216~217页。
④ 参见余三乐：《早期西方传教士与北京》，北京出版社，2001，第287页。
⑤ 参见吴倩华《16~18世纪入华耶稣会士中国地理研究考述》，浙江大学博士学位论文，2013，第225~228页。
⑥ 参见程龙《〈中华帝国全志〉所附中国地图的编绘》，《中国文化研究》，2014年夏之卷。
⑦ 笔者认为，将《皇舆全览图》传入欧洲者应为法国传教士。首先，众所周知，马国贤并不是耶稣会会士，也不是法国人，所以很难将《皇舆全览图》的铜刻版献给法国国王。其次，杜赫德在《中华帝国全志》序言中详细记录了地图测绘的过程。这些信息应该是由法国传教士递送回法国的，因为马国贤并未实际参与地图测绘工作。
⑧ 参见程龙《〈中华帝国全志〉所附中国地图的编绘》，《中国文化研究》2014年夏之卷。

幅地图。

"《中华帝国全志》出版以后立刻受到欧洲的关注，该书虽价格不菲，但市场需求甚广，因此一再重印，唐维尔（即丹维尔——引者注）所绘的地图也因此名声大噪"①。1738 年，英国就着手翻译出版了该书英文版。甚至于 1737 年，荷兰海牙一家名为 Henri Scheurleer 的出版社就公开盗版了丹维尔所绘的中国地图，结集为《中国、鞑靼和西藏新地图册》②。虽为盗版，但是为了提供更好的阅读效果，出版社还是做出了一些调整。该盗版地图版式更大，此外还增加了博卡拉地志和白令舰长在西伯利亚的考察地图。由于价格更便宜，所以该盗版在法语世界的流传更广，影响也更大。综合上述不同版本，可知《康熙皇舆全览图》对法国乃至西方地理学中国表述的影响。美国学者艾尔曼对该图西传欧洲之意义有着公正的评价，"自从康熙帝时期的地图集于 1725 年首先传入法国，影响了巴黎、伦敦及其他地方的学者后，中国在欧洲地图中的形象彻底改变了"③。

这种中国形象的改变首先体现为更详细、更准确的中国地理信息。杜赫德《中华帝国全志》里中国地图总图的海岸线与水系走向与今天卫星绘制的地图已经基本吻合④。例如，在巴尔布达绘制的中国地图中，云南和四川的地理位置直接错位。在桑松和卫匡国绘制的地图中，云南与四川的位置基本正确，但是各省划界都存在许多误差。而源自地理实测的杜赫德地图更加精确⑤。这些地图不仅为法国读者提供了更准确的中国地理信息，也是法国人来华商贸、考察等活动的最佳指南。

① 程龙：《〈中华帝国全志〉所附中国地图的编绘》，《中国文化研究》2014 年夏之卷。
② 全地图册以法语写成，全名很长，为《中国、中国鞑靼和西藏新地图册：包含这些地区的总图和分图以及朝鲜王国地图；大部分数据在康熙皇帝的命令下由在华耶稣会士和钦天监鞑靼学者精确测量完成，所有数据都由耶稣会士复核；由国王地理学家丹维尔先生绘制；图前附上的博卡拉地志是由曾在该地居住的瑞典军官完成》。
③ 〔美〕艾尔曼：《中国近代科学的文化史》，王红霞等译，上海古籍出版社，2009，第 50 页。
④ 关于杜赫德地图与卫星测绘地图对比，可参看 http://www.sdcnews.net/sdxw/gn/178516.html，最后访问日期：2019 年 9 月 10 日。
⑤ 关于杜赫德版本的四川地图，请参见 Jean Baptiste du Halde, *Description géographique, historique, chronologique et, physique de l'Empire de la Chine et de la Tartarie Chinoise*, Paris: Chez P. G. Lemercier, 1735, p. 215。

其次，杜赫德《中华帝国全志》里的中国地图源自实地考察，地名更加贴近自称。因此，法语世界接受并沿用了这些名称，直至民国时期。如在巴尔布达地图中，四川被译为"Suinam"，桑松地图中为"Si Ciuen"，卫匡国地图中为"Suchuen"，杜赫德地图中为"Se-tchuen"。很显然，从中法文发音角度看，杜赫德地图中的法译地名更加符合汉语发音，如杜赫德所言"葡萄牙人书写中国词汇的方式让我们的拼读更加困难。这种书写方式曾长时间地被我们法国的传教士们所沿用，尽管它与我们按照汉语发音来书写的方式极为不同……例如我们把中国城市（应为省份——引者注）山东书写为'Chan tong'，这也正是中国人的发音方式。而他们（指葡萄牙人——引者注）则把它书写为'Xan tum'"①。从此，杜赫德音译的中国地名构成了法语世界表述中国最基础的地理词汇，至今仍在使用。以法语发音来标注中国地名也表明，从法国科学传教使团考察中国开始，法国不再挪用葡萄牙语、拉丁语，开始独立表述和言说中国，甚至引领西方的汉学研究。

再次，杜赫德《中华帝国全志》首次向法语世界介绍了中国边地的少数民族聚居区域②。该书第一卷专章介绍了"西番人"（Des peuples nommés Si fan, ou Tou fan）、"库诺尔鞑靼人"③（Des Tartares de Coconor）、"倮倮人"（De la Nation des Lo los）、"苗子"（De la Nation des Miao Se）等西南少数民族；第四卷标题就是"绘制地图传教士回忆录中的鞑靼地志"，内容大量涉及明末清初时期中国满洲、西藏以及蒙古、朝鲜等地区的少数民族。自此可知，以往西方关于中国的图文皆不完整，完全集中于关内十五省。卫匡国地图中虽然出现"西藏"（Tibet）一词，但是并无有

① Jean - Baptiste du Halde, *Préface de la Description géographique, historique, chronologique, politique et physique de l'Empire de la Chine et de la Tartarie chinoise*, Tome 1, Paris: P. G. Le Mercier, 1735, p. l.
② 有学者认为最早向欧洲介绍中国少数民族的是葡萄牙传教士安文思。他在《中国新志》（*Nouvelle relation de la Chine*, 1668）一书中提及中国西南地区的"土司"。虽然，1688年该书被译成法文，但是笔者认为安文思只是在介绍西南各省情况时一笔带过，并没有专章介绍，甚至连少数民族的称谓都不清楚。笔者认为，最早在著作中专章介绍中国少数民族的当属杜赫德。参见吴莉苇《18世纪欧人眼里的清朝国家性质——从〈中华帝国全志〉对西南少数民族的描述谈起》，《清史研究》2007年第2期。
③ 即青海蒙古厄鲁特部。

关西藏地区人文地理的介绍。因此，首位以图文并茂的方式向西方介绍西藏的学者当属杜赫德。值得注意的是，卫匡国所处的时代是明清交替之际。此时，明朝疆域分崩离析，清军早已入关。因此，在这一特殊历史时期，卫匡国在地图中绘制的中国疆域主要指关内十五省，北边为鞑靼各部，西边为西藏、羌、乌斯藏等王国，南边为缅、老挝和东京等王国。这种情况明显影响了杜赫德地图。在《中华帝国全志》第一卷末附有两张总图，第一张为"包含中国、中国鞑靼和西藏的最大总图"（Carte la plus générale et qui comprend la Chine, la Tartarie chinoise et le Tibet），第二张为"中国总图"（Carte générale de la Chine），只包含关内十五省。然而，法国耶稣会会士绘制中国地图时，清朝已经派遣官员和军队驻藏，也一度平定了新疆准噶尔部的叛乱。可见，卫匡国和杜赫德的"中国"（la Chine）地理概念更偏向关内十五省。这种模糊的地理概念长时间影响了西方，一定程度上导致西方世界少数人士把中国和鞑靼、西藏等地分开的错误印象。由此可见，杜赫德地图的中国表述也具有很大的历史局限性，它并没有从深层次理解中国传统天下观的地理概念，即中国对应着一个更高级别的天下概念，即"一点四方"，而关内、关外和西藏等地皆是天下的地理组成部分，统属于中国之内。

综上所述，16～18世纪，法国地理学开始认识和表述中国。在大航海时代，葡萄牙、荷兰等国无疑是探索通往东方新航路的先行者。直至17世纪中叶，它们实际控制着前往中国的海上航线。与此同时，葡萄牙还利用罗马教廷和保教权①控制着西方和中国的联系与交流。至路易十四时代，法国国力强盛。不甘于仅仅是从拉丁语或西班牙语译介有关中国的资料，法王路易十四派遣了第一支"国家数学家"组成的耶稣会会士传教使团，拉开了法语世界直接认知和表述中国之帷幕（其中，关于中国的地理表述占据了最重要的位置）。直至法国大革命之前，法国地理学表述中国都不仅仅是单纯的科学研究。法国来华耶稣会会士费赖之曾坦白地说，"法国在华传教团的产生是由于三大因素：一、传布福音；二、发展科学；三、

① 1494年，在教皇亚历山大六世的干预下，西班牙和葡萄牙缔结了《托德西拉斯条约》，规定以亚速尔群岛以西370英里的子午线为界，东、西各分属葡萄牙和西班牙。从此，葡萄牙获得了在东方保护和传播天主教的权力，这就是天主教会史著名的"保教权"。

扩张我们祖国的势力"①。于是，19 世纪以前，法国地理学表述中国还夹杂着浓厚的政治气息和宗教气息。

在政治方面，法国与葡萄牙以及罗马教廷之间的矛盾越来越突出。法国传教士们不仅拒绝宣誓，而且在报告中开始使用法语书写，而不是使用葡萄牙语或拉丁语。在宗教方面，为了扩大在中国的传教事业，法国传教士们不遗余力地向西方表述中国，介绍和翻译各种中国典籍。他们往往选择中国文化风俗中美好的一面，并试图找到中国传统文化与西方基督教文化之间的相似性、相通性甚至一致性，以此来证明他们传教事业的合理性与可行性。然而，这一做法"不足为宗教的思想辩护，反而给予反宗教论者以一种绝大的武器"②。而且，这激发了以孟德斯鸠为代表的西方学者们的质疑，如孟德斯鸠所言，"他（指法国传教士柏应理——引者注）带着偏见解释中国的术语，以支持自己的论证；我已发现多处谬误"③。在阅读杜赫德神父编撰的《中华帝国全志》时，孟德斯鸠提出了自己的疑问，"在杜赫德神甫介绍的八个省中，我所看到的一切都令人赞叹，美丽、姣好……大自然果真只有美而无一点丑吗？④"

但是，无论如何，法国传教士们的地理表述更加直观、更加细致地把中国呈现给西方。这些表述一方面为法国近现代关于中国的地理研究奠定了基础；另一方面，它们为法国通过地理发现而觊觎的其他政治利益和经济利益提供了武器。在白晋神父返回法国后的第二年（1698），法国商船"安菲特里特号"（l'Amphitrite）首航中国，打通了法国至中国的海上商路，亦给中国带去了第二批法国耶稣会会士（巴多明神父亦在其中）。1700 年，法国"中国公司"（La Compagnie de Chine）重建⑤。1728 年，法国在广州设立商馆。自此至鸦片战争，中法贸易一直持续未断。与贸易保

---

① 方豪：《中国天主教史人物传》，中华书局，1988，第 269 页。
② 朱谦之：《中国哲学对于欧洲的影响》，上海人民出版社，2016，第 188 页。
③ 许明龙：《孟德斯鸠笔下的中国》，https://www.sohu.com/a/151300194_672687，最后访问日期：2019 年 9 月 10 日。
④ 许明龙：《孟德斯鸠笔下的中国》，https://www.sohu.com/a/151300194_672687，最后访问日期：2019 年 9 月 10 日。
⑤ 1660 年，在马扎然（Mazarin）、富凯（Fouquet）的推动下，"中国公司"（La Compagnie de Chine）成立。后来，该公司与"马达加斯加与东方公司"（Compagnie d'Orient et de Madagascar）合并，成立了"法国东印度公司"（Compagnie des Indes Orientales）。

持一致的是人员的往来。一批批法国传教士也得以乘坐着远洋商船来到中国，他们一方面在各地传教，另一方面在现场观察着这个庞大的国家，并向遥远的法国民众表述中国。

多民族文学与文化

@阿诗玛：寻找阿诗玛的颠倒梦想*

巴胜超**

摘要：十年（2008～2018）来的治学之路，田野、写作多与"阿诗玛"相关，似乎留下一种专注于"寻找阿诗玛"之印象，而回望初心，"寻找阿诗玛"却是我的"颠倒梦想"。在阿诗玛@传媒、阿诗玛@非遗、阿诗玛@寻找、阿诗玛@旅游的平凡之路上，一个跨学科的青年学人，以"阿诗玛"为研究对象，在传媒人类学、口述史、人类学写作、旅游文化研究等跨学科过程中的实践与探索，和盘托出，闻过则喜。

关键词：阿诗玛　传媒　口述　旅游

年三十有余，晨起习惯念《心经》六遍，其中有：菩提萨埵，依般若波罗蜜多故，心无挂碍；无挂碍故，无有恐怖，远离颠倒梦想，究竟涅槃。①大意为：菩萨境界，即大智慧到达彼岸之解脱境界，因为全然解脱，不再有挂碍牵绊，亦无恐怖畏惧，故而远离了颠倒梦想的凡夫境地，最终达到涅槃之境。十年来（2008～2018）的治学之路，田野、写作多与"阿诗玛"相关，似乎留下一种专注于"寻找阿诗玛"之印象，而回望初心，"寻找阿诗玛"却是我的"颠倒梦想"。

一　阿诗玛@传媒：传媒人类学的探索

2008年冬天，我在四川大学文学与新闻学院文学与人类学研究所读

---

* 国家社科基金艺术学项目"文化旅游情境中阿诗玛传统文化的创新发展研究"（项目编号：14CH138）；"南方丝绸之路影像志"创新团队阶段性成果。

** 巴胜超，昆明理工大学艺术与传媒学院副教授，文学博士，硕士研究生导师，研究方向为文学人类学。

① （唐）三藏法师玄奘译《般若波罗蜜多心经》，江味农、李叔同、净空法师：《名家名作精华本：金刚经·心经·坛经》，长江文艺出版社，2014，第127～140页。

博，导师彭兆荣教授从厦门大学来成都看我，因为之前我们并不认识，到车站接彭老师之前，为了便于相认，我拿了一本"黄皮书"——叶舒宪、彭兆荣、纳日碧力戈合著的《人类学关键词》①。冬天的成都，阴冷，五桂桥汽车站的人流中，一瘸一拐（打篮球崴到脚）的彭老师，提着行李箱，看到了在人群中挥着《人类学关键词》的我，微笑着，很温暖。

这是我多年来难忘的一幕。彭老师视学生为自己的孩子，我们都称他"师父"。师父时任厦门大学人类学系主任、人类学研究所所长，也在四川大学文学与新闻学院任兼职博士生导师。当晚，文学与人类学研究所所长徐新建老师、师父和我，三人绕着川大望江校园，边走边聊。

读博之前，我醉心于纪录片，特别是独立影像②的研读、拍摄。对人类学的了解，仅止于观摩云之南纪录影像展③时所看到的人类学电影（大多是偏远村寨的故事）。与师父汇报了自己毕业论文想研究的选题：青春题材电影研究或独立影像创作研究。师父说自己对传媒、影像领域并不熟悉，建议我从传媒研究与人类学的交叉领域进行思考，并找一个具体的案例进行研究。

当晚，失眠。脑袋中尽是传媒、人类学两个词语在碰撞、交叠。于是开始补人类学的课，除了习读师父为我开列的书目，还去旁听相关的人类学课程，其中就有李春霞教授的《媒体人类学》一课。对于从自认为"时尚"的影视文化研究，转向"山里"的文化人类学，刚开始我并不情愿，和春霞师姐在春天的九眼桥散步，她劝导说，转向人类学，正好与我所在的云南省的民族学、人类学研究氛围相契合，在师姐的鼓励下，开始研读"A Brief History of Media Anthropology"④、《媒介化世界里人类学家与传播

---

① 叶舒宪、彭兆荣、纳日碧力戈：《人类学关键词》，广西师范大学出版社，2004。

② 发表有《自恋的快感》（与杜凌合作）（中国大陆20世纪90年代以来独立纪录片创作过程中出现的"自恋倾向"）、《平视视角：20世纪90年代的中国纪录片创作》、《最后的马帮和德拉姆的纪录形态》、《"虚构"真实——纪录片创作真实观念新论》等文。

③ 云之南纪录影像展起始于2003年，是一项集观摩、竞赛与研讨为一体的纪录影像活动，每两年一届。云之南是目前国内创办最早、规模最大、影响最广泛的公益性纪录电影双年展。

④ Susan L. Allen, "A Brief History of Media Anthropology," Susan L. Allen edited, *Media Anthropology: Information Global Citizens*, Westport, Connecticut, London, 1994.

学家的际会：文化多样性与媒体人类学》① 等中外文章，开始了对"传媒人类学"的探索。

"传媒人类学"，即"Media Anthropology"或"the Anthropology of Media"，在中文语境中被译为"传媒人类学"、"媒体人类学"或"媒介人类学"。以人类学民族志方法研究人类传播现象的"ethnography of communication"，则被译为"民族志传播学""传播人种学"。当研究中出现诸多名称和主张时，追根溯源、理顺谱系最为重要，在理论的研读中，我逐渐完成了《文本－技术－语境：传媒人类学（Media Anthropology）的谱系》② 和《"传媒人类学"辨析》③ 的撰写。对某种理论的研究，除了理论探讨，结合实际案例进行分析，才能使理论落到实地，在《网络日志：一种自我反射式民族志文本的可能》④《媒介与体验：媒介理论中的体验阐释》⑤《语际书写与民族文化的互动传播：以古彝文〈阿诗玛〉为例》⑥《口语文化中阿诗玛的传承与传播》⑦ 等文中，我开始以具体的案例对传媒人类学进行讨论。

在博士学位论文《阿诗玛@传媒：一个民族符号的文化变迁》中，我以"阿诗玛"的案例，以传播学与人类学之交叉视域，主要回答了这些问题：

> 在民族文化发展、变迁进程中，"阿诗玛"作为一个文化符号被不断创造和利用，有哪些媒介形式介入其中？各种媒介是如何对《阿诗玛》进行塑造的？这些传媒形态的传播者是谁？接受者是谁？传播的内容是什么？一个少女是如何进入彝族撒尼支系的口头传说的？她

---

① 李春霞、彭兆荣：《媒介化世界里人类学家与传播学家的际会：文化多样性与媒体人类学》，《思想战线》2008 年第 6 期。
② 巴胜超：《文本－技术－语境：传媒人类学（Media Anthropology）的谱系》，《广西师范大学学报》2013 年第 4 期。
③ 巴胜超：《"传媒人类学"辨析》，《世界民族》2012 年第 1 期。
④ 巴胜超：《网络日志：一种自我反射式民族志文本的可能》，《广西民族研究》2009 年第 1 期。
⑤ 巴胜超：《媒介与体验：媒介理论中的体验阐释》，《中国传媒报告》2009 年第 11 期。
⑥ 巴胜超：《语际书写与民族文化的互动传播：以古彝文〈阿诗玛〉为例》，《云南社会科学》2011 年第 4 期。
⑦ 巴胜超：《口语文化中阿诗玛的传承与传播》，《民族文学研究》2011 年第 6 期。

为什么会被命名为"阿诗玛"？阿诗玛是什么意思？她长什么样子？她如何成为叙事长诗的主角？在诗中她经历了怎样的生活？撒尼人、毕摩、来自异乡的传教士、汉族知识分子、影视工作者等人群是如何来描述"阿诗玛"的？《阿诗玛》如何从撒尼民间走向汉人组织，从少数民族文学进入中国现当代文学的视野？其进入后的境遇是如何的？当本属于撒尼人的传说被异文化介入后，在《阿诗玛》叙事长诗文本、电影文本、绘画文本、电视剧文本、广告文本、戏剧文本、网络文本等文本形态中，《阿诗玛》发生了哪些变化？不变的又是什么？在旅游经济的社会背景下，阿诗玛是如何从一块石头变成穿着撒尼传统服饰为游客导引的阿诗玛导游的？①

传媒人类学，不只是传播学与人类学概念的移植，这种理论的嫁接，产生了理解人类社会文化新问题的新角度。传媒文化的兴盛，将人类文化拉进"传媒时代"的话语框架内②，人类学家要研究人，就不得不关注与人密切相关的传媒，传媒学者要研究传播，就不能忽视传播所导致的人类文化变迁，于是传媒人类学整合了两者的诉求，试图在一个"学科"框架内解决两个领域的学者共同面对的问题。期待着，在理解人类社会的理论道路上，人类学家和传媒学者在传媒人类学研究中的更多"聚会"。

二 阿诗玛@非遗：传承人的口述史

2013 年 8 月，我的博士学位论文修改后以《象征的显影：彝族撒尼人阿诗玛文化的传媒人类学研究》之名出版。遗憾的是，图书出版前 5 个月，在田野调研中遇到的叙事长诗《阿诗玛》国家级非物质文化遗产传承人毕华玉，于 2013 年 3 月 26 日不幸去世。

从 2014 年开始，我们陆续到石林各村寨进行"阿诗玛文化传承"的主题调研。在调研过程中，我们发现，"阿诗玛文化传承人"缺乏基本的

---

① 巴胜超：《象征的显影：彝族撒尼人阿诗玛文化的传媒人类学研究》，北京大学出版社，2013，第 2~3 页。

② 王铭铭：《传媒时代与社会人类学》，《新闻与传播研究》1996 年第 4 期。

口述史记录，普遍存在"有传承人，无传承人口述史"的情况。而梳理已有的口述史材料，均是以电影《阿诗玛》的主创为口述对象，如北京电视台纪实频道 2015 年 9 月 21 日播出的胡松华（电影《阿诗玛》中男主角全部唱段的演唱者）的口述史影像《口述：从东方红到阿诗玛》；2015 年 11 月 2 日播出的杜丽华（电影《阿诗玛》中女主角全部唱段的演唱者）的口述史影像《口述：我和阿诗玛》。除此之外，与"阿诗玛文化"有关的口述材料，仅零星存在于少量对非物质文化遗产项目"阿诗玛"国家级传承人（毕华玉和王玉芳）的新闻报道中。①

一个非常紧迫的问题摆在面前：如果不对"阿诗玛"传承人进行口述影音记录，我们就只能对着墓碑访谈了。于是我们开始了"阿诗玛文化遗产传承人"的口述问答记录。经过 2014 年、2015 年、2016 年持续不间断的寻访和记录，我们获得了多次访谈"阿诗玛文化遗产传承人"的口述材料②，2016 年 12 月《阿诗玛文化遗产传承人口述史》出版，石林彝族自治县史志办主任刘世生这样评价：

> 《阿诗玛》原始版本的搜集，据 2002 年出版的《阿诗玛原始资料汇编》统计，共有古彝文版本 8 份、汉文口头记录稿 18 份、故事传说 7 份、音乐记录稿 7 份。这些原始资料，由于各个方面的原因，都没有交待搜集记录的情况，演唱者、讲述者、记录者的身份和经历也不清楚，这就使得这些资料的利用研究价值受到了限制。
>
> 《阿诗玛文化遗产传承人口述史》对石林境内的《阿诗玛》文化遗产传承人进行访谈，形成了 11 份口述史料，其中每一篇口述史料都由口述情景、人物简介、问答记录、田野日志四个部分构成，并辅之以有关的新闻报道等既有信息，让读者可以比较全面地知晓每一次访谈的缘起、被访谈人基本情况、访谈中问与答的详细内容、访谈人在访谈中的所作所为。这种让调研过程完全公开的"阳光史学"制作方

---

① 巴胜超：《口述影音的采录与使用："阿诗玛"传承人与"初民"展览馆的实践》，《民族艺术》2017 年第 2 期。
② 巴胜超：《被整理的口述》，巴胜超、杨文何主编《阿诗玛文化遗产传承人口述史》，云南人民出版社，2016，第 16~17 页。

式，这种让历史承载者完全自主讲述"我的历史和我的观点"的表述方式，正是后现代主义、后现代史学的精髓所在。这是之前其他各种调研成果中只见作品不见人，也看不到调研过程和各种访谈细节和内容的作品无法比拟的。它在过去专家学者记录的《阿诗玛》原始资料之外，填补了阿诗玛文化研究的一项空白。①

地方文化精英对《阿诗玛文化遗产传承人口述史》的认可，是我学术研究过程中的一种幸福。除了口述资料的文字文本，在口述史的制作过程中，我们还以影像的方式对阿诗玛文化遗产传承人的日常生活进行记录，目前完成了《阿诗玛·回响》《行走的乐舞：彝族撒尼民间歌舞影像记录》《男人的节日：彝族撒尼人"密枝节"影像记录》《指尖上的阿诗玛》四部纪录片。在2017年底举办的石林纪实影像展映交流活动中，以上纪录片被石林彝族自治县永久收藏，丰富了石林的地方影像志资料。

三 阿诗玛@寻找：人类学写作的四种文本

在当地知识精英和村民的认同和鼓励下，我们继续调研、拍摄、整理、写作。三年（2014~2016）的时间，积累的田野日志，陆续发表的研究论文，相关主题的调研报告，照片、影像和录音，一大堆，繁杂但很珍贵，如何将这些杂乱无章的材料整合为有序的学术成果？一开始，我想把三年共计30多万字的田野日志整合出版，有点向马林诺夫斯基《一本严格意义上的日记》② 致敬的意味。

但再次对比这些调研材料，明显感觉到：不同文本对同一个调研对象所呈现、阐释的多样化特点，而且同一作者在不同文本的写作中，对同一个调研对象亦有不同的情感处理和理性思考，"人类学写作"的问题便自然浮现出来：

---

① 刘世生：《镜子的蕴义和历史的制作》，巴胜超、杨文何主编《阿诗玛文化遗产传承人口述史》，第8~11页。
② 〔英〕马林诺夫斯基：《一本严格意义上的日记》，卞思梅、何源远、余昕译，广西师范大学出版社，2015。

相对于"科学的"民族志文本，人类学写作，该"动情"还是"不动情"？作为作者的人类学者，"我是我"还是"我非我"？人类学者的写作，情感的温度是"冰点"还是"沸点"，几度合适？

虽是以中国古代诗歌文论的方式出场的，但《毛诗序》中"情动于中而形于言"的论述，对于包括"人类学写作"在内的任何一种写作形态，均具有借鉴价值。"情动于中而形于言"，从根本上确立了，人类学写作必然是动情之后的产物。于是在人类学写作中，"动情/不动情"的分类，并非"二元对立"的思维使然，在此，"不动情"只是一种情感上的冷淡，其本质也是"动情"的一种状态。由此可以说，人类学写作，该"动情"还是"不动情"，并不是一个问题。"动多少情"才是人类学写作"情感维度"的思考对象。

种种问题，我以"人类学写作的温度"为引，从"动情/不动情""我/非我""冰点/沸点"三组词语，讨论在"人类学写作"中，民族志文本"两种温度交织、四种文本互动"的写作理念：

"两种温度交织"，指作者在田野调研、文本写作中，以感性的沸点和理性的冰点在认识、阐述他者文化，存在着"冰点与沸点"两种温度的交织，存在着"我"与"非我"的"马林诺夫斯基难题"。

如何将"冰点与沸点"、"非我"与"我"、"知性主体"与"观念主体"进行相对客观、相对真实、相对完整的民族志呈现？"四种文本互动"是可供选择的方式之一。

"四种文本互动"，指作者在文献综述、田野调研、文本写作过程中，对同一调研对象，进行田野日志、调研报告、研究论著和影音文本的互动书写。在这四种文本的对比阅读中，对"田野与书斋""人类学者与他者""作者与文本"等"之间"关系进行开放性解读。

对这种"两种温度交织、四种文本互动"写作理念的探索、实践，就是《寻找阿诗玛：人类学写作的四种文本》的核心内容。在"寻找阿诗玛"的学术之旅中，我们将"阿诗玛文化"调研所形成的四种文本——田野日志、调研报告、研究论文和影音文本——集结成册，"我"书写"田野日志"、"调研报告"和"研究论文"，用"影像"记录沿途的所见所闻。在文字与影像的交织中，"我"是"我"，"我"亦"非我"。

四 阿诗玛@旅游：百变阿诗玛

阿诗玛，原本是民间传说中一个出生于阿着底的撒尼姑娘，在经过媒体传播后，形成了"狭义阿诗玛文化"（即以叙事长诗《阿诗玛》为核心的民间文学文本体现出的文化特征）和"广义阿诗玛文化"（即包括叙事长诗在内，囊括了影视、舞台艺术、图像、旅游、网络等以阿诗玛文化之名进行的文化事项）。各传媒文本中，阿诗玛以撒尼人的化身、杨丽坤、乡村女教师、舞剧演员、声音形象、导游、形象大使、地理概念、景观概念、香烟品牌、地产广告代言人、非物质文化遗产等所指符号，轮番亮相。① 口传叙事长诗《阿诗玛》，是"阿诗玛文化"的核心，也是阿诗玛文化的本体。

在文化旅游介入下，彝族撒尼人不断发掘着阿诗玛的文化符号，凭借电影《阿诗玛》的影响力，当地政府官员、本地文化精英和旅游产业的从业者，将多元的撒尼文化发掘整理为一元的"阿诗玛文化"，以适应游客的观光需求。以"阿诗玛"命名的文化事项，逐步上演，《遇见阿诗玛：文化旅游情景中阿诗玛文化创新发展研究》，呈现的就是"百变阿诗玛"的乡土景观。

在大众旅游语境下，多元文化主体围绕"阿诗玛"进行着旅游活动的实践，形成了蔚为大观的阿诗玛文化，例如：

> 在"阿诗玛诞生地807周年庆"文艺展演活动中，我们详细描述了2016年3月12日，革腻村民纪念阿诗玛在革腻村诞生807年活动的完整过程，将阿诗玛公房、村寨精英对阿诗玛出生于革腻村的多样证据进行阐述。

> 阿诗玛故乡"阿着底"的命名，阐述干塘子村恢复彝语地名"阿

---

① 巴胜超：《象征的显影：彝族撒尼人阿诗玛文化的传媒人类学研究》，北京大学出版社，2013，第17页。

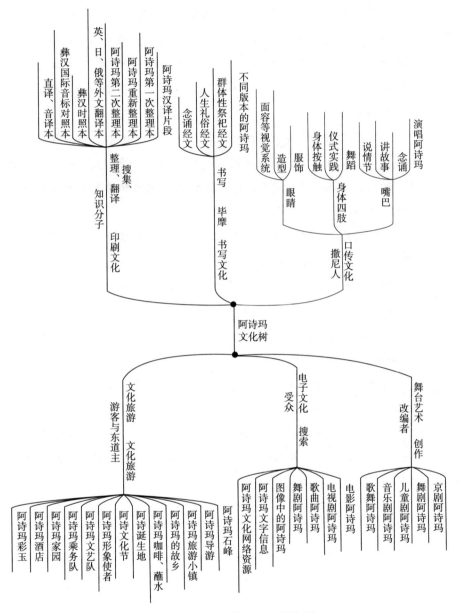

图1　阿诗玛文化树（巴胜超绘制）

着底"，以"阿诗玛故乡"的文化身份，弘扬民族文化，提升村寨知名度，试图促进当地经济发展的得失，呈现文化旅游情境中，各地对"阿着底"地理命名权的争夺。

阿诗玛导游，以石林在景区发展的不同阶段对导游"民族身份"和"性别"角色认识的变化，分析这些变化从让撒尼人全面卷入旅游发展的前台，到以汉族为主的其他族群导游的涌入，以及现在多方关系的共谋，使得人的景观——阿诗玛导游和自然景观一起成为石林共同的旅游产品。

阿诗玛文化一日游，以大众游客的视角，阐述参团到石林体验广告语中"山石冠天下，风情醉国人"的"石林阿诗玛文化一日游"的真实情况，阐述旅游过程中导游对阿诗玛文化的传播和游客对阿诗玛文化的认知。

阿诗玛旅游小镇，以一个旅游地产的建设风格为案例，阐述在地产开发中，文化符号的错乱使用与地方文化精英话语的失效。

撒尼人眼中的"摇滚版"《阿诗玛》，呈现一部被宣传为"难得的精品力作"音乐剧《阿诗玛》产生的过程，外来的文艺、资本与当地政府的合作过程，音乐剧《阿诗玛》的剧本改编和当地人对音乐剧《阿诗玛》的评价。

阿诗玛与石林彩玉的新故事，阐述石林彩玉炒作过程中对阿诗玛文化的挪用和发明。

唐先生的阿诗玛家园，呈现的是唐凤楼先生（杨丽坤的丈夫）在商业和怀念之间，以杨丽坤文化产业投资公司为名，对阿诗玛文化所进行的创新实践。

阿诗玛文化节的玩法，阐述 2015 年、2016 年、2017 年三届阿诗玛文化节活动的具体内容，深描石林传颂阿诗玛，复兴民族文化，打造浪漫真爱之都，促进文化与旅游融合发展的尝试。

纵观"百变阿诗玛"的文化事项，均是"阿诗玛文化资本化"的表征。阿诗玛文化的资本化，既是阿诗玛文化的"再地方化"，也可以解读为一种地方"文化自信"情景中对传统的发掘、发明与回归——地方的"文化自觉"。阿诗玛的符号价值，是阿诗玛文化得以"百变"的基础，叙事长诗《阿诗玛》中撒尼人勤劳、勇敢、善良的寓意，电影《阿诗玛》中杨丽坤的美丽与现实生活中的人生悲剧，是阿诗玛符号价值得以彰显的底色。

以上百变阿诗玛，呈现为"阿诗玛＋某某"的"阿诗玛化"的"复制"逻辑。这种复制逻辑，是文化旅游情境中民族文化存续的真实状态。"百变阿诗玛"正是"旅游在场"后的"阿诗玛文化再现"，但从村寨到景区，丰富多元的阿诗玛文化事项，多为外来者——政府、商人来主控其文化走向，村民——阿诗玛文化的持有者，在诸多阿诗玛文化现场的话语权是缺席的。

生发于石林彝族自治县撒尼村寨的阿诗玛，在政府规划、资本追逐、学者研究和媒体传播中，文化归属与认同空间逐渐扩大，演变为云南省的阿诗玛文化、中国的阿诗玛文化、世界的阿诗玛文化，并以各种阿诗玛文化的"变身"，为各种利益主体创造着经济价值。这容易给人一种"阿诗玛文化繁荣发展"的印象，但在我的调研中，除了热闹与繁荣，也听到了一些来自基层的反思声音，诸如关于阿诗玛文化，媒体热闹圆满的宣传报道背后，真实的情况是——阿诗玛文化旅游"有旅游无文化"的"失魂落魄"现实；各种名目的节庆期间数额巨大的商业洽谈签约背后，真实的情况是——政府招商引资"越引越资"。① 阿诗玛文化，在未来的发展中，必将继续在保护传承、政府规划、资本运作与市场需求等多种力量的博弈中继续前行。

我将继续"忠实记录"② 阿诗玛文化遗产传承人的生命史，研究阿诗玛文化保护、传承的可行方案；继续关注旅游活动中各种主体对阿诗玛文化的"社会继承"和"文化解释"，"立体描写"与阿诗玛文化相关"产品"的"发明"和"消费"过程的"生活相"，呈现阿诗玛文化持有者与外来者文化接触过程中的冲突、调适与和解，发掘阿诗玛文化自信与自觉的可能性。

---

① 资，云南方言，意为无可奈何，没有解决办法。
② 万建中、廖元新：《忠实记录、立体描写与生活相：三个本土出产的学术概念》，《民间文化论坛》2017 年第 2 期。

慎独：十年小结

近来阅读"慎独"问题研究，有一种观点认为："独"，从消极的单指周围没有他者存在的一个人的状态，到孑然独立而具有主体性，甚至有时纯指内心的"独"，[①] 此种解释，与我十年的感悟，有某种共鸣。

虽还沉浸于"颠倒梦想"未能涅槃，但回望十年的平凡之路，"慎独"是最大的感触：调研、写作，大多是一个人的状态，偶有师友相随，备感幸福，这是其一。其二，从影视文化研究转向文化人类学研究，有太多的知识需要补读，从懵懂茫然，到偶有所感，直至现在稍微能窥见一二，是独立阅读、独立思考、独立探寻的结果。其三，作为初学者，教学、科研、课题、文章等日常事项，常让自己有诸多压力，但如何保持内心的笃定，或"青椒"学者的自信，需要内心之独立，方能释然。

以上薄见，是一个跨学科的青年学人，以"阿诗玛"为研究对象，在传媒人类学、口述史、人类学写作、旅游文化研究等跨学科过程中的实践与探索，和盘托出，闻过则喜。

---

① 〔日〕岛森哲男：《慎独思想》，梁涛、斯云龙编《出土文献与君子慎独》，漓江出版社，2012，第13页。

话语张力：略论地方志对舒位《黔苗竹枝词》创作的影响[*]

蒋立松^{**}

摘要：清代是西南地区少数民族题材竹枝词创作的高峰时期。这类竹枝词的创作并不是对各种民族风情的客观描绘，其内容尤其是关于少数民族形象的描写深受地方志等官方文本的影响。本文比较了乾嘉诗人舒位的《黔苗竹枝词》与乾隆《贵州通志》等的相关内容，讨论了在"苗蛮"形象的书写中，官方立场与文人视角之间的相互关系等问题。研究发现，《黔苗竹枝词》的叙事主题、主要内容、叙事重点，多取材于同一时期的地方志，尤其是乾隆《贵州通志》。本文从地方志的记载中提取素材，将官方叙事与个人表述有机结合，进行加工、创作，系统地还原了乾嘉时期贵州不同民族的形象。这说明在清代前期的民族叙事中，官方话语能够强有力地影响、规约人们的创作过程。

关键词：《黔苗竹枝词》 地方志 贵州 叙事

舒位（1765~1815年），字立人，号铁云山人，直隶大兴人，乾嘉时期著名诗人，所著《瓶水斋诗集》17卷、《瓶水斋诗别集》2卷，收录了其平生创作诗歌2000余首。其中，他旅居贵州期间（1797~1798年）创作有专门描写贵州非汉族群的《黔苗竹枝词》52首，收入《瓶水斋诗别集》第2卷。《瓶水斋诗集》流传甚广，在嘉庆时期即有刊本问世，光绪时期重刊；其中的《黔苗竹枝词》在清末民初还曾单独编入当时颇为流行

---

* 本文系教育部人文社会科学重点研究基地重大项目"'互联网+'背景下边境民族地区教育发展研究"（项目编号：18JJD880006）的阶段性研究成果。

** 蒋立松，西南大学西南民族教育与心理研究中心副教授、硕士生导师，研究方向为民族学、民族文化。

的《香艳丛书》第 5 集中。笔者比较了《黔苗竹枝词》与乾隆《贵州通志》的相关内容，发现前者脱胎于后者的地方很多。两种看似不同的话语体系——文学的和非文学的、个人的和官方的——却按照相似的价值标准和审美逻辑，共同塑造了清代主流文化视角下被泛称为"黔苗"的贵州非汉族群形象。笔者做如此比较，并不是简单地想否认舒位《黔苗竹枝词》的创作成就，而是想把其作为一种话语现象加以讨论。在特定的历史语境中，竹枝词的文人视角、个人书写往往服从于地方志的官方立场、集体话语，后者的话语力量强有力地影响、规约着竹枝词的创作过程。

一　舒位的旅黔生涯与《黔苗竹枝词》的创作

舒位旅黔，与从军有关。清仁宗嘉庆二年（1797），舒位跟随刚由河间府知府升任贵西道的王朝梧到了贵州。这年正月初五，贵州西南部南笼府"仲苗"爆发"南笼起义"。"苗变"甫起，便迅速蔓延至黔中以西的地区：

> 时郡辖之永丰州，普安县，安南县，及册亨州同城，新城县丞城，黄草坝城，捧鮓城，皆被围。而安顺府之永宁州，归化厅，及贵阳府之广顺州，定番州，长寨厅，大定府之威宁州，黔西州，平远州，诸仲苗尽反。①

朝廷命云贵总督勒保率军镇压，王朝梧被编入征剿官军中，舒位当然也就"万里从征"。据陈文述《舒铁云传》记载："值南笼仲苗不靖，威勒侯勒保统兵征之。观察身在行间，君为治文书，勒侯见而器之，恒与计军事。"②这年秋天，南笼战事平。嘉庆三年（1798），舒位辞别王朝梧，启程离黔。他感念王朝梧的知遇之恩，离别前曾作《留别疏雨观察》三首，中有"一人知己当无恨，万里从军属有缘"之句。③

---

① （清）张锳：《嘉庆平南笼府苗改名兴义府本末》，《兴义府志》，第 43 卷，中国地方志集成本。
② （清）舒位：《瓶水斋诗集》，曹光甫点校，上海古籍出版社，2009，第 798 页。
③ （清）舒位：《瓶水斋诗集》，曹光甫点校，第 268 页。

从嘉庆二年（1797）入黔，到次年离开，舒位在贵州生活了近两年的时间，其中大多数时间是在南笼府。旅黔期间，舒位创作了以贵州非汉族群为题材的《黔苗竹枝词》，较为全面地描述了当时贵州不同民族的生产、生活，及风俗习尚，主要包括序言、52首竹枝词、注释等三个部分。在竹枝词最后还有王朝梧所撰跋语一篇。其注释在每首诗之后，对诗歌内容进行解释。这些诗歌朗朗上口、形象通俗，堪比一幅幅民族文化的风情画。例如，其咏"八番苗"①：

> 八番女儿日夜忙，耕田织布胜于郎。
> 长腰鼓敲老虎市，今年稻香满椎塘。②

这首诗形象地描绘了"八番苗"女性长于耕织、宴会击鼓的生产生活情境。

关于创作的缘起，舒位在序言中说：

> 苗既居处言语不与华同，其风俗、饮食、衣服各诡骇不可殚论。余从车骑之后，辄以见闻所及杂撰为竹枝体诗，且为之注……。设非亲历其境，骤而示之以所作，不几致疑于海上之木、山中之鱼哉？夫古者辎轩采风，不遗于远。而刘梦得作竹枝词，武陵俚人歌之，传为绝调。余诚乏梦得之才，又所记谀琐，无足当于采录。而以一书生万里从征，往来柳雪，横槊而赋，磨盾而书，将以是为铙歌一曲之先声焉。③

可见，他创作《黔苗竹枝词》的意图十分明确，便是尽可能全面记录贵州各个"苗类"的基本情况。显然，基于对"苗"与"华"相异的基本判断，把西南的"苗类"看成文化上的他者，这在当时以儒家文明为自我标识的知识群体的集体话语中是十分流行的看法。带领舒位入黔、对舒

---

① "八番苗"为聚居在"八番"地区（今贵州惠水县等地）的族群，与今天布依族关系密切。本文中所引民族称谓，均系旧称，若非特别需要，在文中不再一一考释、说明。——笔者注

② （清）舒位：《瓶水斋诗集》，曹光甫点校，第789页。

③ （清）舒位：《瓶水斋诗集》，曹光甫点校，第772～773页。

位有知遇之恩的王朝梧在《黔苗竹枝词》的"跋语"中特别强调了"凡苗之性类与华殊，顺其性则喜，拂其性则怒……。故治苗之术，则必识其性而驯扰之"。① 刚经历了"仲苗"的反叛，对于"苗性"的种种认识，可能在官员、文人群体中成为"公共话题"。舒位正是从这一认识前提出发，创作了《黔苗竹枝词》，对贵州数十种"苗"的社会生活各个方面进行了系统而全面的描述。

二 乾隆《贵州通志》对《黔苗竹枝词》的影响

（一）对《黔苗竹枝词》"亲历性"的重新审视

"亲历性"是后世人们评价竹枝词价值的内在标准。它使读者往往产生一种"现场感"和"参与感"。前引舒位的序言中也十分强调"亲历"在其竹枝词创作中的重要性："设非亲历其境，骤而示之以所作，不几致疑于海上之木、山中之鱼哉？"然而，这里面有两个问题需要加以审视和辨明。

第一，"亲历"其实是十分有限的，不能将舒位所说的"亲历"等同于到过竹枝词内容所及的所有民族地区。《黔苗竹枝词》中记载了41种"黔苗"，分布于贵州东南西北不同的地区，如主要分布于贵州西北部的"犵狫"、小范围分布于威宁州的"六额子"、分布于贵州东南部的"九股苗""黑苗"等族群。从舒位旅黔期间的活动轨迹看，他很难有条件"亲历"大多数民族地区。舒位旅黔，大部分时间是在贵州西南的南笼府（后兴义府）中度过的，再考虑到他是在"兵荒马乱"之中来到的贵州，他很难有条件"亲历"上述所有的地区。关于舒位的旅黔轨迹，兹据王乐《舒位年谱》以及相关史料梳理几个重要的时间段如下。① 嘉庆二年（1797）二月初一日，从王朝梧自京入黔，作留别诗三首。三月，过湖北襄阳、荆门，湖南常德、怀化，贵州贵阳、清镇等地，至贵州羊场。适贵州"仲苗"反，王朝梧被编入勒保军营中，舒位在军中"治文书"。② 六月，"仲苗"平，舒位入南笼军营。此后一直留住于南笼府（兴义府）中。期

---

① （清）舒位：《瓶水斋诗集》，曹光甫点校，第792页。

间，创作《黔苗竹枝词》。③ 嘉庆三年（1798）正月，威勒侯勒保将移督四川，邀舒位同行。舒位以母老辞。继续留住于兴义府。其间与郡人李琼英过从甚密。④ 嘉庆三年（1798）七月，留别幕主王朝梧，启程归家。①

由此可见，舒位创作《黔苗竹枝词》时因其活动空间的有限而导致的文化接触局限是十分明显的。他所强调的"亲历"，是在从"汉区"到"苗疆"、从"内地"到"边陲"的文化地理空间转换的整体意义上而言的。它既是地理空间的转移，更是文化空间的切换。在舒位的众多旅黔诗中，他的"亲历"的感受往往夹杂了许多对于异乡的天涯意象和陌生感。例如，其《黄丝驿题壁》："一宿黄丝驿，荒村绝世喧。山虚孤月朗，天近众星繁。鲁酒酌深夕，疏灯摇断垣。他乡情绪劣，不必有啼猿"②。这首诗中，"孤月""断垣""疏灯"，构成了舒位亲历贵州这个"他乡"的最初图景。因此，舒位的亲历最终转变为在"异域"的陌生化过程。

第二，与"亲历"的有限性形成反差，《黔苗竹枝词》形成了大型"组诗"形式的创作格局。《黔苗竹枝词》52首，涵括了当时官方"认定"的贵州诸"苗类"中的绝大多数。这种动辄几十首甚至上百首"竹枝体组诗"在清代贵州竹枝词创作中具有一定的普遍性。例如，清康熙时期田榕《黔苗竹枝词》24首，乾隆时期余上泗《蛮峒竹枝词》100首，道光时期毛贵铭《黔苗竹枝词》100首，等等。民族地区"竹枝体组诗"的出现适应了人们对于了解、掌握多民族状况的知识诉求。换言之，作为统一多民族国家的话语构建，"民族叙事"自然会成为社会上的公共话题。因此，舒位的《黔苗竹枝词》等大量的"竹枝体组诗"构成了这一时期"民族叙事"的一部分，带有极其强烈的"地志"的特征。事实上，宋元以来这类带有"地志"特征的"竹枝体组诗"已演变、发展为一种显著的现象。施蛰存认为：

> 宋元以后，出现了各种地方性竹枝词，往往是数十首到一二百首的大规模组诗。每首诗后附有注释，记录了各地山川、名胜、风俗人情、以至于方言、俚语。这一类的竹枝词，已不是以诗为主，而是以

---

① 王乐：《舒位年谱》，上海大学硕士学位论文，2015，第47~52页。
② （清）舒位：《瓶水斋诗集》，曹光甫点校，第240页。

注为主了。这些注文，就是民俗学的好资料。①

要解决亲历的有限性与竹枝体组诗的全面性之间的矛盾，于"亲历"之外依靠"他说""旧闻"也就成了自然、不应被苛责的"采风"途径。许多竹枝词均是如此，并不奇怪。例如，康熙时期田榕撰《黔苗竹枝词》24首，即坦言："右竹枝词所咏，悉本旧闻。自入国朝，沐浴王化，已及百年，苗风丕变，语言服习，不至尽如篇中所云。"② 道光时期毛贵铭在贵阳创作竹枝词时，也常常参考当时颇为流行的各类"苗图"。他在《贵阳水口寺寓居别去留四首》其三中感叹"明日别汝去，城中看画图"，其下注云："黔城多张卖诸苗图状者"。③应当进一步思考的是，竹枝词创作者于"亲历"之外所借鉴、参考的文本是什么？不同的文本是如何相互影响、作用，并最终体现于竹枝词创作中的？舒位的《黔苗竹枝词》为解答这些问题提供了诸多线索，具有典型的个案价值。笔者在下文将重点考证《黔苗竹枝词》与地方志之间的文本关系，从而将竹枝词置于清代"民族叙事"的整体框架中加以理解。

（二）《黔苗竹枝词》之主要内容取材于乾隆《贵州通志》

第一，清代地方志的编撰为贵州的"民族叙事"提供了直接的官方依据。贵州自明永乐建省以来，历代编修、刊刻过不少方志。属通志类的，明代即有弘治《贵州图经新志》、嘉靖《贵州通志》、万历《黔记》等。这些方志对贵州"苗蛮"的情况有详略不同的记载。清代以后，地方志中关于"苗蛮"的记载日趋丰富。康熙时期卫既齐主编《贵州通志》（以下简称《康志》），将"土司""蛮僚"合编一卷，共记载"蛮僚"31种，并绘插图60幅，开清代贵州民族"图志"的先河。清高宗乾隆六年（1741）刊刻、鄂尔泰主持编修的《贵州通志》（以下简称《乾志》），在前志的基础上，对贵州"苗蛮"进行了重新归类、整理，共记载了各类

---

① 施蛰存：《竹枝纪事诗·序》，丘良任：《竹枝纪事诗》，暨南大学出版社，1994，第4页。
② （清）田榕：《碧山堂诗钞》，戴文年、陈训明、陈琳主编《西南稀见丛书文献（影印本）》第10卷，兰州大学出版社，2003，第140页。
③ （清）毛贵铭：《西垣诗钞二卷附黔苗竹枝词一卷》，第1卷。

"苗蛮"近52种。与《康志》相比，《乾志》做了一些改动，将《康志》中"蛮僚"的插图进行删除。《乾志》在"凡例"中说："苗蛮种类虽多，其形状服食究亦相去不远。旧志每种各绘一图，似转觉支离，不如删去。盖其性情风俗，备于纪载，不必按图而考索也。"①对于全省"苗蛮"的情况，《乾志》中记载了52种，其中除了武陵蛮、夜郎、牂牁蛮、东谢蛮、南平僚等5种属旧史所载之外，其余"仲家"等47种可以视为乾隆时期贵州"苗蛮"的专称（详见表1）。

《乾志》中关于"苗蛮"的记载，可能对后来的"苗蛮"叙事产生了直接的影响。例如，清高宗乾隆十六年（1751）傅恒主编的《皇清职贡图》中的贵州部分，一共84幅图，涉及40多种"苗蛮"，与《乾志》基本一致。地方志可能成为其他文本最重要的参考依据。

第二，《黔苗竹枝词》与《乾志》在名类和体例上基本一致。

（1）两书的"名类"大体一致。将两书中的"苗蛮"名称，按照各自出现的先后顺序进行排列（见表1）。

表1　《黔苗竹枝词》和《乾志》中民族称谓

《黔苗竹枝词》	《乾志》
西南夷、夜郎、牂牁蛮、东谢蛮、南平僚、仲苗、宋家苗、蔡家苗、龙家苗、花苗、黑苗、青苗、红苗、白苗、西苗、东苗、夭苗、克孟牯羊苗、平伐苗、紫薑苗、阳洞罗汉苗、谷蔺苗、九股苗、红仡佬、花仡佬、水仡佬、剪头仡佬、打牙仡佬、锅圈仡佬、披袍仡佬、木老、仡兜、佯僙、八番、六额子、倮㑩、峒人、蛮人、侬人、瑶人、僰人	武陵蛮、夜郎、牂牁蛮、东谢蛮、南平僚、仲家、宋家、蔡家、龙家、花苗、白苗、青苗、红苗、黑苗、九股苗、东苗、西苗、克孟牯羊苗、夭苗、谷蔺苗、平伐苗、紫薑苗、阳洞罗汉苗、仡佬（下列简裙仡佬、花仡佬、红仡佬）、剪头仡佬、猪屎仡佬、打牙仡佬、锅圈仡佬、披袍仡佬、水仡佬、木老、仡兜、佯僙、八番、六额子、僰人、峒人、蛮人、杨保、土人、倮㑩、白倮㑩、瑶人、侬苗、荔波（水、佯、伶、侗、瑶、僮六种）
合计：41种	合计：52种

《黔苗竹枝词》目次中出现的41种"苗蛮"，均见于《乾志》，后者记载了52种。不同之处，一是《黔苗竹枝词》减少了《乾志》中记载的荔波杂居的水、佯、伶、侗、瑶、僮6种；二是《黔苗竹枝词》未记载

---

① （乾隆）《贵州通志·凡例》，中国地方志集成本。

《乾志》中的筒裙仡佬、猪屎仡佬、杨保、土人等四种"苗蛮"；三是将《乾志》中分别记载的"倮㑩"和"白倮㑩"合并于"倮㑩四首"之中。"名类"一致可能说明了清代的"民族叙事"中已经形成了主要由官方进行界定的族类划分标准。

（2）两书的叙事体例大致相同，均采用了"先总后分"的叙事框架，且叙事要素大多一致。①《乾志》在叙事上主要采用先总后分的体例进行记载。即，先依据历史文献对的历史上的"蛮夷"进行总叙，"以原所自始"，其中，对"西南夷""夜郎""牂牁蛮""东谢蛮""南平僚"等5种"苗类"的记载均明确说明出自旧史。然后再对其余47种"苗蛮"的"性情风俗"进行分别的具体详述。其叙事要素主要包括分布、文化特征等项。例如《乾志》关于"紫薑苗"的记载，首先是分布，"在都匀、丹江、清平"，然后是文化特征，如"夫死，妻嫁而后葬"等。①《黔苗竹枝词》也采用了这种"先总后分"的叙事框架。在竹枝词中，他同样先分别咏颂了"西南夷""夜郎""牂牁蛮""东谢蛮""南平僚"等历史上的5种蛮夷，然后再分别为"仲苗"等余下的30多种"苗类"创作了竹枝词。同样，其中的叙事要素，也与《乾志》相类，主要包含族类的分布以及文化特征等。例如，其关于"紫薑苗"的注释，与《乾志》一样，首先是分布，"紫薑苗在都匀所属"，然后是文化特征，"夫死，妻嫁而后葬"。②这种"先总后分"的叙事框架以及叙事要素的安排，可视为方志编撰的规定性在竹枝词创作中的表现。很明显，舒位的《黔苗竹枝词》在这些形式上与《乾志》是大体一致的。

第三，《黔苗竹枝词》关于"苗蛮"风俗的记载，其主要内容大多与《乾志》所载相同。这里所说的内容相同有两层含义。一是所咏内容可以在《乾志》中找得到；二是其注释中的文字，包括部分句子和词语，与《乾志》相同或高度相似。所不同者仅是内容的多寡和文字的调整。例如，其咏"峒人"：

撷得茅花冷过冬，比肩人似鸟雌雄。

---

① （乾隆）《贵州通志》，"紫薑苗"条，第7卷，中国地方志集成本。
② （清）舒位：《瓶水斋诗集》，曹光甫点校，第782页。

此间定是多情地，开出相思草一丛。

其下注："峒人冬采茅花为絮以御寒，盖仿佛芦花毯矣。夫妇出入必偕。其种在石阡郎溪司及永从诸寨，断肠草生焉。"①

这首竹枝词中涉及的内容有三项：①茅花过冬；②出入必偕；③出产断肠草。试与《乾志》做一比较。这三项内容，除了"断肠草"的记载不知出自何处之外，其余两项，在《乾志》中也有明确的记载，笔者在相同内容下以"＿＿＿＿"标识：

> 峒人皆在下游，<u>冬采茅花为絮以御寒</u>，饮食辟盐酱，<u>夫妇出入必偕</u>。性多忌、喜杀，不离镖弩。在石阡司、朗溪司者颇类汉人，多以苗为性；在永从诸寨者，常负固自匿，然少为盗；在洪州者，地沃多稼，而惰于耕，惟喜剽劫。每持刀弩，潜伏陂塘，踉跄篁薄中，飘忽杀越，不可踪迹。又招致四方亡命，窝分掳获。故黎平之盗向以洪州为多，今皆敛戢矣。②

可以据此判断，这首诗的内容主要出自《乾志》。这并不是个案。笔者按照"内容相同、文字相近"的原则，将《黔苗竹枝词》与《乾志》逐一进行比较。结果发现，在《黔苗竹枝词》52 首竹枝词中，主要内容出自后者的占了 50 首。仅有两首例外。一是"侬人"，竹枝词所咏风俗未见于《乾志》；一是"花苗"，不知何故，舒位疑将《乾志》中关于"仲家""蓄蛊毒"的记载误为"花苗"习俗了。

综上，舒位创作《黔苗竹枝词》，无论是形式上还是内容上，都借鉴和参考了《乾志》。当然，《乾志》本身也与（万历）《黔记》《康志》《黔书》等史乘存在着承继、转抄的关系。《乾志》可能并不是他参考的唯一文本，但从上述证据看，基本可以断定是最主要的文本。舒位在前引序言中说"以见闻所及杂撰为竹枝体诗，且为之注"。从内容上看，他的"注"大多显系出自《乾志》。不过，《乾志》中所记载的内容相对多、杂，舒位在依据这些相关内容进行创作时，对内容是有所取舍的。以上文

---

① （清）舒位：《瓶水斋诗集》，曹光甫点校，第 790～791 页。
② （乾隆）《贵州通志》，"峒人"条第 7 卷，中国地方志集成本。

所引"峒人"一诗为例。其出自《乾志》的内容为"茅花过冬"和"出入必偕"两项，《乾志》中的内容，除了这两项之外，还有饮食（如饮食辟盐酱）、族性（如性多忌）等。

（三）《黔苗竹枝词》对"黔苗"形象的再创造

毫无疑问，舒位是将其"亲历""苗疆"后的文化体验、感受与现有的史志尤其是《乾志》的材料相结合而最终创作出《黔苗竹枝词》的。显然，这里面依然存在着个人文学创作的"自由"与官修史志的"规约性"之间的互为张力的关系问题。不能回避官修志书对竹枝词创作的话语影响力。但是也不能简单、机械地把竹枝词仅仅看成前者的"诗歌文本"。舒位在不违背官方话语的规约性前提下对"黔苗"形象进行了有着自己个人风格的再创造。那么，他在创作《黔苗竹枝词》时所遵循的基本原则是什么？如何体现于他塑造的"黔苗"形象之中的呢？

第一，"陌生"与"神秘"，是舒位塑造系列"黔苗"形象的基本审美取向。前引序言中，他坦陈由于"黔苗"的居处、言语"不与华同"，其风俗、饮食、服饰也显得"诡骇不可殚论"。这使得他在面对另一种文化时，表现出了种种的陌生和不解。清仁宗嘉庆二年（1797）秋天，他在写给朋友的一首诗中表达了这种陌生感：

> 若问西南事，知君笑欲瑳。
> 地遥天较近，人少石偏多。
> 瘴疠秋霜杀，婚姻夜月歌。
> 参军听蛮语，不解意云何。①

这首诗呈现出一幅关于贵州的陌生意象。陌生意象的基础是表现为风俗、饮食、服饰等文化各方面的异质性。贵州历来是多族群、多文化之区，各种"不与华同"的文化大量存在。舒位所说的"华"是以儒家为本位的知识精英所持的文化认同。他从这一视角观察的"黔苗"风习便自然归入"华夷"结构中的另一端，成为了令人"诡骇"的风习。

---

① （清）舒位：《瓶水斋诗集》，曹光甫点校，第250页。

　　因此，从儒家本位的立场出发，舒位在《黔苗竹枝词》中对"黔苗"风习的各种"异俗"进行了提炼、渲染。而当时的官修志书（如《乾志》等）已经有了大量这方面的记载，成为舒位创作的重要知识来源。从根本上讲，"异俗"之所以大量见诸文献记载，是由于其具有"文""野"之分的标识作用。通过对"异俗"的言说，人们获得了对贵州"苗蛮"社会的认知。当这些认知成为系统，便以巨大的话语力量影响着人们的认识、判断和表述。舒位面对贵州的"苗蛮"社会时，也不可避免地受到已然存在的话语力量的影响。人们利用这种话语不断地强调、重复、描述着贵州"苗蛮"社会中的异质性。以婚俗的描写为例，在《黔苗竹枝词》中，以婚俗为主题的诗作有 14 首，占全部（52 首竹枝词）的 27%。事实上，不仅是舒位的《黔苗竹枝词》，在清代贵州"苗蛮"题材竹枝词创作中，婚俗一直是一个主要的主题。

　　毋庸置疑，舒位对"黔苗"婚俗的描写是非常成功的。在他笔下，"跳月""男女相私""对歌"等等信手拈来、十分鲜活。尽管他不太可能亲历其中的绝大多数，但他善于从《乾志》等已有的内容中撷取材料进行惟妙惟肖的创作。这使得他的婚俗作品充满了逼真的现场感。例如，他描写"白苗"青年男女"以歌相会"的情景："折得芦笙和竹枝，深山酣唱妹相思。蜡花染袖春寒薄，坐到怀中月坠时。"其下注："男女相会，吹以倚歌。歌曲有所谓妹相思、妹同庚者，率淫奔私匿之词。"① 可以想象，在村口的小山包上，月华初上，"白苗"男青年一边吹着芦笙，一边与心仪已久的女孩情歌唱酬，蜡花点点相依偎，直到月落乌啼之时。这首诗中运用的语语十分具有符号性。"芦笙""蜡花染袖"等，既实指乐器和服饰，但在这首诗的语境中，又分别与"男""女"相对应，变成了代表性别的"语码"。其余，如"春寒薄""月坠时"等，含蓄地表现了男女相会的时空情景。考《乾志》"白苗"条中并没有这些内容，仅说"妇人盘髻长簪，跳月之习与花苗同"。"花苗"条关于"跳月"习俗是这样记载的："每岁孟春，合男女于野，谓之跳月。择平壤地为月场，鲜衣艳妆。男吹芦笙，女振响铃，旋跃歌舞，谑浪终日。暮挈所私而归，比晓乃散。"同

---

　　① （清）舒位：《瓶水斋诗集》，曹光甫点校，第 780 页。

条还记载了"花苗"的蜡染技艺："裳服先用蜡绘花于布，而后染之。既染，去蜡则花见。"① 因此，舒位的竹枝词虽然大多脱胎于《乾志》，但依然可以用诗性的语言十分灵动地、鲜活地表现出"苗蛮"风俗图景。这正是舒位的竹枝词区别于"图志"和"史志"之处，也是竹枝词书写民俗的魅力之所在。

第二，"文""野"相别是竹枝词与地方志共同基本立场之一，但舒位的《黔苗竹枝词》在具体问题的表述上却表现出相当的灵活性。舒位与众多同时代的竹枝词作家一样，都以主流文化"代言人"的身份对少数民族社会进行描摹、介绍、评价。其实质是以"礼"为标准构建起来的文化秩序，凡是"与礼不合"者便属于"野"的范畴，反之，"与礼相合"者也就变成了"文"的范畴。这一立场与地方志所表现出来的官方立场是一致的。站在此立场，竹枝词文本中对民族风习的态度有时是"居高临下"的、"看不起"的，有时是"不解"的，当然，有时也是"接纳"的。

需要注意的是，舒位在对具体的不合于礼的一些风俗甚至是一些别人看来"恶俗"的文化事项的描写上，却表现出极大的柔性和谨慎。这是舒位的与众不同之处。试以对"六额子"描写为例来说明。"六额子"是清代乾隆时期开始见诸史载的族群，主要分布在大定府境内。《乾志》与许多竹枝词作品都对其奇异的"洗骨葬"风俗进行了描述，但不同的文本所表现出的话语特征却是不一样的。

（1）《乾志》的记载：

> 六额子在大定，有黑白二种。男子结尖髻，妇人长衣不着裙。人死，葬亦用棺，至年余，即延亲族至墓前，以牲酒致祭，发冢开棺，取枯骨刷洗，至白为度。以布裹骨，复埋一二年余，仍取刷，至七次乃至。凡家人有病，则谓祖先骨不洁云。近经严禁，恶习渐息。②

显然，《乾志》对这一习俗所持的态度是十分负面的，认为是需要

---

① （乾隆）《贵州通志》"花苗"条，第7卷，中国地方志集成本。
② （乾隆）《贵州通志》，"六额子"条，第7卷，中国地方志集成本。

"严禁"的"恶俗"。

（2）余上泗《蛮峒竹枝词》中的记载：

> 晓出山头结髻尖，负煤归去更担盐。
>
> 何当数刷先人骨，须待长官下令严。

其下注："六额子，男结尖髻。人死，葬年余，取其骨，洗而刷之至数次。人病，则谓先人骨不洁，又取刷之。真恶俗也，近稍收敛。"①

与《乾志》记载稍有不同，余上泗的诗中记载了"负煤""担盐"作为生计的内容，这可能是他根据自己的见闻而增加的。清代大定府操持这种生计的未必仅限于"六额子"，（道光）《大定府志》中记载境内百姓中的贫苦百姓"幼者十二三，老者五六十，无不以负盐为业"②。其对"洗骨葬"习俗则与官方话语保持了一致，直斥为"真恶俗也"，明确地表达了他的厌恶之情。

（3）舒位《黔苗竹枝词》中的记载：

> 空山埋后才三尺，冷水浇来又一回。
>
> 不信膏肓容二竖，招魂入骨锦囊开。

其下注：六额子有黑、白二种，皆在大定府。风俗相同。人死葬亦用棺。至年余，则发冢开棺，取枯骨刷洗之，至白为度。以布裹骨，复埋一两岁，仍取刷洗。如是七次乃止。凡家人有疾，则谓祖先之骨不洁也。③

与上述文本相比，舒位的描写却要柔性得多。他没有轻易表明自己的态度，甚至，在诗文和注释中还巧妙地回避了《乾志》中"近经严禁，恶习渐息"的内容。这不能不说是舒位的谨慎之处。由此可见，在"民族叙事"形成的不同话语关系中，舒位与其他的话语之间既有紧密的联系，也有相互的区别，体现了舒位的创作智慧。

---

① （清）余上泗：《蛮峒竹枝词》，载（道光）《大定府志》，第58卷，中国地方志集成本。
② （道光）《大定府志》，第14卷，中国地方志集成本。
③ （清）舒位：《瓶水斋诗集》，曹光甫点校，第789页。

三　结论

综上所述，舒位《黔苗竹枝词》的创作与《乾志》等地方志之间有着十分密切的关联。一方面，竹枝词的内容多取材于地方志，其对于"黔苗"的基本价值立场也与地方志所代表的主流意识相一致；另一方面，舒位以诗人的笔触、诗化的语言，为后人留下了一幅幅鲜活、细腻的清代"黔苗"社会的生活图景。竹枝词创作的个人自由与地方志所隐含的文本规约性之间实现了一种平衡。这种平衡所反映的，是在复杂历史语境中形成的话语体系和叙事模式。它规约着人们对"黔苗"社会的体验、认知、观念、表述。将这一时期的众多地方志、竹枝词和各种各样的图志进行比较，我们会发现不同文本中呈现出来的"黔苗"形象是如此的相似。概言之，官方对贵州"苗类"的系统描述、解释已成为民族叙事中的主流，为竹枝词的叙事提供了知识来源和表述规范，从而支配、规约了竹枝词的创作。它使得竹枝词创作变得"有章可循"，表述什么和如何表述，均受到官方叙事的深刻影响。这将竹枝词"导向"了一个相对模式化、程式化的话语结构之中。20世纪80年代的"民族志反思"浪潮中，普拉特曾研究了西方民族志写作中不同的文本之间的"相似性"问题，指出在民族志写作中普遍存在着"个人性叙述"和"非个人性叙述"之间的重要关联，揭示了民族志写作的"话语建构"特征。[①] 舒位的《黔苗竹枝词》正是在"个人性叙述"和"非个人性叙述"之间寻求平衡、突破的典型之作。

---

① 〔美〕玛丽·路易斯·普拉特：《寻常之地的田野工作》，〔美〕詹姆斯·克利福德、乔治·E. 马库斯编《写文化——民族志的诗学与政治学》，高丙中、吴晓黎、李霞等译，商务印书馆，2006。

综述与评论

中国何以为中国

——读《神话中国：中国神话学的反思与开拓》

胡建升 *

摘要：《神话中国》对学术界的西方文化跟风习气及机械移植展开文化批判，梳理了西方理论在东方学术旅行的五个重要站点，与此同时，也对西方以文本为主神话观念进行反思，提出了具有本土特色的新型神话观念。在诊断西学跟风与建构大传统神话观的基础上，进一步提出了"神话中国"的本土文化命题，提倡立足中国本土的文化文本与考古材料，走出西方理论话语霸权时代，重新认知中国文化观念中的神话原型与文化编码。

关键词：神话中国 西方理论 东方移植 神话新观念

21 世纪以来，科技兴盛，物质繁荣，中国人也深深感受了社会文化变迁带来的现代性文化危机。在学术界，也随之出现了一股以"中国"为反思对象的文化新现象，学者们想通过对"何为中国"的多维度拷问，来重新发现中国，来重述中国故事，以回应这个时代出现的各种人文异象与文化危机。葛兆光在《宅兹中国：重建有关"中国"的历史论述》中对"中国"提出了一系列的问题，诸如"谁是东方""何为中华""中国意识从什么时候凸显""汉族与中国有什么关系""如何从历史与现实中界定中国"等，他超越中国现实的地理局限，希望在世界和亚洲的文化大背景中来重审"中国"。① 叶舒宪在《玉成中国》中认为"中国"之所以是"中国"，在于"玉魂国魄"，只有玉石神话信仰才是"中国"最根本、最具有原型意味的文化基因。② 叶舒宪还在《重述神话中国：文学人类学的文

---

* 胡建升，上海交通大学人文学院副教授，研究方向为文学人类学与神话学。

① 葛兆光：《宅兹中国：重建有关"中国"的历史论述》，中华书局，2011。
② 叶舒宪：《玉成中国》，中华书局，2015。

化文本论与证据间性视角》中提倡立足文化大传统，以四重证据法为主，重视证据间性，来重述中国文化的原初价值。[①] 李零在《我们的中国》一书的序言中说："什么是中国？这是本书的主题。"他想通过自己多年的文化思考来回答——"我们的中国是这样的中国"[②]。由此可见，"中国"一词，曾几何时，在数年之间，竟成了学者们争相思考与反复阐释的文化热点。

2017 年秋，叶舒宪、谭佳等人组织的"神话中国"工作坊如期运作，后来经过数易其稿，如今，叶舒宪领衔的神话学研究团队精心打造的《神话中国：中国神话学的反思与开拓》付梓了。该书不仅聚焦于"中国"问题，而且以"神话中国"的独特理论体系与知识话语，诠释了神话学界关于"中国"问题的本土学理回答，这是对先前"中国"问题的重要突破。《神话中国：中国神话学的反思与开拓》的作者来自不同的专业领域，涵盖了神话学、比较文学、民俗学、人类学、考古学、分子人类学等学术领域，是多学科的文化共识与密切合作，充分体现了研究"中国"当下问题的跨学科新范式。

一　当代中国诊断：以西方文化为理论标准的机械移植

百年来，随着西学东渐，中国现代文化出现了西体中用的文化理论风气。具有长达数千年的中国本土文化传统，却在现代化的进程中，被漂洋过海的西学喧嚣所隐没，也正是现代中国的过分依赖外来理论的学风士风，直接导致了现代中国文化的不自信和不自觉。《神话中国：中国神话学的反思与开拓》可谓时代急先锋，将文化反思的矛头直指学术界挪用西方理论的不良风气，认为现代中国文化危机的思想根源就在于西方理论的东方移植。这种文化诊断可能有些逆耳难听，但却发人深省。

叶舒宪在《"神话中国"VS"轴心时代"："哲学突破"说及"科学中国"说批判》长文中指出，要重新认识中国文化传统，首先必须立足本土

---

① 叶舒宪主编《重述神话中国：文学人类学的文化文本论与证据间性视角》，上海交通大学出版社，2018。
② 李零：《我们的中国》，生活·读书·三联书店，2016。

立场，对现代中国学术场域中两个误区（哲学突破和科学中国）展开反思，通过重审这两种未经证实的西学外来学术假说，揭示其"理论旅行"的后殖民实质。他认为，现代中国文化之所以不自信，是因为现代文化的学理根基不在中土，而在西学。《神话中国：中国神话学的反思与开拓》对"中国"问题的学理诊断，直接指出了现代中国文化的病症根源。只有确诊了现代性文化危机的病理根源，才能对症下药，由此才有痊愈的可能。叶舒宪认为："这种将先秦思想与希腊哲学世界相提并论和等量齐观的做法，对这一批热衷于效法西方理论家的中国学研究者而言，好像已经成为一种习惯成自然的研究立场和出发点。在笔者看来，这是误导性极大的一种通病，必须得到及时诊断和治疗，否则会在不知不觉中传染和误导更多的后学。"① 这种毫不含糊的文化诊断是振聋发聩的，直接揭示出了学术界热衷于效法西方理论的文化通病，有针对性地治疗这种文化通病，才能避免病情的传染和误导。陈泳超亦认为："他们（现代学人）重建中国神话系统的共同方法，乃是以希腊、罗马神话为标准，力图在宏大结构和具体细节上与之尽量对应。……可是这样竭尽全力地比附，始终给人以左支右绌、裁割灭裂之感，反而失去了中国古典文献自己的话语自足性和整体感。究其原因，根底还在于对人类文明一元进化论的过于崇敬，缺乏民族文化的内在自信。"② 建立在他者崇拜基础上的文化自信，是一种虚妄的文化自信。而现代中国文化的学术标准不是立足中国文化传统，而是全力比附于外来的西方理论，过于依赖西方文化的理论标准。

学术界这种西方理论的跟风习气，直接导致了本土传统文化的巨大遮蔽。研究对象是中国的，研究材料也是中国的，而文化理论却是西方的，用西方的理论来强制阐释发生于东方的文化现象，臆想出许多风马牛不相及的文化命题，反而引发了许多令人困惑不解的问题，而实际上的"中国"就在这种理论跟风中越来越被疏远了。叶舒宪说："面对这些中国文化十足的本土素材，我们还能亦步亦趋地跟着德国学者的'轴心时代'说去研究古代中国吗？跟风者臆想出来的所谓'内在超越'，如果仅仅发生

---

① 谭佳主编《神话中国：中国神话学的反思与开拓》，生活·读书·新知三联书店，2019，第14页。

② 谭佳主编《神话中国：中国神话学的反思与开拓》，第314页。

在个别思想者的内心，对社会与时代没有起到决定性的影响，那又何须夸大其词去强调'轴心突破'呢？按照'哲学突破'的形而上思维方式，岂能读懂一件件新出土的玉璧、玉璧图像和金缕玉衣？遮蔽我们认识自身的东西，原来正是空降一般地来到我们这里的外来话语。"① 欧美学者提倡"轴心时代""哲学突破"，彰显欧美文化的理性精神，而中国学者不加反思，就跟风臆想，认为传统中国也存在相应的"轴心突破"，这种文化话语的机械挪用与文化假设，不仅未能揭开本土文化对象的文化意义，反而令华夏精神支离破碎。

《神话中国：中国神话学的反思与开拓》的作者对这场持续百年之久的文化移植、"理论旅行"的当代学案有着十分清醒的文化认识。这是一场中西学者共同参与、循环论证的后殖民文化转移，最终结果，作为舶来中国的西方理论话语，落实成为理所当然、阐释中国的"真实存在"与终极原理。叶舒宪指出："作为一个典型的理论旅行的当代学案，'轴心突破'说空降中国，完全可以当成一个盲目崇洋语境下的传播学事件来考察：欧陆思想家的学说在欧洲本土时默默无闻，经过美学学界的再阐释过程，发扬光大，再经过美国著名汉学家的二传手作用，添枝加叶，最后成功打入海外的华语学术圈，再假道香港媒体而全面登陆中国内地，其结果就是在人云亦云中，被当成一种看似理所当然的真实存在。"② 如果没有本土文化的价值立场，如果没有十足清醒的文化认知，如果没有长期在华夏文化传统中浸润提炼的文化经验，面对这场人云亦云、雾里看花的跨世纪文化游戏与理论殖民，很难达到如此透彻、一针见血的文化论断。

为了让读者更为清楚地认知这场持续百年的文化移植学案，《神话中国：中国神话学的反思与开拓》还给出了文化移植全过程的诸多清晰站点，以此具体揭示出外来话语辗转输入中国的五级步骤。叶舒宪总结为："依据理论旅行的时空轨迹，归纳出'轴心时代'说空降中国学界的全过程，共5个站点。第一站，发源地。德国的社会学家马克斯·韦伯和哲学家雅斯贝斯。第二站，美国社会学家帕森斯。第三站，美国汉学家史华

① 谭佳主编《神话中国：中国神话学的反思与开拓》，第18页。
② 谭佳主编《神话中国：中国神话学的反思与开拓》，第27页。

兹。其早期文章为《古代中国的超越》，后期代表作《古代中国的思想世界》。第四站，美国的华裔学者代表人物：余英时、杜维明、许倬云等。第五站，国内学者。他们紧跟着第四站的美国华裔学者新儒家代表们，将'轴心时代'说、'哲学革命'说或'科学革命'说推向一个新高潮。"①这五个站点包括：文化起点站、中转站和终点站，"轴心突破"的外来理论经历欧洲，再到美国，再经由美国汉学界，再到海外华裔学者（新儒家），最后国内学者不断反复引述与重复论说，完成了其生根—开花—结果的移植全过程。叶舒宪将这个西方理论东方移植的文化全过程形象地称为理论旅行"接力赛"："这样一套纯粹外来的力量话语，在经历从欧到美，再到美国汉学界和美籍华裔学者为代表的新儒家，再到留美或访美的中国教授们，最后到中国高校，就是这样五站的理论旅行，被这些思想界和学术界的大腕们，像接力赛一样地绵续到中国学术话语中来了。"② 只有揭示出西方理论的文化移植全过程，可以让现代中国人清醒认识到，西方学术话语是怎样在现代中国未经论证，就获得了一种不证自明、不言而喻的正当性和合法性，由此而建构了一个现代"中国"的虚妄文化存在。

《神话中国：中国神话学的反思与开拓》的作者们对外来西方话语的"理论空降"持有一种深切的、沉重的忧患意识，他们批判"轴心突破"的理论假说，就是想重新立足本土的文化真知，依靠重新梳理中国文化现象，希冀能总结出一套符合中国历史实际、属于中国自身的文化理论。叶舒宪说："这种援引西方观念和术语，照搬用于中国材料的情况，直到近期学者们的反思和批判。倡导'神话中国'说的目的，即在于推进这种反思和清理的再认识。"③ 可见，"神话中国"的文化命题不是空穴来风的，也不是为了哗众取宠，而是立足中国，有的放矢，针对西方外来的"轴心突破"学术假说，在现代中国学术处于迷失困顿、人云亦云之时，自觉开展本土视野的理论创新，用"神话中国"的中国版文化理论来展示华夏精神的万年文化传统，揭示出华夏精神的原初文化基因。

---

① 谭佳主编《神话中国：中国神话学的反思与开拓》，第28页。
② 谭佳主编《神话中国：中国神话学的反思与开拓》，第31页。
③ 谭佳主编《神话中国：中国神话学的反思与开拓》，第41页。

二 大神话观念：反思对西方神话观念的因袭比附

西方学术界所谓的"哲学突破"，其实质是哲学对神话的文化突破，即理性思维对神话思维的人为超越。哲学突破的重要任务之一就是对神话的文化放逐，由此，神话开始成为哲学的对立面，成为虚构、想象、不真实的代名词。近代以来，随着"轴心时代""哲学突破"等理论话语的引入中国，与之相随的神话概念，也被机械地移植到现代中国，成为研究中国传统文化与历史的重要理论范畴。

《神话中国：中国神话学的反思与开拓》不仅深刻反思了"哲学突破"的文化假说，而且对西方文化的神话观念移植比附也展开了清理与批判。学者们认为，外来神话观念强调'神的故事'，重视在传世文献中找关于神的故事，如果机械移植这种外来的神话观念，就会大大遮蔽中国神话的本土经验。吕微指出："中国古代汉语文化中，明明存在着超越性、统一性的信仰－叙事实践，早期的神话学家们却视而不见，坚持中国古代汉语文化中的神话现象——'神的故事'只是零散的、不成体系的存在，而这正是人的本原的存在与实践，被用理论概念（'神的故事'所支配的神话现象、神话经验所遮蔽的结果。"① 如果依据西方的神话观念，中国神话的特征就表现为"零散的、不成体系的"，吕微认为，这种对中国神话特征的文化概述，只是被西方神话理论概念（神的故事）所遮蔽的结果，完全不符合中国神话的特征所在。

陈连山对现代中国的神话学研究做了深入的学理剖析。他认为，这种"神的故事"的神话观念已经渗透到了诸多具体的学科研究中。首先是中国文学史的书写中应用了西方现代神话概念。其云："现代学者们的无数本《中国文学史》无不从远古神话开始讲起，就是模仿西方文学史模式以建立中国新的文学史模式的努力。引入西方现代神话概念，在中国古代文献中发现了神话，使中国人找到了与西方文化的共同点。"② 其次是古史研

---

① 谭佳主编《神话中国：中国神话学的反思与开拓》，第77页。
② 谭佳主编《神话中国：中国神话学的反思与开拓》，第144页。

究中也应用了西方现代神话概念。其云："古史辨学派借助于西方现代神话概念，打破了中国传统文化十分神圣的历史观，神话观念的引入，对于中国反对传统文化，建设接近于西方现代文化的中国新文化的影响是非常重大的。"① 可见，现代中国诸多学科依据西方神话的概念，在讲述着中国古老的文学史与历史，中国诸多学科直接应用这种虚构想象的西方神话观念，其具体结论就表现为对传统中国文化与历史的怀疑否定。陈连山提出："人们无暇反思这个借来的神话概念是否符合希腊神话的现实，在中国使用是否符合中国古代文献的实际，是否需要对概念做修正等问题。"② "中国现代神话学是引进西方现代文化的结果，对于中国神话的研究必然是'中西比较'的眼光下进行的；而西强中弱的现实则使人们自觉不自觉地以西方文化为学习榜样，于是把西方神话概念作为标准来看待中国神话材料，不能以平等的眼光对待西方神话和中国神话。在超过一个世纪的漫长历史中，西方神话及其概念似乎完全笼罩了中国神话学研究。"③ 这种机械地使用西方神话观念的文化弊端是不言而喻的，以西论东，直接导致了现代中国文化的不自信。陈连山还指出："中国神话学将全部力量都用在挖掘'神的故事'上，忽略了作为中国古代主要神圣叙事形式的关于远古帝王的历史叙事，这是一个失误。"④ "我觉得简单模仿西方神话学的方法无法解决中国的实际问题，甚至还会制造出很多虚假的学术命题。很多人盲目崇信西方理论，不加反思地拿来随意剪裁中国神话资料，这是中国现代神话学一个致命的缺点。西方文化与中国文化是两个不同的文化体系，神话在不同文化体系所处的地位和发挥的社会功能是不同的。"⑤ 神话学研究者们为了能够满足这个西来的神话观念，不顾中国神话历史材料的实际，随意剪裁传统中国的神话资料，臆造出很多虚假命题，这种胶着于他者神话观念的神话学研究确实是隔靴搔痒，难得其核。

李川对现代学人的"再造中国神话"行为也是不满的，其云："西方

① 谭佳主编《神话中国：中国神话学的反思与开拓》，第 145 页。
② 谭佳主编《神话中国：中国神话学的反思与开拓》，第 145 页。
③ 谭佳主编《神话中国：中国神话学的反思与开拓》，第 146~147 页。
④ 谭佳主编《神话中国：中国神话学的反思与开拓》，第 155 页。
⑤ 谭佳主编《神话中国：中国神话学的反思与开拓》，第 163 页。

（古希腊）既然有，中国文化并不输于西方，也应该有。西学理论观照下的'再造中国神话'，学术目的只是为了和西方抗衡，中国典籍成为西方科学理论阐释的内容对象。在将本土资源对象化的经验对应模式下，现代学人只在古典载籍中发掘出和西方'神话'内容相似的'片段'，而不得不采取'镶嵌、拼凑'之文本重构的方法以建构完整的中国神话学体系。因此进入具体学术实践中便陷入捉襟见肘的窘境。"① 现代中国人的攀比思想比较严重。他们一根筋地认为，西方有哲学与神话，中国就一定也有哲学与神话，在这样的思维定式之下，什么"哲学突破""神话故事"就逐渐在中国学术界扎根落户了。但究其文化实质，这种"哲学"视野下的现代中国神话研究终究还是方枘圆凿，难以相合。

只破不立，这是后现代学者的学术立场。《神话中国：中国神话学的反思与开拓》不仅要破除旧的神话观念，而且要立足本土文化，结合自身神话研究的实践经验，大胆改造旧有因袭比附的神话观念，建构一种符合中国本土实际的新型神话观。早在十年前，叶舒宪就写有《中国的神话历史——从"中国神话"到"神话中国"》在此文中，他提倡一种全新的大神话观。其云："神话在今日学科体制中归属于文学是一个大错误。因为神话概念远大于文学。神话作为初民智慧的表述，代表着文化的基因。后世出现的文、史、哲等学科划分都不足以涵盖整体性的神话。作为神圣叙事的神话与史前宗教信仰和仪式活动共生，是文史哲的共同源头。"② 叶舒宪认为，神话不仅仅是指那些书写文献中所有的支离破碎的神话故事，而且指向了文史哲的共同文化源头，是初民智慧的特殊表述，是民族精神的文化基因。这种大神话观念直接跳出了文字书写的文本神话观，摆脱了西方以"神的故事"为主题的神话观念。在《神话中国：中国神话学的反思与开拓》一书中，叶舒宪将"西方神话观念"与"轴心突破"放在一块儿，重点展开了学理反思，其云："对天命、天德和天子的信仰，可以说在中国历史上从来也没有'一去不返'。如果说，神话作为一种研究对象，是由于哲学与科学将其作为对立面，才有独立的神话学出现，那么，中国

---

① 谭佳主编《神话中国：中国神话学的反思与开拓》，第169页。
② 叶舒宪：《中国的神话历史——从"中国神话"到"神话中国"》，《百色学院学报》2009年第1期。

有神话而没有神话学的最好解释，就是中国传统从来没有哲学与科学的权威。这个事实足以成为'轴心突破'说适合中国文化史的反证。"① "天命""天德""天子"等代表了中国传统文化的核心术语，传递的就是对神圣之天的文化信仰和天命神话。叶舒宪强调，传统中国不仅没有哲学，也没有神话学，这并非意味着，传统中国就没有神话。他尤其强调，传统中国虽然没有西方式的神话故事，却有着铺天盖地、对中国文化具有全覆盖式的神话叙事。

《神话中国：中国神话学的反思与开拓》的其他作者也对"神话"观念有着独特的理解。他们尝试立足传统中国与现代中国，来阐释本土知识的神话观念。吕微认为："神话学因特别关注神话的体裁信仰形式进而纯粹信仰形式，而指向了人的本原存在方式的实践认识的可能性。……只有在对人自身最本原、最本真的道德性、超越性、神圣性存在的信仰条件下，人才能因信仰而作为人、成为人。而神话所讲述的正是人如何能够作为人、成为人的信仰形式的故事。"② 吕微立足于人本身，以自身对自身的神话想象，揭示出神话是作为人本真存在的信仰形式，是一种本真信仰的超越存在。户晓辉认为，神话不是一种与人无关的外在知识，"神话是关于事物'神性'的话语，它'神'就'神'在将人与事物的整体呈现出来，而不像在认识或知识中那样，总是把人和事物分割为片面的东西"③。户晓辉提倡从神话认识论走向神话的存在论，最终要用人的生命存在来激活神话，让神话的本真世界自身向我们开显出来。可以这么说，神话和人的生命是一体两面的，神话是鲜活的生命体验，不是死的僵化知识。杨利慧提倡"朝向当下"的新神话主义观点，关注传统神话在当下社会中的有效激活与文化运用。其云："'新神话主义'是指20世纪末以来，因电子技术和虚拟现实的推波助澜，而在世界文坛和艺坛出现的大规模的神话－魔幻复兴潮流。"④ "我提出的'神话主义'概念，力图探究的则是神话传

① 谭佳主编《神话中国：中国神话学的反思与开拓》，第17页。
② 谭佳主编《神话中国：中国神话学的反思与开拓》，第65页。
③ 谭佳主编《神话中国：中国神话学的反思与开拓》，第100页。
④ 谭佳主编《神话中国：中国神话学的反思与开拓》，第123页。

统在当代社会中被挪用和重述的情况。"① "一个毋庸置疑的社会事实是：新兴电子技术的发展不但没有促成神话的消亡，反而造成了神话的复兴和'神话主义'的广泛流行，尤其是青年人越来越依赖电子媒介来了解神话传统。"② 新神话主义认为，神话不仅是古老的文化传统，而且具有穿越时空的文化表征。在工业文明时代，神话依旧可以成为工业文明人的一种生存状态，可以成为历史传统与当下存在共生共存的文化样式。

《神话中国》深刻反思现代中国的神话观念，提倡本土知识的大神话观念，彰显神话作为文化基因、文化源头的大神话精神，大大超越了古今中外的时空观念，建构了符合传统中国与现代中国的新型大传统神话观。

三　神话中国：认知中国的神话立场

库恩在《科学革命的结构》一书中，将非常时期"科学共同体的专业承诺发生了转移"的文化现象，称为"科学革命"，或"范式转型"。③《神话中国：中国神话学的反思与开拓》不仅批判了当代中国学术的西方理论跟风习气，而且立足本土文化立场，更新了西方"神的故事"的书写小传统神话观念，提倡利用文化大传统的新神话观来重新认知中国，确立了人类文明起源之初的神话新范式。此时，原本作为"哲学"对立面的、属于被打压状态的神话，由边缘转为中心，由虚构不真变为神话历史。曾经被学术界误认为是文化小道的神话，一跃成为认知华夏文化精神的文化利器。"神话中国"说解构了以文字书写的西方哲学突破与神话虚假观念，同时，彰显了"中国之所以为中国"的神话编码与文化基因功能。叶舒宪认为："为此，我们才要宣扬'神话中国'论和'神话历史'论的力量命题，这正是为对抗或替代所谓'轴心突破'说的误导作用，从2009年开始倡导的。此后至今的七八年时间里，又衍生出更新的学术命题，如'神话观念决定论'与'文化基因'论等等。这一系列新命题的孕育过程，也

① 谭佳主编《神话中国：中国神话学的反思与开拓》，第130页。
② 谭佳主编《神话中国：中国神话学的反思与开拓》，第131页。
③ 〔美〕托马斯·库恩：《科学革命的结构》，金吾伦、胡新和译，北京大学出版社，2003，第5页。

就是尝试有效悬置不适合本土的外来理论话语，对本土历史叙事和思想史再认识不断深入的过程。"① 按照虚构的神话观念，古史辨派认为，中国早期历史乃是神话传说的历史化，是不可靠的，是值得怀疑的。现在如果转换视角，站在作为文化基因的本土神话观念，从大传统文化的神话视野来审视早期华夏文明，就会得出新范式的结论。华夏原初居民利用神话的文化资源，不仅讲述了古老的华夏起源与人文历史，而且铸就了凝聚人心、万年不变的华夏精神，属于文化历史的神话化，这样就生发出"神话历史"的新型历史观。比较神话历史与神话历史化，可以发现，神话历史是历史与神话思维的神圣叙事，认为历史既是一种神话叙事，又在神话叙事之中饱含了人的真实情感。相对来说，神话历史化则认为古史都属虚构，需要全面怀疑甚至否定古史传统，显得有些过头。"神话中国"立足于文化大传统时期的大神话传统，还生发出一系列与之相关联的本土理论命题与文化体系，诸如"神话决定论""文化基因""N 级文化编码"等。

立足"神话中国"的整体视野，"中国"就从文字书写的小传统标准中释放出来。此时的"中国"，就不再是从甲骨文开始的三千年中国，而是具有万年文化传统与神话信仰的中国。如果以万年的玉石神话信仰重审"中国"，放眼文化大传统视野下的"中国"，中国就由三千年的文字中国变为具有万年文明历史与神话信仰的神话中国。由此出发，要解释"中国之所以是中国"，要发现中国文化最基本的民族精神与文化认同，就不仅仅指向文字书写的文化意义，而且是指向万年华夏先民用生命守护的方式传承下来的大传统玉石神话信仰。"神话中国"不仅破解了西方文字标准的文明起源论断，也为重新认知"中国"，提炼华夏精神，提供了一条行之有效、时空超凡的神话信仰新途径。叶舒宪认为："中国早期历史具有'神话历史'的鲜明特点。文学人类学与历史人类学的会通视角，是重新进入华夏文明传统，重新理解中国神话历史的门径。从《尚书》《春秋》到《周礼》《说文解字》，古代经典体现着神话思维编码的统一逻辑。参照玉神话与圣人神话的八千年传承，呼吁学界从文学视野的'中国神话'转

---

① 谭佳主编《神话中国：中国神话学的反思与开拓》，第 17 页。

到文化整体视野的'神话中国'。"① 只有抛弃以西方标准的神话观念，我们才能摆脱"中国神话"极为狭隘的文学史书写神话观，才能产生全新的中国认知范式转型，由视野极小的文字书写神话故事，转向文化整体视野的大传统神话思维，由"中国神话"转向"神话中国"。谭佳也认为："国际学界历来只承认商代甲骨文记录以来的中国历史，即有文字以来的三千多年中国史。同时，国内外更是不乏学者仅从现代国族认同立场理解'中国'，拒绝承认或忽视几千年未曾间断的中国文化大传统，否定至少五千年以上的中华文化共同体，忽略基于文明起源特色的中国文化如何在几千年的传承中被表述、被传承。神话——应该是我们整合历史的最佳载体。"② 由本土立场生发出来的"神话中国"，不仅适合于理解中国文明的起源问题，而且适合于理解人类从旧石器到新石器文字还没有出现的文明起源问题。大传统的神话观念不仅发现了一个全新的"中国"，从某种意义上说，发现了一个全新的"神话世界"。在"神话世界"中，人类才能共享地球村。

"神话中国"指引我们，要想重新认知"中国何以为中国"，不能拘囿于文字书写的小天地，而要到更为久远的大传统神话中去发现"中国"的文化基因，只有提炼出文化大传统的神话编码和文化基因，我们就可以利用大传统的文化编码，来解码小传统的诸多层级的文化编码。叶舒宪强调："中国文化的所有重要原型，全部来自无文字时代的大传统。以甲骨文为代表的象形汉字本身的造字取象也来自大传统。大传统时代根本不存在无神论，其核心的思想观念必受神话观念支配。若无法走出文字牢房，只研究神话之流，而无法溯及其源头，就无法找出真正的原型。"③ 以前学术界的原型概念，都是文字书写时代的小传统文化原型，这种小传统的文化原型还不是中国文化的最初原型。甲骨文代表了中国文字的萌发阶段，其文化意义的解读，不能仅仅通过文字书写的传统获得解码，而是要在无文字时期的大传统视野中，才能获得其造字取象的文化编码真相。可见，

① 叶舒宪：《中国的神话历史——从"中国神话"到"神话中国"》，《百色学院学报》2009年第1期。
② 谭佳主编《神话中国：中国神话学的反思与开拓》，第17页。
③ 谭佳主编《神话中国：中国神话学的反思与开拓》，第45页。

要认知真正的中国，只有在文化大传统中才能触及和发现神话信仰的本真原型。

"神话中国"还会帮助我们重新认知中国传统文化的一些核心价值观念，诸如"道生一，一生二，二生三""阴阳五行"等传统文化命题。以前，学术界将中国传统文化中一整套的文化观念打入迷信、荒诞的冷宫，认为这些东西违背了"科学"，属于落后野蛮的文化标志。如果立足"神话中国"，我们才能理解，这些代表了"中国之所以为中国"的神话观念，恰恰可以帮助我们重新认知一个全新的、可以持续发展的文化中国。杨儒宾以"五行"为例，剖析了"科学"理性对"五行"的文化判决，其云："在'科学'一词成为流行口号的年代，'五行'自然而然地被视为中国落后的象征，这也是中国科学所以不发达的罪魁祸首。它和小脚、辫子、鸦片一样，都被视为封建中国的残渣，早该被丢入历史的灰烬当中。"① 同时，他又将"五行"放置在"神话中国"的全新视野中，阐释和发现了"五行"思想的生克流行观念，他认为，这种相生相克的文化制约反而会赋予"科学"一种全新的科学观念。其云："角度调整了，溯源即是正本清源，原'五行说'不一定是明日黄花，有可能是黄金之华。它揭开了一种原初的，也是新颖的物理，一种大不同于当代科技物理学的物理。"② "五行"不再是迷信，也不再是科学的对立面，而是可以与科学融合为一体的原初神话观念，"五行"不仅需要重新发现，而且需要阐释，只有重视了"阴阳五行"，我们才能认知"中国"最为重要的文化基因。杨儒宾认为："但随着历史的变迁，它们却被时潮挤到社会的角落，成了落伍、迷信的标志，构成这些技艺理论因素的'五行说'更成了'迷信之大本营'。然而，回到源头，考察'五行'的出处，不难发现它的身份极高贵，它一出世，既是《洪范》'九畴'中的第一畴，在构成国家大法上，'五行'扮演着关键性的角色。"③ "神话中国"不仅释放了"五行"，改造了"科学"，而且可以启迪工业文明时代的中国人，重新立足华夏精神，才能认清"中国何以为中国"的社会问题，才能认知"中国人何以为中国人"

---

① 谭佳主编《神话中国：中国神话学的反思与开拓》，第 224 页。
② 谭佳主编《神话中国：中国神话学的反思与开拓》，第 228 页。
③ 谭佳主编《神话中国：中国神话学的反思与开拓》，第 230 页。

的文化问题。

"神话中国"不仅是一个亟待重视的文化命题，而且是一场具有预流指向的范式革新，是文学人类学勤勉思考、积极进取、奉献给当代中国学术界的一份学术厚礼。理解中国，不能忽略神话，更不能脱离神话，否则，所理解的中国将不成为中国。只有回归到华夏大传统的神话世界，我们才能找到华夏民族的神话信仰与文化之根。

由此出发，华夏传统文化中还有很多曾经被科学主义打压遮蔽的文化观念，在神话中国的范式革命中，将会得到一定程度的释放，也会显现出早期中国人独有的大智慧，诸如神话生命、神话世界、神话人观、神话物观等，传统中国中诸多神话命题，还等待着学术界一部分能够摆脱跟风习气、具有本土理论认知的开明学者，来丰满其羽翼，建立符合本土实际的新型文化理论体系。"神话中国"首发其论，意蕴丰厚，开启心智，也面向未来，期待来者。

恋地甘南、中年写作与乡土记忆

——刚杰·索木东与他的《故乡是甘南》

付海鸿[*]

摘要：在"藏族诗歌"地理版图与知识分子的乡土写作上，刚杰·索木东的诗集《故乡是甘南》描绘了不可重复的精神原乡——"甘南"。本文将从恋地甘南与中年写作的角度，探讨《故乡是甘南》的书写意义。

关键词：恋地甘南　中年写作　乡土记忆

2017 年 12 月，四川人民出版社出版了《藏族青年优秀诗人作品集》。该诗丛推出了来自四川、甘肃、青海、云南、西藏等五个省/自治区的 10 名藏族青年诗人的作品。这部作品集是不同地域藏族青年诗人作品的一次集体亮相，加上汉藏双语的对照排版，对阅读者和研究者而言，都可谓新鲜丰盛的文学佳宴。因为地理空间、民族身份、文化传统与日常经验为诗人提供的资源和际遇，10 名藏族诗人的写作皆表现出深厚的文学文化传统，如对地方知识、民族文化、区域历史、史诗以及地方歌谣的重述与借用，但他们的诗歌写作仍然有自己的独特声音和腔调。[1]譬如嘎代才让的《西藏集》与刚杰·索木东的《故乡是甘南》，都对生养于斯的青藏高原情有所寄，却在个体经验、语言修辞以及艺术表现等方面各有特色。嘎代才让以西藏为自己的"精神高地"，钟情于书写隐秘的传统、自我的地理学以及令人兴奋的绝望[2]；刚杰·索木东则以甘南为自己

---

* 付海鸿，文学人类学博士，大理大学文学院教授，研究方向为文学人类学、少数民族文学。电子邮箱：haihongfu0503@163.com。

[1] 吉狄马加：《一切诗歌都从"当地"产生》，《藏族青年优秀诗人作品集》"序"，四川人民出版社，2017。

[2] 邱婧：《嘎代才让与属于他的西藏：嘎代才让诗歌创作论》，《扬子江评论》2011 年第 6 期。

的"精神原乡"，执着于甘南乡土人文地理景观的记忆重构、乡愁的层层铺展与不断重述。

在"藏族诗歌"地理版图与知识分子的乡土写作上，刚杰·索木东的诗集《故乡是甘南》描绘了不可重复的精神原乡——"甘南"。本文将从恋地甘南与中年写作的角度，探讨《故乡是甘南》的乡土写作意义。

一　恋地甘南与"在水泥的缝隙里植长绿色"

刚杰·索木东又名来鑫华。在藏语里，"刚杰"是雪域，"索木东"是"青松"，"刚杰·索木东"合起来即是雪域青松之义。诗人署名郑重，写诗时署藏语名"刚杰·索木东"，其他场合才会用到汉语名"来鑫华"。署名，是选择一种身份、一种态度和一种立场，署名"刚杰·索木东"的文字，基本上是献给故乡甘南的严肃又深情的诗歌。

诗人生于甘南、长于甘南，成年后因为求学与工作方面的原因离开甘南，此后便不断地在甘南与兰州之间折返。表现在诗作上，则是诗人对故乡甘南从未间断的记忆重构，对兰州这座现代城市的排斥与反感，以及不断的"离乡"—"折返"—"离乡"的纠扯往复。甘南是原乡，兰州是成年后寓居的城市，甘南与兰州地理空间的交错与并置，构成了"都市与原乡的双重地理意象"①。相较于都市，诗人的笔触充满了温情与感伤，他眷恋着甘南及其往昔的一切，尽管这一"恋"字从未直接言明。段义孚先生在《恋地情结》中指出，尽管"恋地情结"是一个杜撰出来的词语，但它能广泛且有效地定义人类对物质环境的所有情感纽带。② 可以说，甘南是诗人情感抒发的主要载体，甘南亦是诗集中随处可见的重要符号。恋地甘南，即是诗人生命中无法割舍的情感纽带之一。

在写作于1997年的诗作《故乡是甘南》中，诗人就钟情于对甘南记忆的书写。其时，诗人刚离开家乡到省城上大学，因此便有了"生活于甘南—走出甘南—回到甘南"的叙述结构。诗人笔下，甘南贫穷又苍凉，充

---

① 邱婧：《藏地记忆与混血诗学：重读刚杰索木东的早期诗作》，《兰州文理学院学报》（社会科学版）2017年第2期。
② 〔美〕段义孚：《恋地情结》，志丞、刘苏译，商务印书馆，2018，第136页。

满苦难。想到甘南，诗人就会想到风雪、篝火与大草原的牛羊；想到黑色的大地上，同胞的弟弟坐守马背；想到一地格桑花在空旷的甘南心般怒放。① 正当少年的诗人为何钟情于甘南日常生活记忆的罗列呢？因为时空拉开了距离，因为"只有记忆才能建立起身份"②，通过回忆甘南的日常生活，在还原并建构甘南特有人文地理的同时，诗人的认同感才得以存在。在《故乡是甘南》一诗中，诗人不停地追问自己：走出故里就能摆脱困苦吗？诗人虽未给出确切的答案，不过，即便是如此困苦与贫瘠的故乡，当诗人回望的时候，它却成为诗人对幸福的向往。于是，"守望甘南"成为诗人一辈子不变的姿势。与此相关的，是诗人的灵魂及其寓居的身体找不到恰切的位置安放，就像是"永在水泥的缝隙里植长绿色"③，或者说"就如一片不合时令的叶片/在这个遥远的城市/既不能永立枝头又不能潇洒的落地"④。

绿色的、自然的生命，就如青稞，本应生活在田野，一旦在田野之外，在密密麻麻栽种水泥高楼的城市里，必将难以存活，也就"无法点头"了（《青稞点头的地方》）。此外，《十个蝈蝈，或远离的高原》中的蝈蝈也不例外，远离了高原与大地后，在兰州这座不夜喧嚣的、临水干涸的城市里，蝈蝈和"我"一样，无法享受真实的黑夜，也无法做到优美的高歌。青稞、蝈蝈既是故乡的意象，亦是诗人自我的隐喻。远离了田野的青稞、蝈蝈和"我"都不属于充满汽车尾气的现代都市，却又无可逃遁，只能委屈又别扭地在水泥的缝隙里挣扎而生。

或正因为身在城市心在故乡的缘故，诗人乐于用温情的笔调铺陈甘南的乡土人事。除了前面提到的《故乡是甘南》一诗，《甘南屋檐下》中，诗人写到草地、青稞、牛羊和牧人，写到雪山、鹰隼、经幡和桑烟，写到村庄、歌谣、炊烟和黄昏。⑤ 在《听说你去了玛曲》中，诗人写到老阿妈的黑帐篷，写到灵魂和露珠一样青翠欲滴的早晨，写到格桑花无私的芬

---

① 刚杰·索木东：《故乡是甘南》，才让公保译，四川民族出版社，2017，第4~6页。
② 〔法〕阿尔弗雷德·格罗塞：《身份认同的困境》，王鲲译，社会科学文献出版社，2010，第33页。
③ 刚杰·索木东：《故乡是甘南》，才让公保译，第5页。
④ 刚杰·索木东：《故乡是甘南》，才让公保译，第44页。
⑤ 刚杰·索木东：《故乡是甘南》，才让公保译，第198~199页。

芳，写到青稞成排倒向大地，写到玛尼堆旁与生死佛揭，写到怀抱弦子走过身旁的民间艺人与转经筒。① 从这些诗作中，我们能深切感受到，诗人保存着自己在甘南生活的各个时期的记忆。这些日常生活场景记忆的不断再现，就像是要"通过一种连续的关系"，既展现甘南特有的人文地理风貌，呈现藏人独有的乡愁，亦使其"认同感得以终生长存"②。

如果说诗人把温情柔软的语词给了故乡甘南，那么，对于都市和南方，他却充满了敌意与厌弃。《都市面孔》中，诗人笔下的花朵是"媚俗的"，都市面孔"不随岁月更改"，一切都矫揉造作；③《阳光下的庙宇》中，南方是现代的、浮躁的；北方的兰州污染严重；雪域才是家乡，因为有牦牛骨头的念珠，有古老的寺庙。庙宇是人类精神的安慰剂，对在城市找不到回家路的中年游子更是如此。④

可以说，故乡甘南的人事风物既是诗人乡愁的症结，也是诗人疗愈乡愁的良方。在不断回望甘南的人文地理与乡土人事中，诗人的乡愁被治愈结痂，又不断地被揭开，如此循环往复，时痛时缓，纠扯难安。正如诗人在《只是一个恰当的比方》中写的，人近中年，"我还是不能/把岁月一分为二/一半交给城市/一半还给青藏"，⑤ 诗人找不到和解的方式，只能在故乡甘南与现代城市间不断撕扯，有一种宿命的悲情与哀伤。

二 中年写作：踩着岁月走进少年的往昔

《故乡是甘南》这本诗集中，时间是一个绕不开的话题。目前，已有学者从刚杰·索木东诗歌对四季隐喻化的书写、童年—青年—中年贯穿性时间的诗化表达和诗人对黑夜的偏爱三方面，指出时间概念是诗人感受和

---

① 刚杰·索木东：《故乡是甘南》，才让公保译，第 241～243 页。
② 〔法〕莫里斯·哈布瓦赫：《论集体记忆》，毕然、郭金华译，上海人民出版社，2002，第 82 页。
③ 刚杰·索木东：《故乡是甘南》，才让公保译，第 143 页。
④ 刚杰·索木东：《故乡是甘南》，才让公保译，第 234～236 页。
⑤ 刚杰·索木东：《故乡是甘南》，才让公保译，第 207 页。

思考人生的一种方式。① 因为"时间"是理解《故乡是甘南》的重要维度之一，笔者将在此基础上延展论述。

《故乡是甘南》收录了诗人1997～2016年间写作的88首诗歌。其中，与诗集同名的诗歌《故乡是甘南》写作于1997年，《青稞点头的地方》与《守望名叫甘南的那片草原》写作于2002年，其余诗歌均写作于2010年以后，即诗集中的诗歌基本上写于诗人30岁以后。诗集呈现了两种自成轨迹又彼此关联的时间概念：一是自然的四季流转，它朝着时间轴做周期性的循环闭合运动；一是个体生命成长的时间，这类时间沿时间轴线性向前。与此相关的诗歌书写，表现为季节性的思乡病、30岁前的"青藏咏叹调"与30岁后中年心境的"人世温润"写作②。一般来讲，少年时，我们生活在一个鲜活的世界中，我们对待世间万物的态度与方式是完全开放的。随着生命周期的延展，我们对世界的探索与感应不断拓宽。③ 因此，随着年岁渐长，诗人对待人世万物的态度便会有所不同，诗歌表达亦会呈现不同的特征。

《甘南：用四季的四种方式怀念》④ 这首诗歌中，其时间概念与时间隐喻尤为显著。诗歌中，诗人从冬天的甘南写起，写"一盆牛粪火燃起的冬天"里，"一个新的生命需要诞生"；接着写春天里"十八年前的那个少年"与"大金瓦殿的桑烟刚刚升起"；然后写夏天里"牧场愈走愈远，情歌愈走愈远"以及"一碗奶茶再也煮不出久远的味道"；最后写秋天里"成排的青稞仆倒在地，高原一高再高"，而"我只能选择一个远走的方向"。从冬春到夏秋，年复一年，循环往复，这种几近圆形的、周期性流转的时间观有意无意地逗引诗人患上季节性的慢性病症——思乡病；与此

---

① 张晓琴：《尚未抵达的返乡者：刚杰·索木东论》，《兰州文理学院学报》（社会科学版）2017年第2期。

② 刚杰·索木东曾就自己的写作做个小结，他说：在多元文化的滋养下，我慢慢完成了从"青藏咏叹调"式的单纯抒情，到"人世温润"的自然表达的过渡。参考刚杰·索木东《人世温润，诗意而行》，《文艺报》2018年10月22日，第2版；参考访谈《刚杰·索木东：文学于我是一道方便之门》，"文艺兰州"官方微信平台，2016年12月28日，访谈人：杨婷。

③ 〔美〕段义孚：《恋地情结》，志丞、刘苏译，第80～83页。

④ 刚杰·索木东：《甘南：用四季的四种方式怀念》，《故乡是甘南》，才让公保译，第10～13页。

交叠的另一条时间轴上，个体依循生命阶段成长着。诗人笔下，草原上落满大雪的冬天蛰伏着生命的新生，丰收的秋天同时还意味着人事的衰老以及诗人的远走。从诗人对甘南四季日常生活的描述中，我们看到的是诗人的心灵时时牵系故乡甘南，身体却无奈地选择了背离的姿势。诗人从青年时期离乡求学就经受的撕裂与痛楚从未得到完全的治愈，在季节性的时间之轮中，不断地添加新的"伤疾"，于是，诗人便只好在时间流转里一次次回返，借助回忆和书写故乡来疗愈自己。

诗集中，与四季、时间相关的诗歌有《秋天，给我的故乡》《在春天想起圣哲仓央嘉措》《春天，走过一个山村》《这个季节，请你来到草原》等。诗人的思乡情绪常由四季的物候兴起。他写风，说"风把四季的门次第打开"（《青稞点头的地方》），或是"风从四季的四个方向捎来口信"（《甘南：用四季的四种方式怀念》），或是"风把头向四季的四个方向伸着"（《秋天：给我的故乡》），又或是"北山的垭口，裸露着的狂风四处流窜"（《生命唤不醒的回忆》）。四季流转，风儿亘古，诗人的乡愁与守望亦亘古。除了写四季的风，诗人也常写青藏高原冬日的大雪，诗人呢喃："这个季节的雪一直没有落下/妈妈，这个季节/你远游的爱子/依旧不能回家"（《这个季节的雪没有落下》），诗人感慨，"甘南啊，这个不落雪的冬日/我再一次向你一步步靠拢/其实就是为了寻觅那滴名叫归去的浊泪"（《故乡是甘南》）。除了大雪，甚至是四季中的一场大雨，也会让诗人"靠近高原，靠近遍地泥泞的甘南"（《在一场大雨里靠近高原》）。可以说，诗人的整个身心都在及时又敏感地回应自然时序的节奏与变化，回应时间节令的唤醒与感召。

在循环往复的四季流转中，诗人亦从少年步入青年及至中年，表现在诗歌上，"中年"字眼开始频频出现。诗人独处的夜晚"梦开始增多"（《青稞点头的地方》），骨头里有了缝隙，甚至能听到"碎裂"的声音（《这个季节，请你来到草原》）。故乡，越来越像一段未醒的梦，当诗人在宿醉的夜半偷偷醒来时，会在静谧的院落里数童年的星星（《故乡，只是一段未醒的梦》）。或许是身体与精神的中年状态以及时时渴求回返记忆中的甘南之故，诗人笔下，与童年有关的人事物逐渐增多，时空层叠并置的情景亦越来越多。在《记梦》一诗中，诗人写道：

> 昨夜，又梦到奶奶了
> 三十年前的老木屋
> 仍旧漏着风——
> 想把冻伤的童年
> 伸进被窝，这个暖冬
> 却没有一片雪落下①

童年、三十年前的老木屋与中年、三十年后城市的高楼，通过梦境得到瞬时的共存。在《这个季节的雪没有落下》一诗中，故事是"昨夜的故事"，草地亦是"昨天的草地"，而中年的"我"还在"等着用花手帕包藏远去的童年"，渴望在"牧歌悠扬的夜晚"，"摸着一缕熟悉的炊烟回家"。在城市无所依傍的"我"，执着地用词语和形象表现童年，自然是为了保存童年以及童年时代的甘南村庄。在《春天，走过一个山村》中，诗人自我追问："我还能踩两脚泥泞/走进故乡的大门吗？/我还能，踩着岁月/走进少年的往昔吗?"少年往昔，在诗人中年后，不自觉地成为诗人回返故乡的钥匙。中年身体里不断跳将出来的童年，就这样成为连接诗人与故乡并治愈其乡愁的药方。

可以说，四季的流转往复与个体生命的线性成长、故乡甘南与寓居城市的空间阻隔，都是不可更改的。不过，诗人却巧妙地通过童年与中年时空的多次层叠、并置与转换，弥合了现实生活中诗人与故乡甘南物理的时空阻隔，也一并补偿了诗人思乡却不能随时回返的心理缺憾。这种情思与睿智，与诗人离乡廿载、人到中年的生活状态不无关系。

三 故乡甘南书写的意义

刚杰·索木东的家乡甘南藏族自治州地处青藏高原东北部边缘，是以藏族为主体的多民族聚居区。诗人对甘南的深情书写，既属于知识分子的乡土写作，亦是藏地书写的一部分。在《袖起来的双手，一言不发》中，

---

① 刚杰·索木东：《故乡是甘南》，才让公保译，第 279 页。

诗人写道：

> 很早就明白
> 离去，只是一个
> 多么简单的抉择
> 该回去的时候
> 才知道，太阳
> 早已西斜
>
> "有谁知道，一个藏人
> 真正的乡愁呢？"
> ——掩卷而泣的长者
> 点亮，一盏酥油灯
> 他满头的银发里
> 我望不到，喜马拉雅
> 山顶的雪①

就乡愁而言，诗人清楚自己的乡愁是藏人的乡愁，其身后有着深厚的藏族文化的根基与影子，因此，字里行间必然会呈现藏族人的日常生活场景，晨间沐手、焚香、敬佛、点酥油灯，为扎西达杰（即"八吉祥"）写诗，这些都是藏族知识分子自然而然会做的事情。与那些刻意描写藏族文化元素来凸显藏地的神圣与神秘的作品不同，刚杰·索木东有藏族知识分子的警惕与自觉，他希望自己的诗歌呈现的不是异质化了的青藏，而是一块自然存在、真实明亮的土地，就像每个人心中的家乡一样。② 因此，为了避免放大和渲染藏地的神秘，诗人专注于个体日常生活记忆的书写，在温情灵动的、可以触摸的甘南布景中，表达其对家园故土的深情眷恋。

刚杰·索木东曾自称一个游子、一个写作者，是目睹了沧桑巨变的游

---

① 刚杰·索木东：《故乡是甘南》，才让公保译，第 179～180 页。
② 笔者与刚杰·索木东微信访谈记录，2019 年 5 月 28 日。

离者。① 世事变迁，诗人的故乡甘南亦不例外。作为一个写作者，诗人并未停留在对故乡人事的"凭吊"上，而是通过记忆的回溯与时空的层叠并置，记录并建构了属于作者的不可重复的故乡甘南。作为一个游子，守望故乡固然是一种姿态，能否回乡却是其无法回避的中心话题。《故乡是甘南》诗集的最后一首诗作是 2017 年写就的《路发白的时候，就可以回家》，诗人写道：

> 我们站在草地上唱歌
> 天色就慢慢暗了下来
> 再暗一点，路就会发白
> 老人们说——
> 路发白的时候
> 就可以回家了
>
> 多年以后，在城里
> 我所能看到的路
> 都是黑色的
> 我所能遇到的夜
> 都是透亮的
> 而鬓角，却这么
> 轻易就白了②

鬓角已经发白，城市道路却全都是黑色的，回家之日似乎遥遥无期。故乡，还能回得去吗？对此，刚杰·索木东坦言，回不去故乡是客观存在的现实，因为今日之故乡已经不是儿时的故乡。从地缘上来讲，是回不去的。能回去的，还是记忆中的那颗"故乡心"。③ 于是，对天真烂漫的童年的渴望，像梦一样辽远又切近的记忆，成为诗人回返故乡、逃离都市的一

---

① 笔者与刚杰·索木东微信访谈记录，2019 年 5 月 28 日。
② 刚杰·索木东：《故乡是甘南》，才让公保译，第 301 页。
③ 笔者与刚杰·索木东微信访谈记录，2019 年 5 月 28 日。

种途径。尽管就地缘而言，诗人回不去故乡甘南了，但是有关故乡甘南的书写却从未间断，因为四季流转往复，生命延展向前，"我们随时都可以从过去当中自由地选择我们希望沉浸其中的各个时期。不论何时，只要我们愿意，我们都能随心所欲地唤起对它的回忆"①。诗人刚杰·索木东对于故乡甘南的回忆与书写即是如此，从未间断，也不会停止。

① 〔法〕莫里斯·哈布瓦赫：《论集体记忆》，毕然、郭金华译，第88页。

跨学科探索与人文学科范式转型

——上海交大神话学研究院首届新成果发布会暨专家论坛综述

谭 佳*

摘要： "中国文学人类学理论与方法研究"成果发布会于 2019 年 4 月在上海交通大学举办。此次发布会暨专家论坛包含了"新成果发布"和"玉帛之路"调查项目两方面。四部新出版的专著——《玉石神话信仰与华夏精神》、《文学人类学新论：学科交叉的两大转向》、《四重证据法研究》与《希腊神话历史探赜：神、英雄与人》，是上海交通大学文学人类学中心和神话学研究院进行学科交叉研究的集中呈现，为探索人文学术范式转型、走向"创新主导"提供了宝贵经验。会后展开了主题为"玉文化先统一长三角"的第十五次玉帛之路文化考察，此次考察为重建以厚重历史而著称的新的上海文化形象，奠定了学术基础。

关键词： 文学人类学 神话学 四重证据法 玉帛之路

2019 年 4 月 6～7 日，由上海交通大学神话学研究院、文学人类学研究中心、上海市社会科学创新研究基地主办，复旦大学出版社等协办的"中国文学人类学理论与方法研究"成果发布会，在上海交通大学闵行校区举办。这套专著是国家社科基金重大招标项目（项目批准号：10&ZD100）的结项成果，历经六年艰苦努力，以突出的理论创新和厚重扎实的成果规模（共计 12 部专著，103 篇论文），获得国家免检结项。本次发布四部新著由复旦大学出版社 2019 年出版：《玉石神话信仰与华夏精神》、《文学人类学新论：学科交叉的两大转向》、《四重证据法研究》与《希腊神话历史探赜：神、英雄与人》。

---

* 谭佳，文学博士，中国社会科学院文学研究所副研究员，研究方向为神话学与思想史、比较神话学、文学人类学。

这套成果是上海交通大学文学人类学中心和神话学研究院进行学科交叉研究的集中呈现，为探索人文学术范式转型、走向"创新主导"提供了宝贵经验。所谓"范式转型"，体现为跨学科视域中不断递进问题新意识，构建新方法论并竭力实践；"创新主导"则是在范式转型的探索过程中不断提出新理论命题，并积累而形成文化理论新体系。理论思维发挥反思与整合功能，有效回馈于当代人文学对中国历史文化的深度认知。

会议概述

发布会开幕式由上海交通大学神话学研究院常务副院长杨庆存教授主持。上海市社会科学界联合会专职副主席任小文先生，上海交通大学党委副书记、神话学研究院院长顾锋教授，复旦大学出版社总编辑王卫东教授，分别致辞。上海交通大学神话学研究院首席专家叶舒宪教授对四部著作及其相关理论背景做整体介绍。

在上午的主题发言环节，进行演讲的学者及题目分别是：文学人类学研究会荣誉会长萧兵教授《跨学科吸纳与投射——兼论"反李约瑟难题"》，王一川教授（北京大学）《神话研究、文学人类学和文化文本论》，段勇教授（上海大学）《早熟的民族与凋零的神话》，朝戈金研究员（中国社会科学院学部委员）《口头传统与神话学》，宋镇豪研究员（中国社会科学院学部委员）《爱真玉，求真学》，王宁教授（上海交通大学）《中国文化"走出去"：外语学科应发挥重要作用》，邓聪教授（香港中文大学）《世界最早玉石之路》，唐际根教授（南方科技大学）《考古视点：地球、人类与家园》，杨朴教授（吉林师范大学）《中国本土文化理论之路》，彭兆荣教授（厦门大学）《美在他处：手工与艺术的名与实》，李继凯教授（陕西师范大学）《关于文学人类学的感想》。

上述著名学者来自文艺学、外国文学、民族文学、比较文学、历史学、考古学、人类学等不同领域。他们会聚在上海交通大学神话学研究院，共话文学人类学与中国理论的建构问题。这种学术现象本身，表明神话学作为边缘学科的跨界特性、文学人类学研究融通文史哲的多元向度。与此相呼应，围绕这批出版成果，来自中国社会科学院、北京大学、上海交通大学、复旦大学、华东师范大学、上海大学、上海视觉艺术学院、中国人民大学、北京电影学院、香港中文大学、南京大学、陕西师范大学、西北师范大学、扬州大学、淮阴师范学院、四川大学、厦门大学、浙江文物考古研究所、南京博物院、苏州博物馆、国际珠宝历史与传承研究院等单位30多位专家学者，以及新华社、《人民日报》、《光明日报》、中央电视台、上海美术电影制片厂、华策影视克顿传媒、《中国社会科学报》、《三联生活周刊》、《社会科学报》、《文汇报》、《解放日报》等媒体代表，济济一堂，在两个分论坛展开讨论。

第一分论坛主题为"中国本土的文化理论与方法论建构：文学人类学的创新"。发言专家有：王子今教授（中国人民大学）《文学人类学与考古学的"对接"》，李永平教授（陕西师范大学）《"玉教"信仰与文化大传统中的隐蔽秩序》，方向明研究员（浙江省文物考古研究所）《我们怎么看待良渚琮》，王仁湘研究员（中国社会科学院考古研究所）《玉琮遗用的考古学观察》，徐新建教授（四川大学）《全球地方化与多元本土观》，王平教授（上海交通大学）《中国玉文化对东亚古辞书编撰的影响》，易华研究员（中国社会科学院民族学与人类学研究所）《玉帛古国与青铜王朝》，徐坚教授（上海大学）《走出第二重证据的考古学》，陆建芳研究员（南京博物院）《良渚文化去向及与传说时代故事再考》，纳日碧力戈教授（复旦大学）《试论萨满"地天通"的现代意义》，冯玉雷教授（西北师范大学）：《神话·考古·重述——通过文学人类学四重证据法激活华夏文明基因》，王倩教授（扬州大学）《情境性原则：多重证据间性规约》，胡建升教授（上海交通大学）《现代文化何以自信》，谭佳副研究员（中国社会科学院）《文学人类学与中国思想史研究新视野》，王宇副研究员（中国社会科学院）《政治学视角下的中华玉文化研究》，史永（国际珠宝研究院）《欧亚大陆早期文明起源中的金玉合鸣》。与会专家高度评价本次发布系列专著的学术价值，并从各自学科背景，在理论上阐发文学人类学的特色研究，从个案探讨不同研究视角及心得。尤其针对文学人类学所提倡的"四重证据法"问题、针对如何理解早期中国的物质文化问题，发言专家进行了有效交流与争鸣。

第二分论坛主题是"神话学成果的创意与传播"。发言嘉宾有：金明哲总导演（中央广播电视总台）《传播新语态：今天如何表现神话》，韩笑副教授（北京电影学院）《〈山海经〉与中国神话的多视点解读》，高小康教授（南京大学）《神话与集体记忆：结晶，假晶，活化》，郑虎先生（上海美术电影制片）《创世神话人物造像考究》，刘传铭教授（上海视觉艺术学院）《创世神话研究是华夏文明研究的创新与拓展》，田兆元教授（华东师范大学）《神话研究的民俗学路径与多元叙事》，杨骊副教授（四川大学锦城学院）《四重证据法新解商纣王之死》等。主办方安排这样多媒介的学术对话与讨论，旨在将前沿性的神话学研究成果推向创意转化的传播新天地，也为学科新理论找到影视动漫等新媒体再创作的机遇。

从这次发布会暨专家论坛，以及会后举行的第十五次玉帛之路文化考察看，其意义至少需包含"新成果发布"和"玉帛之路"调查项目的持续两方面。这二者并置绝非偶然。从学科的历时性发展来看，这正是文学人类学派的神话学研究发展的必然结果。下文按照这两个维度做进一步阐述。

一　重大项目成果

2010年，国家首次在哲学社会科学重大招标课题中设置应用对策性之外的基础研究选题，"中国文学人类学理论与方法研究"便是入选项目之一。相比其他立项的人文学领域（例如"中国经学史""百年佛学研究菁华集成"等），"中国文学人类学理论与方法研究"不仅立意新颖，而且更具独树一帜的跨学科性质。作为新兴交叉学科，文学人类学的研究起点和过程都建立在"跨域"和"重勘"上。"跨域"是指跨越、融合20世纪后期以来最重要的学术转向——"人类学转向"，以转向后的整合性文化大视野，重勘中国文学和文化传统。"重勘"指反思西学东渐以来的西方学院式文学专业教育模式的弊端，让"文学"回归本土现实，发挥既源于本土传统又能作用于当代文化和社会的意义功能[1]。从2010年立项至本次成果发布盛会的召开，八年过去了，从四部著作成果看，课题组不仅如期

---

[1]　谭佳：《"中国文学人类学理论与方法研究"会议综述》，《文学评论》2011年第4期。

完成预定目标，而且在"跨越"和"重勘"方面走得更远更深入：在文学人类学与考古学的深度融合上卓有建树，在重勘本土文化并据此重建理论体系方面，均富有特色，这也是对当下人文学术范式转型的一种示范。这些探索具体体现在以下三个方面。

第一，本次发布成果之一——叶舒宪《玉石神话信仰与华夏精神》一书，以近万年的玉文化大传统为立论基点，通过对西部七省区250个县市的古玉与玉料资源的调查采样，划定总面积达200万平方千米的"中国西部玉矿资源区"，凭借丰富的系统的田野新知识、"接地气"的田野经验，重新建构起一整套史前玉礼器的神话学，揭示华夏文明的精神和信仰之根，提出"玉文化先统一中国"的独创观点。该著与《中华文明探源的神话学研究》（社会科学文献出版社，2015），和即将出版的《玄玉时代——五千年中国的新求证》（上海人民出版社），共同构成"玉成中国"三部曲，其先后问世定会带来前所未有的对中国文化整体的深度理论诠释。

鉴于国际上用来衡量文明的文字标准，在我国只有三千三百年的历史，通常以为中国文明在世界四大文明古国中是出现最晚的一个。五千年文明的传统观念在当代备受各方的质疑。玉文化研究可以从物质文化和精神文化两个角度，证实中华文明的源流远远超出文字的历史。在先秦时期，东方的鲁国是礼乐文化的中心，北方的海滨地区和燕国、齐国是巫术和萨满思想的故乡，南方的楚国拥有恢宏的宗教幻想，西北边陲粗犷的文化风气则是法家思想的温床。这些"多元"的文化能够在一个共同的话语框架内相互作用，最终形成一个统一国家，必定有隐藏其中的、共同的文化基因起作用。文学人类学的研究诉诸寻找这一文化基因，并且不是局限于文本，而是要深入文字诞生以前的"大传统"时代。因此，该书最具原创性的理论，就是通过对石峁遗址的玉璋——迄今为止在中华大地上分布最为广泛、形制最为稳定的一种史前玉礼器，得出"玉文化先统一中国"说。这就不难理解，为何在开幕式上，叶舒宪教授用很生动的蒙太奇画面：紫禁城、景山、昆仑山、纣王自焚的鹿台、红山文化、良渚文化的玉殓葬景观，来说明——华夏王权只有一个神圣象征物——玉，全世界只有华夏文明有这样延续不断的统治者的行为，而支配他们的都是同样的信仰驱动的神话信念——生则守玉玺，死则归玉山。这也是文学人类学派特别关注玉文化研究的原因。无疑，其根本诉求是突破文献知识的局限性，走出形形色色的传统偏见和成见，努力揭示中华文化的生成与发展的实际真相。

与这项成果相呼应，本论坛有多位专家在讨论如何理解中国玉文化。宋镇豪研究员指出，中国在五六千年之前已有成规模、成体系的玉礼器文化。作为中国先秦史学会会长，他回忆二十年来我国玉学玉文化研究的兴起过程，认为这些研究为构建中国传统文化史贡献出诸多真知灼见。他认为，四重证据法的特点是跳出社会文化小传统研究的窠臼，拓展到中华文化大传统哲学思辨层面，这就是与时俱进的人文研究新范式。针对玉文化研究，王一川在主题发言中认为，这些探索可理解为文化原根的精神探索，以此能支撑中国文学原初的意义根基或者意义根源。然而，也要适当走出文学研究的神秘性旨趣，文学人类学需要返回文学经典文本体验之中，即大传统到小传统的经典作品。

在下午的分论坛上，方向明研究员介绍良渚遗址在玉文化中起到的举足轻重作用。他认为距今5100年之前的时候，真正的良渚玉琮就出现了。以琮和琮像为代表的良渚玉礼器系统，在良渚文化一开始就确立了。学界若想要研究良渚祖先神话，其奥妙就在琮及其神像里。同样针对良渚玉琮，王仁湘经过重新梳理考古资料，特别是分析墓主性别及出土位置，对玉琮的意义与使用方式提出新的解读。他指出，良渚文化的琮多为男性使用，且在墓葬中多数是被放在男性腹部附近，极有可能是殓葬用的，即作为男性性器官套盘使用。陆建芳认为，研究玉文化的重点不在阐述漂亮的玉器的系统，而在于探究背后是什么样的组织架构。王平则从文献角度研究玉文化。她从《玉篇》文献入手，探讨中国玉文化对东亚古辞书编纂的影响。《玉篇》视角下的中国玉文化传播研究，对于目前重塑以"玉"为纽带的东亚文化具有重要意义。

这些专家发言充分肯定了文学人类学与考古学的深度融合之意义。针对这种融合与范式创新，王子今指出：文学人类学学者应该更多地向考古学者介绍自己的学术追求和学术目的、学术方式和学术风格。而文学人类学从考古学这里获得的东西，不仅仅是考古学的发掘收获，还应该参考借鉴考古学者的工作方式。尤其要处理好史实与想象的问题，这会让文学人类学的研究更具夯实性。

第二，本次发布成果之二——《文学人类学新论：学科交叉的两大转向》着眼于当代学术发展的跨学科大潮流，有着诸多创见。它的学术价值体现在：首次从学术史脉络上集中梳理20世纪两大学术转向及其相互跨界交叉所孕育出的崭新研究格局，重点论述人类学的文学转向及其方法论意义，尤其注重将文化视为一种可以深描和解读的符号文本，为文学与人类学的交叉研究提供了启示；深入梳理、挖掘了人类学的文学转向核心推动者——阐释人类学家格尔兹与作家兼文学批评家肯尼斯·伯克之间的关系。该书旨在发挥学科交叉与视界融合的优势，实现文史哲互通互动的理想，将文学本位的神话观拓展到大文化和大传统的新格局中去。

关于新兴交叉学科发展，专家从不同角度提出见解。徐新建认为，在"全球地方化"浪潮席卷下，面对数智时代的科技挑战，能否从多元本土观出发，打通外向与内联，将文明遗产继续传承，成为亟待解答的重大课题。在这个意义上，本次国家重大项目的新成果发布及相关研讨具有凸显的理论典范。近一个世纪以来，考古工作者在广袤的华夏大地上发现了很多重要的文化遗址，出土了大量有价值的"第四重证据"，未来的学术研究和创意产业对它们的运用方兴未艾。《玉石神话信仰与华夏精神》、《文学人类学新论：学科交叉的两大转向》和《四重证据法研究》三部著作起点高，立意远，是30余年文学人类学研究发展中具有里程碑意义的著作，其创新观点将对整个人文社会科学研究产生深远影响，也会给文艺创作和文化创意产业带来重要启迪。

彭兆荣认为，西学东渐以来，我们袭用西方艺术学的观念，在知识、分类、学科、教学等方面削足适履。今天，到了重新反思和检讨的时候，我们不独要"疑古"，更要"质洋"。比如"手工/艺术"历来是重要论辩性问题，这一问题的知识谱系主要沿着西方的思维传统与表述逻辑进行；传统人类学又植入了原始社会"遗留物"（survivals）的另一维度，使之变得更复杂，并呈现出话语中"分类/排斥"的强烈意涵；将这些西学分类思维以及由此产生的概念置于中国手工技艺传统，在表述和逻辑上都充满悖论。文学人类学对"文化"的理解，能带来诸多启发，从而整合这些悖论，形成具有生命力的本土概念系统。

第三，本次发布成果之三——《四重证据法研究》是国内第一部全面论述四重证据法的学术著作，该书体现理论联系实践的应用诉求。它在理论上整合了文学人类学新学科历经三十年提出的一系列原创性命题。在实践上，以"天熊神话再钩沉""猫头鹰的比较神话学解读"等个案研究体现其超越文字有限世界，尝试立体释古的阐释和重建效果，凸显多重证据互动的综合性优势。该书亮点在于理论与个案的有效衔接，对应着一个接着一个的问题意识的递进过程，充分体现文学人类学在多学科打通研究的长期实践中积聚形成的强大理论原创和阐释力。

朝戈金在主题发言中指出，有史以来人类的知识只有7%被书写和印刷了，93%是在口头传统。这些基本的人类文化现象说明文学人类学运用各种研究方法的合理性所在，尤其对大传统、小传统的划分和合拍。人类学研究和神话学研究很大程度上必须依赖口传传统，由此可见三重证据的必要性与合理性。另一方面，展望未来人文学术前景，如何看待人工智能这些高度发展的社会变迁？因此跨学科研究是必然，文学人类学、神话学和人类学、民俗学和民间文艺学等学科，也势必会打破小学科间的隔离，走向打通发展。

围绕证据法的具体使用方式，王倩认为，四重证据法建设面临的瓶颈是一方面存在证据自身合法性尚待验证的问题，另一方面存在"建构"证据新意义的误区。两方面的问题本质上归结于四重证据法间性规约的缺失，即情境性原则的缺失。作为争鸣，徐坚认为，不管有多少重证据法，所有貌似客观的实存，比如文字、文物等，从深究历史之真而言，都不能构成直接的因果求证关系。考古学发生了现代意义的民族考古学革命。然而这只是一种殖民主义的观念，它直接把物质、现象从背景中脱离出来，这并不合理。学者真正能比的是具体情境和机制。徐坚用自己在云南做的田野调查案例，说明不同情境如何制约"证据"的使用。

二 "玉石之路"系列田野考察

本次会后，随即开展第十五次"玉帛之路"的考察。所谓"玉帛"称谓，也是用文化自觉后的中国本土话语，对接德国人提出的"丝路"话语。在 2013 年完成"中华文明探源的神话学研究"项目后，课题组把投入转向对几千年来西玉东输运动的田野考察。2014～2018 年共完成有计划有组织的玉帛之路考察十四次，全覆盖西部七省区的 200 多个县市，总行程 3 万千米。注重考察以县为单位的地理地貌、古代交通、出土的和馆藏的文物，尤其是史前玉器文物，并特别注意各地玉矿资源的普查和标本采样。为何有如此长时段的考察计划呢？玉帛之路考察的目的在于：研究区系文化间的互动融合，即从"玉石之路"新视角探讨玉石崇拜及其观念、物质的传播和认同，如何超越具体的地域界限和族群界限，拓展出一整套以祭祀礼乐为基础的价值观，并对后来的中华认同的形成，自夏商周到秦汉的国家统一起到关键性奠基作用。换言之，"玉帛之路"通过研究物资传送的网络来探索文化传播和信仰交流的通道，尤其最后形成"白玉崇拜"的"一统"演变过程。近六年来，课题组梳理出"西玉东输"的运动轨迹和脉络，考证了新疆和田玉如何通过河西走廊输入中原，并成为商周两代统治者的精神崇拜。目前的结论是：7000 年至 5000 年前，玉文化发展领先一步的地方是长江三角区，而且其精神的和物质的遗产传承在良渚文化终结之后仍流传后世，体现为以玉为神的信仰和对玉礼器体系的崇拜，并在 4000 年前辗转传入中原，在各地推广。所以，玉文化，尤其是与玉相关的礼制、神话、信仰，率先统一了华夏大地。最后形成用玉礼器来祭拜天地和祖宗的华夏礼制，以及以玉象征最高权力的传国玉玺制度，从公元前 221 年到 1911 年清朝覆灭，玉玺象征国家最高统治权的制度从没有改变过。

以上述背景为基础，课题组的第十五次玉帛之路文化考察，主题为"玉文化先统一长三角"，旨在对 7000～5000 年前长三角地区玉文化进行系统调研采样，并关注对原创性研究成果的创意与转化，为重建以厚重历史而著称的新的上海文化形象，奠定学术基础。对应"玉石之路"国家文化品牌重建要求，在发布会上，邓聪的主题演讲介绍"世界最早的玉石之路"，认为最古老的玉文化可能是两万年前的贝加尔湖地区兴起，国内新证据显示玉文化有一万年之久。唐际根报告认为，叶舒宪教授讲的大传统、小传统和玉石之路，其实是要研究人类在地球大背景上的历史，以及人类有了自己精神家园和生活家园以后复杂的发展轨迹。易华用文学人类学方法，系统探讨玉帛古国与青铜王朝之关系。他认为玉帛之道贯古今，形成中国特色，良渚文化和齐家文化是最后一批玉帛古国。青铜之路通西东，将中国带入世界体系，石峁文化和二里头文化是第一代干戈王国，玉振金声共同形成华夏复合文明。

至此，可以大致理解：为何这次发布会协办方有良渚博物院、苏州博物馆和南京博物院等文博单位？为何文学人类学的研究要与中国考古学深度融合？回到会议主办方上海交通大学神话学研究院、文学人类学研究中心，借此总结本次发布会的现实意义。交通大学在国家重大招标项目立项时，上海交通大学的文学人类学研究中心刚刚创立。近10年来，该中心以其跨学科研究的视野与厚重的成果积累，派生出上海市首个社会科学创新研究基地和高端智库，并孕育出全球第一家神话学研究院，并于2018年底纳入新时代的高校首批双一流建设项目。其在全国人文学界发挥着重要的学术创新的示范性作用，不断探索中国版的文化理论体系与人文研究方法论。如此，便不难理解为何本发布会有诸多重要的市级、校级领导致辞，并对神话学研究院的发展前景寄予厚望。任小文副主席致辞中寄言："随着中国国际地位的日益提升，随着中华文化国际影响力的日益扩大，随着传播中华文化理论和实践的不断推进，弘扬传承发展中华文化成为学界和各界共同任务。这批成果的推出，对于我们中华传统文化的继承和发展，对于文学人类学的理论和方法论，对于中华创世神话的研究具有特别重要的意义。"正如上海交通大学党委副书记、神话学研究院院长顾锋介绍的，他们"以中国问题为本，以中国素材为着眼点，传承与发扬优秀中华传统文化，组建跨学科研究团队，积极探索中华文明历史起源，在全国人文学界发挥学术创新的引领和示范作用，建构出全新的中国版的文化理论体系与人文研究方法论。我们相信，神话学研究院将在今后继续发挥多学科研究优势，在中华优秀文化传统研究方面取得更大突破，在中国问题、本土特色、华夏体系研究中取得更大成绩"。

图书在版编目（CIP）数据

文学人类学研究. 2019年. 第二辑 / 徐新建主编
. --北京：社会科学文献出版社，2020.2
ISBN 978 - 7 - 5201 - 6339 - 2

Ⅰ.①文…　Ⅱ.①徐…　Ⅲ.①文化人类学 - 研究
Ⅳ.①C958

中国版本图书馆 CIP 数据核字（2020）第 034848 号

文学人类学研究（2019 年第二辑）

主　　编 / 徐新建

出 版 人 / 谢寿光
责任编辑 / 张倩郢

出　　版 / 社会科学文献出版社·人文分社（010）59367215
　　　　　　地址：北京市北三环中路甲 29 号院华龙大厦　邮编：100029
　　　　　　网址：www.ssap.com.cn
发　　行 / 市场营销中心（010）59367081　59367083
印　　装 / 三河市龙林印务有限公司

规　　格 / 开　本：787mm×1092mm　1/16
　　　　　　印　张：17.25　字　数：268 千字
版　　次 / 2020 年 2 月第 1 版　2020 年 2 月第 1 次印刷
书　　号 / ISBN 978 - 7 - 5201 - 6339 - 2
定　　价 / 89.00 元

本书如有印装质量问题，请与读者服务中心（010 - 59367028）联系